凤凰师轩
FENGHUANG SHIXUAN

行知工程
创新教学探索系列

备学式教学

在体验中建构数学思维

BEIXUESHI

单广红　范雪梅　著

江苏凤凰教育出版社
Phoenix Education Publishing, Ltd

图书在版编目（CIP）数据

备学式教学：在体验中建构数学思维/单广红，范雪梅著. —南京：江苏凤凰教育出版社，2014.7

ISBN 978-7-5499-4094-3

Ⅰ.①备… Ⅱ.①单…②范… Ⅲ.①小学数学课—课堂教学—教学研究 Ⅳ.①G623.502

中国版本图书馆 CIP 数据核字（2014）第 110369 号

书　　名 备学式教学：在体验中建构数学思维
作　　者 单广红　范雪梅
责任编辑 午新生　雷利军　张晓兰
出版发行 凤凰出版传媒股份有限公司
江苏凤凰教育出版社（南京市湖南路 1 号 A 楼　邮编 210009）
苏教网址 http：//www. 1088. com. cn
照　　排 润星之源文化有限公司
印　　刷 三河市华润印刷有限公司
厂　　址 河北省三河市杨庄镇杨庄村
开　　本 787 毫米×1092 毫米　1/16
印　　张 18. 5
字　　数 308 千字
版　　次 2014 年 7 月第 1 版　2014 年 7 月第 1 次印刷
书　　号 ISBN 978-7-5499-4094-3
定　　价 30. 00 元
网店地址 http：//jsfhjycbs. tmall. com
邮购电话 025-85406265，85400774　短信　02585420909
E - mail jsep@vip. 163. com
盗版举报 025-83658579

序

依据协同教育理念，我指导“学为主导”课题组进行了大量的课堂研究，并在网络教研领域引起了研究热潮。范雪梅是一位热爱教育的老师，她坚持读书、实践、思考、记录。在小学数学教学网、南通教育博客中，几乎每日都有她的研究日志上传。2008 年，我与她在网上交流时首次提出“备学”的概念，她立即进行课堂实践。2012 年，她的实践取得了不错的成果。

一次偶然的机会，我看到了单广红老师的一篇文章《谨防数学课前预习带来“负效应”》，非常认同她的观点，于是与她讨论并介绍了“备学”的概念，两人合写了《预习的“负效应”与备学的“正导向”》一文。在此基础上，结合数学新课标，单老师又致力于“学为主导”的“五学三交流”课堂实验研究。在交流中，单老师告诉我她有多篇名师课例评析，想汇编成书，于是我们开始讨论书的体系。

李吉林老师创设美的情境有六大途径：以图画再现情境，以音乐渲染情境，以表演体会情境，以语言描绘情境，以生活展现情境，以实物演示情境。我从协同教育的角度分析这六个途径：视觉美感与学习的协同，听觉美感与学习的协同，动觉美感与学习的协同，想象美感与学习的协同，现实美感与学习的协同，即时美感与学习的协同。但李老师的实践对象是小学低年级语文教学，它适合同年级的数学教学吗？我觉得是可以的。

2008 年，我参加了李吉林老师“情境教育”国际论坛，在会上边听专家的报告边思考，在此基础上加了两个途径：以历史再现情境——前人美感与学习的协同，以网络虚拟情境——动漫美感与学习的协同。八大创设情境的途径适合小学高年级教学吗？我认为是可以的，关键是要以学生为情境的创设主体，内容要更丰富、复杂、深刻、抽象。那么它适合初高中数学或其他理科学科吗？我想也是适合的。几何也是图画，节奏也是音乐，实验也是表演，解题也是语言，探索也是生活，模型也是实物，成就也是历史，课件也是网络。比如，自创作的图画，自伴奏的音乐，自编排的表演，自撰写的语言，自发现的生活，自选择的实物，自寻找的历史等。

情境的建构，小学低年级以直接具象为主，小学高年级以间接具象为主，中学文科以典型事例为主，中学理科以典型题例为主。学生脑子里已有的情境再组合也是情境，学生脑子里的符号结构也是情境。如果这样理解，情境教育领时代风骚，率世界潮流，名副其实！

结合单广红和范雪梅两位教师“学为主导”的课堂实验和我的研究积淀，我主张两位教师联手整理研究的成果，将备学的课堂实践与情境教育的八个途径结合起来出一本书。随着与单广红老师讨论的深入，书稿内容不断丰富、完善，最后创造出“学为主导”的10类学习方式，而单老师积累的名师课例评析则成为本书的基本素材。

我们讨论的成果——10类学习方式，进一步发展了情境教育创设美的情境的途径。以“学为主导”的理念审视课堂，根据学生常用的学习方式，每类中又分为三个主题进行阐述，做到逻辑联系严密，不重复，不遗漏，这就有了“10类30法”。

生活的现实美感与学习协同，“生活备学”中有自己生活中亲历的美感，有发现的他人生活中的美感，也有在观察各种社会生活中感悟到的美感。

把生活中获得的美感外化，就产生了表演的动觉美感与学习的协同，“表演备学”中有模拟表演的美感，有改编表演的美感，也有创作表演的美感。

实物的表演就是操作演示，是操作的即时美感与学习的协同。“操作备学”让学生从折折画画、摆摆放放、分分比比中享受动手玩学具的快乐。

在做实物的过程中，反复修改，使作品一步步走向完美，再回过头来欣赏，即手工的视觉美感与学习的协同，在“手工备学”中享受着指尖上的思维美感。

比做实物更进一步的是做实验，即“实验备学”。实验是重复前人“成功的试验”的过程，对于学习者来说，是一种再现历史实验情境的学习方式。在“实验备学”中有观察实验的美感、模仿设计实验的美感和发现实验奥妙的美感，是前人美感与学习的协同。

前面的五类学习方式强调的是动体、动手与动脑、动心的协同，后面的五类学习方式则更多的是强调动眼、动口与动脑、动心的协同。

复述故事、改编故事、创作故事，将数学融入故事中，动情、动心、动脑，“故事备学”中想象美感与学习协同，学习当然有效、高效、优效。

多媒体高度发达的时代，“影视备学”进入课堂，并成为常态。观摩、赏析与研究中，动漫美感与学习协同，多感官参与使学习更有效、高效、优效。

课堂教学的集体学习与个体建构的独立思考是学校教学中的基本矛盾。民主地交流、讨论，听觉美感与学习协同——“沙龙备学”；平等地质疑、追问、争论反驳，理性美感与学习协同——“辩论备学”；公正地比技能、比智力、比智慧，活力美感与学习协同——“竞赛备学”。这些备学方式为解决教学的基本矛盾提供了有效途径。

数学新课标提出了自主、合作、探究的学习方式，如何将其化为具体可操作的课堂教学模式？本书举案说法，深入浅出地给出了答案，率先展示了新实践的研究成果。在写作过程中，两位教师阅读了大量的理论书籍，并结合各自实践经验，站在协同教育与“师生为主体、课标为主线、学习为主导”的角度辩证地对名师和身边教师的课例进行了解读与评析。

教知识不如教方法，教方法不如教思维！阅读此书，愿您和学生一起接受头脑风暴，去挑战新课改背景下的课堂！

顾飞宇

（顾飞宇，全国优秀教师，江苏省南通协同教育研究所首席专家，南通市科学技术拔尖人才，曾任南通虹桥二中校长、南通市崇川区教育局业务局长、政府教育督导室主任，现为中国教育学会中育学业质量保障研究所江苏分所副所长、江苏省教育学会和谐教育专业委员会副理事长。）

前　　言

《备学式教学：在体验中建构数学思维》是新课程视野下应运而生的产物。回眸课改，自2001年颁布的《全日制义务教育数学课程标准（实验稿）》，到2011年颁布的《义务教育数学课程标准（2011年版）》（以下简称“数学新课标”），绝非只是时间上的变化，而是掀起了轰轰烈烈的改革热潮。我幸运地成为改革中的一员，与新课程共同成长，于是我汇聚课堂实践中的思考与积淀，在新一轮课改中，带着新的思考，撰写了这本书。

学的真谛在于“悟”，教的秘诀在于“度”。多年来，我坚持淮安市教研室方学法老师倡导的“小学数学讨论式教学”，同时融合了自己的思考，在“备学式教学”的课堂实践中，逐步形成了“五学三交流”的教学模式。所谓“五学三交流”，即从时间序列上看，一节课的流程分为五学：引学、备学、群学、论学、导学；从空间序列上看，分为三交流：生本交流、生生交流、师生交流。课堂上，以学生备学为学习的突破口，重视学生的“悟”。所谓“备学”，即在新知学习前，教师布置学习前的准备工作，一般设计3～4道备学题，引导学生通过备学活动，激活三种经验——基本的生活经验、基本的知识经验、基本的思维经验。这些经验是学习新知的“锚桩”，使学生有了“悟”的基础。本书撷取许卫兵等多位名师的精彩教学片段，采用“微格”研究，先对教学过程进行客观的解读与评析，然后给出相应的备学建议，举案说法，深入浅出。读后你会感受到，课堂的真正艺术不是教师的表演走秀，而是学生的“悟”与教师引导的“度”的完美融合。

我与范雪梅老师合著此书，从备学式课堂研究与实践出发，关注学生的课前准备工作，提前激活学生学习新知所需的思维模块，以使学生因为有了准备而有话可说，因为亲自参与了思考而说得有理，因为长期进行独立思考而说得深刻。在顾飞宇老师的引领下，我们选取名师课例中的经典环节，汇编成本书的体系——10类30法，既有可读性，又有可操作性，为一线教师提供课堂研究和实践的范本。

此书由十个章节构成。第一章“生活备学”，第二章“表演备学”，第三章“操作备学”，第四章“手工备学”，第五章“实验备学”，第六章“故事备学”，第七章“影视备学”，第八章“沙龙备学”，第九章“辩论备学”和第十章“竞赛备学”，十个章节正好构成了10类学习方法。在这十类学习方法中，每类又分三个主题进行阐述，故称“10类30法”。这些思路的形成，是对李吉林老师的“情境教学法”和顾飞宇老师的“协同教育理论”的继承与发展。本书以“读懂学生，发展学生”为宗旨，所有课例都分别从三个方面进行客观的分析解读：“实录与旁白”“评析与思考”“反思与备学”。“实录与旁白”采取夹叙夹议的形式，对课例片段给出即时评析；“评析与思考”则对选取的片段进行综合客观评价；“反思与备学”是对片段教学中的内容从“学为主导”的视角提出重构建议。

特别需要指出的是，“反思与备学”环节是本书的一大亮点。奥苏贝尔曾经说过：“影响学习的最重要因素是学生已经知道了什么，我们要根据学生的原有知识状况进行教学。”“反思与备学”恰是从尊重学生的基本经验为出发点，结合具体课例，给出的可行的备学建议与参考。学生是否“备学”，是“学为主导”的课堂和“教为主导”的课堂的分水岭。学生因为学习前有了充分的准备，才能在课堂上想说、能说、会说、敢说、抢着说，才能不断产生思维碰撞，随时产生智慧的火花。这是我与范雪梅老师个性化课堂的最大特色，也是新课改视野下新课堂研究的一个热点方向。

特别是“学为主导”的课堂，从原来关注“教”到现在关注“学”，这一观念的转变，会带给学生更多的变化与惊喜，摆脱导学案等“一切的有形束缚”，让学生的个性自由张扬。

希望本书的出版能给广大一线教师带来有益的思考。

单广红

（单广红，江苏省淮安市新民路小学教务副主任，中学高级教师，淮安市小学数学学科带头人。）

目　录

生活备学

第一章

生活教育是教育工作者的共识，而生活学习是从学生的角度讨论的，学生是生活的主体、学习的主体。

数学新课标中指出，要让学生“感受数学与生活有密切联系”，强调从学生已有的生活经验出发，“使学生体验从实际背景中抽象出数学问题、构建数学模型、寻求结果、解决问题的过程”。学生在生活中经历、感受、领悟到许多数学现象，但他们并没有意识到这就是“数学”。所以，要将生活中的隐性数学转变为显性数学，用显性数学发现更多的隐性数学。让学生学会这种协同学习的方式，正是小学数学教学的主要任务。

第一节　自己生活，亲自经历数学情境

小学生在数学学习时，并不是脑袋空空走进课堂，等教师把知识“搬进”他们脑子里的。虽然数学知识有很强的抽象性，但在现实生活中能找到大量的具体原型。学生已有的生活经验、知识经验和思维经验，正是新知学习的“锚点”。教师要尽可能选取学生生活中亲身经历的数学现象作为主导课堂学习进程的“领航灯”，要考虑大部分学生的思维水平，尽量选取能够为教学内容服务的生活素材，使学生在对这些素材进行感知回顾的基础上，通过迁移与自己的备学成果对接，与新的学习任务对接。

“学为主导”的课堂是在启发式课堂的基础上发展起来的，强调教师在学生思维的“最近发展区”设置备学任务，备学后“最近发展区”就转化为“最近学习工作区”，学生用自己已有的知识、经验、判断力去解决问题，完成新任务；强调让学生面对适度的学习困难，再次亲历数学情境，促进学生通过独立思考来完成学习任务。

案例1　许卫兵教学“认识小数”

实录与旁白

师：一个笔记本多少钱？

生：1元2角。

生：1.2元。

师：之前学的不都是零点几的数吗？现在怎么变成一点几啦？

生：因为前面已涂满了1个十，也就是1元，后面又涂了2个格，也就是0.2元，加起来一共就是1.2元。

生：1元再加上0.2元就是1.2元了。

生：因为2元不到，1元多点，所以就是一点几了。

买笔记本等学习用具是学生亲身经历过的生活中的数学现象，学生根据自己的经历及生活经验，用不同的方式报出了笔记本的单价，教师在拐点处

追问，把学习自然过渡到了另一环节。因为有了前面认识零点几的学习经验，学生很快便迁移到对一点几的学习中，准确地表达出对一点几的认识。这就是备学。

师：数学家把小数点前面的数叫“整数”部分，小数点后面的数叫“小数”部分。(边说边板书)

遗憾的是教师自己说出了这个知识点。如果相信学生，让学生自己去表述，哪怕他们的表述不是太准确，但他们一定能说出接近的意思的。

(课件出示米尺。)

师：现在我们用米尺来量这3根彩带的长度。(出示3根长度不同的彩带)先测量第1根，怎么表示它的长度?

学生看到使用过的学习工具——米尺，自然而然地会回忆起与米尺有关的一些信息，在头脑中找到原已形成的思维模块，如米、分米之间的进率，分数的由来等。这又是一次备学。

生：$\frac{1}{10}$米，也就是0.1米。

师：再测量第2根。

生：$\frac{9}{10}$米，也就是0.9米。

师：再测量第3根。超过1米了，怎么办?

在1米之内，学生都能从米尺上找到对应的分数和小数，但遇到超过1米的情况应该怎么去测量呢?这引起了学生的思考。

生：再拿一把米尺加在一起测量。

可以这样操作，但生活中测量物体长度时，会用好几把米尺吗?

师：还有吗?

生：我觉得可以在彩带上整1米的地方画个记号，然后再量剩下的部分。

教师这一问，启发学生回到了生活中真实的操作情境。这位学生根据“只有1把米尺”的实际情况，想到了在正好1米的地方做上记号，再量剩下的部分。这样操作，便于学生理解整数部分是几、小数部分是几。

师：我们先量出1米，然后画上记号，再量剩下的部分。(课件演示)整根彩带多长?

生：1.3米。

师：可不可以再接1把米尺啊?(课件演示)

测量较长物体的长度时，教师课件演示用多把尺子接着量，直观、易懂，便于引入数轴的概念。如果这时让学生亲自动手试一试，学生一定会有更深刻的体会，但操作比较烦琐，也不利于数轴概念的引入。

师：如果2米的尺子不够，可以用3米的尺子，数学上有一种更简便的表示方法，你们知道吗？

（课件出示：数轴。）

教师巧妙地运用课件演示，从具体的“接尺子”中抽象出“数轴”，让学生通过物化的尺子来读数轴，便于学生理解、识记。这里用图形进行符号化的“数形结合”的思想渗透，体现了数学的简洁美。

师：线段上出现的0，1，2，3等数，就是自然数，两数之间平均分成10份，就出现了小数。

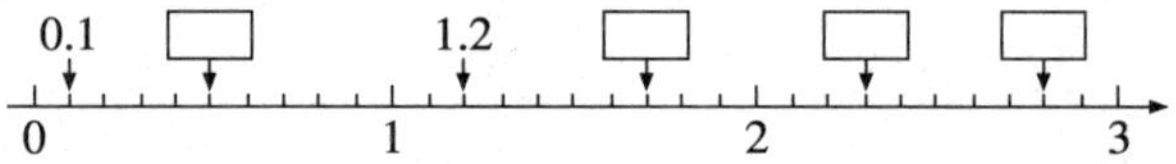

师：你能在方框中填上相应的小数吗？

生：0.5。

生：1.7。

生：2.3。

生：2.8。

师：你怎么看得这么快？（面向回答2.8的那位学生）

生：我是从后往前数的，去掉2个格。

教师发现有个学生填2.8时非常快，于是抓住这个契机追问了一句，给了学生一次表现的机会。这位学生简单的一句话，展现了不简单的思维。第一，他有敏锐的数感，发现小数部分较大时，可以从后往前数；第二，无意中表达出了一个小数减法的运算：3－0.2＝2.8。

评析与思考

课件出示学生最熟悉的学习用具笔记本，巧妙地把小数由零点几过渡到几点几，同时自然地揭示了小数各部分的名称。这一简洁的过渡，使学生通过图形在脑中形成小数的表象，初步建立小数的数学模型。接下来，在量超过1米的彩带时，学生想到了在1米处做个记号接着量。接着教师又指出

“2 米的尺子不够，可以用 3 米的尺子，数学上有一种更简便的表示方法”，从而自然地引出了数轴。看似不起眼的一个环节，却通过数轴有机渗透了“对应”思想和“数形结合”思想，体现了数学知识的高度概括性。同时，许老师补充的一句“线段上出现的 0，1，2，3 等数，就是自然数，两数之间平均分成 10 份，就出现了小数”，不仅在数轴中建立了数序，同时引出了小数，还以直观的方式体现了小数相邻单位间的“十进”关系。此课通过情境的创设，激活了学生的基本经验，从而彰显出“简洁思维”的优越性。整节课如见一条清澈的小溪，线条明朗、自然清新，让听者明了源头，又畅想着未知的尽头。从课中的信息量足以看出“小数世界一点也不小”，从而激发学生对小数世界的更多风景的企盼。同时，使学生在学习中形成了正确的价值观，充分体现了以学生的发展为本的教学理念。

反思与备学

从许老师的教学中，我们发现两处学生的备学，时间虽短，但还是给大家提供了可供分享的学习资源。如果集中一点时间用来备学，学生会提供更多的学习资源。

1. 在生活中你一定发现过许多小数，请你把发现的不同类型的小数记录下来（拍成照片就更好了）。

2. 选其中一个例子想一想，不用小数表示，可以吗？说说你的道理。

3. 试着把你收集的小数都放到一条线上表示出来，同时提出三个问题，小组进行交流。

这样的备学，我想更能体现以学生的发展为本的教学理念。

案例 2　吴恢銮教学“图形的旋转”

实录与旁白

师：（课件出示钟表）请看，钟表的指针是怎样旋转的？

生：顺时针旋转。

（教师板书：方向——顺时针。）

师：和它方向相反的旋转叫——

生：逆时针旋转。

（教师板书：逆时针。）

学生在一、二年级已经学过有关钟表的知识及相关操作，且时钟也是生活中随处可见的，所以教师的问题很快激活了学生头脑中关于时钟知识的思维模块，如时针转动的方向叫顺时针，相反的方向叫逆时针，这也是关于图形旋转的要素之一——方向。

师：（课件演示指针从12转到3）请看，刚才指针又是怎么旋转的，谁来介绍一下？

生：指针顺时针旋转了90°。

回顾了旋转的方向后，学生能借助自己的生活经验，准确地表达出指针旋转的相关信息，如指针从12转到3后，旋转前与旋转后形成的特殊的90°角，那么12点到3点之间的二分之一位置就是旋转了45°，三分之一位置就是旋转了30°，学生自然会发现关于图形旋转的另一个要素——角度。

师：你是怎么看出指针旋转了90°的？

生：指针每走1大格是30°，走了3大格就是90°。

师：真会观察。那指针在旋转的时候，哪个点没有动？

生：点O（点O即表心位置）没有动。

师：你觉得这个点有什么作用呢？

生：可以固定位置。

师：说得很对，所以我们把它叫作旋转的定点，一般用字母O来表示。（教师板书：定点）旋转的时候，不仅要介绍方向、旋转的度数，还要说明是绕哪个点旋转的。这是旋转的三个要素，缺一不可。如果指针从3走到5，你能完整地介绍它旋转的过程吗？

（同桌互相介绍。）

师：不能只会介绍，还要会想象。指针从5绕点O顺时针旋转30°又会指向几？指针从6绕点O怎样旋转就会指向12？

（学生口答。）

教师关注的不仅是知识的结果，更是学生的理解过程。如果图形旋转的要素之一——旋转点由学生在无意中发现就更好了，教师可以放开一些，这样问："时针转动时，你发现什么在动？什么没动？"让学生在观察中自主发现指钟是绕着一个点进行旋转的。

师：如果把指针看成一条线段，（课件呈现下图，每个方格为1平方厘米）请一个同学给出一个方向和角度，让它绕着点 O 在大家的大脑里转一转。

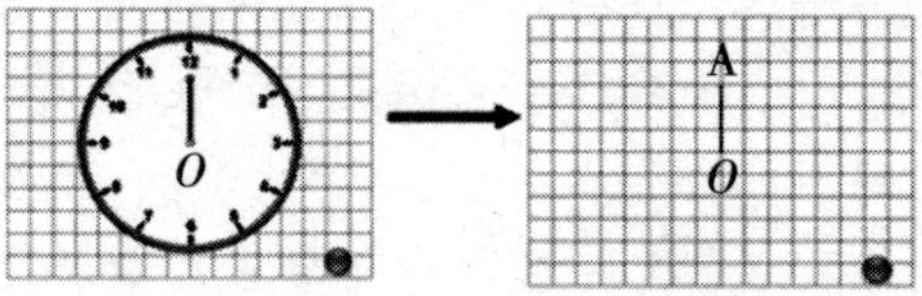

生：顺时针旋转 45°。

生：绕点 O 逆时针旋转 90°。

师：现在由你自己确定一个方向和角度，把旋转后的线段画在作业纸第 1 题上。画得快的同学，可以再选择一个旋转角度，继续画。（学生独立画图后，教师展示顺时针旋转 90°的作品）谁能看明白他的线段是怎样转的？

学生自己定方向和角度画旋转后的图形，为课堂提供了丰富的学习资源，并使学生在画图中体验到旋转现象和规律。

生：线段 OA 绕点 O 顺时针旋转了 90°。

学生的回答真实地表达了他已经建构的图形旋转思维模块：线段旋转初始的位置、旋转点、旋转的方向、旋转的角度，但旋转后的线段位置没有表达完整。

师：介绍得真完整。请思考一下，这个点（指 A 点旋转得到的点）是线段 OA 的哪个点旋转得到的？

这里，教师感觉到了学生的思维模块中关于“旋转后的线段位置”没有表达出来，但提问不太恰当。如果问：旋转后得到的线段你是怎样表示的？学生则更容易悟出旋转的道理。

生：是线段 OA 的 A 点旋转得到的。

师：我们可以把这个点记作 A'，A'和 A 就好比是一对双胞胎兄弟。你认为旋转后的线段应该是多长？

（学生回答。）

师：请看这幅作品（逆时针旋转 90°的作品），它和刚才的作品有什么不同？

生：旋转方向不一样，它是逆时针旋转的。

师：再看这位同学的作品，他所画的线段旋转了 45°，（展示顺时针旋转 45°的作品，但旋转后的线段长度画错了）画对了吗？

生：角度是对的，旋转后的线段长度不对，应该是一样长的。我们可以借助尺子来画。

师：当我们不能用格子数的时候，就要用尺子量。

这一环节教师看似无意，实则独具匠心地将钟面上具体的指针抽象成线段。通过动手操作体验，学生将感性认识上升到理性认识，在想象和画图中感悟线段旋转后得到的图形与旋转的旋转点、方向、角度有密切关系，不仅使学生将生活中的数学现象转化为数学课程要求的数学思维模块，同时为画三角形旋转图打下基础。

师：如果让线段 OA 绕着点 O 按不同的角度旋转，线段旋转后什么没有变？

生：定点没有变。

生：旋转后的线段长度没有变。

师：如果按不同的角度继续旋转下去，想象一下最终会怎么样。

生：会形成一个圆。

师：大家能想象出一个圆面吗？（课件演示线段旋转后形成圆面的过程）

学生在想象中数学素养得到了很大的提升，并发现了“点动成线，线动成面”等数学的本质特征，而且用自己的语言表达了出来，抽象数学思维得到了发展。

评析与思考

图形旋转问题是小学生学习中的难点，但吴老师巧妙结合学生生活中熟悉的时钟指针旋转现象，从学生的生活实例切入教学，调动学生已有的生活经验、知识经验和思维经验，使其成为本节课新知识的“发源地”。

反思与备学

吴老师把知识学习的难点自然地分解到观察与思考中，坚持“先试后讲”，学生先从感性层面来体验旋转现象，感知图形旋转的三要素：方向、角度、固定点。新知展开部分，学生初步建构思维模块后，教师大胆放手让学生“试水”——自己定已知线段的方向与角度，先在脑中想一想，再尝试画出线段旋转后的图形。学生在画的过程中不仅能体验旋转的特征，还能形成各种各样的学习资源，虽然有的是错误的，但正好暴露出学生在学习图形旋转时的困惑。而这些正是学习的主要内容，也正是课堂学习的重点和难点，由学生提出又由学生自主解决，充分体现了“学为主导”的教学理念。教师在教学过程中“导”得很有艺术——分析学生出现的错例，使学生掌握画法，形成技能。如果这节课教师能引导学生备学，学生可能会准备得更充分，体验得更深刻，发言会更丰富。可以让学生准备这样三个问题。

1. 观察时钟的钟面，时针从 12 点的位置到 3 点的位置，旋转的过程是怎样的，记录你的描述。

2. 将你对时针从 3 点到 6 点的旋转过程的描述用图表示出来。

3. 提出三个问题在小组内讨论。

案例 3　陈珊芬教学“加减法估算”

实录与旁白

师：想一想生活中在哪些时候用到了估算？

生：我和妈妈到超市买东西，妈妈要估算一下带多少钱才够。

生：现在我会煮饭了，煮饭时我需要估算一下放多少水才合适。

让学生举例，使学生自然回忆到日常生活中遇到的有关估算的事情。煮饭时需要放多少水，跟着感觉估摸一下就可以了，无需多么精准，确实是一个典型的估算问题。

生：我舅舅家养鱼，在放鱼苗时也是估算一下有多少条，哪有可能一条一条地数。（学生做了个夸张的动作，惹得全班学生哈哈大笑）

生：画画构图时，也要用到估算。

生：我估算了一下，上个月我买学习用品花了将近 100 元。

……

不仅生活中会用到估算，在美术课中画图也需要用估算来确定作品的结构框架。学生用鲜活的事例介绍生活中用到的估算，不仅感悟到估算的作用和意义，更体会到估算知识就在身边，而且对生活很重要。如果接着讨论：通过这些估算的例子想想怎样用一句话说明什么是估算？估算常用的表达方式有哪些？就会加深学生对估算的认识，有利于学生建构估算的思维模块。

师：在我们的日常生活中，很多时候要用到估计、估测及估算，这节课

我们就学习“加减法估算”。(板书课题)

师：你们的书包是多少钱买的？雨伞和文具盒是多少钱买的？（学生回答后，教师出示课件：1 个书包 40 多元，1 把雨伞 20 多元，1 个文具盒 10 多元）

4□元	2□元	1□元

估算至少有三种表达方式：多、不到、约或左右。这里取的是“多”的“模糊数”，教师应该说明一下。

根据教师启发性的提问，学生结合自身的实际情况做出回答，会出现许多不同的答案。这时，教师课件呈现的并不是商品的准确价格，而是用 4□、2□、1□来表示，让学生感受到估算是一个模糊的数，而不是一个精准的数。

师：老师想买这三样东西，带 100 元够吗？

（学生先小组讨论，后全班交流。）

教师组织学生小组讨论学习，使学生获得了交流机会，在合作中实现了学习资源的分享。一起去看看学生的精彩发言吧！

生：我们组认为带 100 元是够的，书包估成 40 元，雨伞估成 20 元，文具盒估成 10 元，40＋20＋10＝70（元），100－70＝30（元），30 元可以抵所有物品的零头。

这组学生采用生活中常用的“去尾法”进行了“小估”。但尾数“多”是客观存在的，所以补充说“30 元可以抵所有物品的零头”，足以看出这组学生的思维很缜密。如果这时教师再追问一下：能具体说说为什么“30 元可以抵所有物品的零头”吗？做深一步的挖掘就更好了。

生：我们组是这样考虑的，书包最多花 50 元，雨伞最多花 30 元，文具盒最多花 20 元，这样 100 元也是够的。

这一组的学生采用生活中常用的“进一法”进行了“大估”。但教师应该指出其表述不严密，应该说：书包最多花“不到 50 元”，雨伞最多花“不到 30 元”，文具盒最多花“不到 20 元”，这样 100 元也是够的。他们从“最不利”的情况考虑，相信自己得到的数一定“可靠”。

生：这三样物品价格的整十数和是 40＋20＋10＝70（元），而三个数的个位数和是不可能超过 30 的，所以总数不可能超过 100 元，100 元就够了。（学生能进行简单地逻辑推理，全班同学给予热烈的掌声）

瞧这个学生，他解释得多到位呀，难怪同学们为他鼓掌呢！

生：我们组认为每样东西不必考虑最贵的情况，假如书包估成 50 元那就是多算了，而雨伞、文具盒就少算点，只要分别估成 20 元和 10 元就可以了，所以总共大约只需 50＋20＋10＝80（元）。

还会"移多补少"，调整数据，掌声再次响起。

这个小精灵，很有"全局意识"，把估算的三种基本方式都用上了，有很强的协调能力。

生：我们组倒认为 70 元就够了，因为买这么多东西，可能售货员阿姨一高兴，零头都不要了。

学生的生活是多彩的，这位同学一定到小商品市场去过，会讨价还价了，现实生活中确实会遇到这样的情况。在畅所欲言中，在热烈的气氛感染下，学生的思维相互碰撞与交流，出现了非常精彩的想法。

评析与思考

陈老师这节课充分引导学生在"找一找""估一估""说一说"等活动中，建构估算的知识。学生通过"找一找"，从自己的生活中找到了许多估算方面的例子，在找中体会估算是一个模糊的数字，这便巧妙地打破了学生精确计算的认知平衡；在"估一估"的学习活动中，同一个问题在小组讨论中得到了丰富多彩的答案，出现了大估与小估等多种情况，只要学生能说出道理，都要给予肯定，给予鼓励；在"说一说"的活动中，学生汇聚了小组的思考结晶，展示了很有代表性的估算方法。如果教师能在学生汇报后再进行追问：比较一下大家估算的方法，你们有什么发现？一定会有学生发现，无论用什么方法来估算，估算的结果最大不会超过 100，最小不会少于 70。这样，同学们一定会有很强的成功感的。在教学中，还要注意部分学生会"假估"，即先算后估，这样就会失去估算的价值和意义。估算重点体现在"估"的方向上，用以解决生活中常见的数学问题。

反思与备学

在平日教学中，每节课坚持渗透生活中估算问题的练习，会有效地培养学生的数感和将数学应用于生活的能力。这节课也可以通过以下几方面来引导学生备学。

1. 说说自己在生活中遇到过哪些估算的事例，不少于三个。

2. 估算的具体方法是什么？举例说明。

3. 阅读教材，对同学提出三个友情提醒，同时提出三个值得讨论的问题。

结语

在这一节中，教师关注学生的生活经历，让学生在学习的过程中，充分依靠自己的生活经历或熟悉的生活现象来建构新思维模块。在思维的拐点，教师及时激活学生熟悉的生活情景，既让学生找到了学习的起点，也为学生明确了新知学习的方向。贲友林老师曾说过，了解课堂教学主要包括三件事：学生现在在哪儿？应走向哪儿？怎么走向那儿？当然，“学为主导”的课堂，是教师与学生协同学习的课堂，协同教育补充贲友林老师的话：学生备学发现自己在哪儿？新知学习要走到哪儿？需要解决的问题在哪儿？在放手让学生主动探索的过程中，发现学生“心求通而未得之意”“口欲言而未得之貌”之时，教师适当引导，“开其意”“达其辞”。案例中的三位教师都有高超的驾驭课堂的能力和先进的教育理念。引用《学记》中的一小段话：“故君子之教喻也：道而弗牵，强而弗抑，开而弗达。道而弗牵则和，强而弗抑则易，开而弗达则思。和易以思，可谓善喻矣。”这正合“学为主导”的课堂的意向。备学的引导要“道而弗牵”，教师是学科的专家，要注意“强而弗抑”，学生的学习要让他们自己做主，去发现自己需要解决的问题，即使学生在讨论中遇到困惑，教师也要“开而弗达”，让学生交流自己的备学资源，使他们的思维相互碰撞。

第二节　他人生活，发现身边数学现象

学生的学习资源，除了利用自己直接经历的生活现象外，还可以利用发生在身边的同伴、远方的朋友、认识的和不认识的人身上的一些生活中的数学事件。将他人的生活作为学生的学习资源，有以下三点好处。(1) 扩大了生活数学的联系面，开阔思路。学生能在呈现别人的生活事件的过程中，与学习数学的新材料产生思维冲突，从而更深入地发现自己学习中需要解决的问题。(2) 在自由旁观中领悟本质。有一句诗说得好：“不识庐山真面目，只缘身在此山中。”学生自身的一些经历会有一定的局限性，因而可能会“一叶障目”，而选择身边人的生活事例作为学习内容，以“第三只眼”看数学现象，更容易达到“旁观者清”的效果。(3) 在自主对话中学习新知。人在看待自己经历的一些问题时总会带有主观想法，但如果是他人的，就会很客观地去看待。在对话思辨中，教师可以有意识地设计一些“关卡”，模仿生活情景，请求学生的帮助，学生会竭尽全力想办法，在这样的过程中，学生数学思维的积极性会更加高涨，数学能力会得到提高。

案例 1　郝峰教学“笔算乘法”

实录与旁白

师：请同学们看屏幕。(播放展现重庆十年巨变的录像) 重庆，一座充满魅力的城市，一座高楼林立、大桥飞跨、流光溢彩的魅力之都和动感之城，每年都会吸引无数游客前来旅游。瞧，小明和他的爸爸妈妈也准备到重庆旅游。(播放动画)

学生观看美丽的重庆风景，聆听教师美妙的解说，全都陶醉在这迷人的景色里。这正是他人的生活事件，其中隐藏着什么数学现象或数学问题呢？

师：你从中了解到哪些信息？

生：我了解到小明全家准备乘火车去重庆，火车平均每小时行进 126 千米，从他的家乡到重庆需要 12 个小时。

师：从小明的家乡到重庆有多少千米？

嗬，这位学生收集了这么完整的信息，数学问题由学生的回答引出，自然、合理。

师：要解决这个问题应该怎样列式？

生：12×126。

生：126×12。

师：我们列出了算式，那结果是多少呢？请大家选择你认为合适的方法算出结果。

教师抓住契机，追问怎样列式，将学生引导到这节课的学习任务——计算上来，为学习导航找准方向。学生激活了头脑中已形成的关于行程问题的思维模块，调动已有的数学模型：速度×时间＝路程。所以学生很容易通过数量关系列出算式，列式不是难点，关键是三位数乘两位数怎么算。

师：刚才我看到同学们有用估算的，还有用笔算的。我们先请用估算的同学介绍一下估算的方法和结果。

不同学生的生活经验不一样，对同样的数学问题各有各的算法，这也是一种他人的生活经验。

生：我把126看成130，把12看成10，130乘10等于1300。

师：噢，你估算的结果是1300。（板书：1300）

生：我把12看成10，126乘10等于1260。

师：你估算的结果是1260。（板书：1260）

生：我把126看成100，把12看成10。100乘10等于1000。

师：你是把126看成整百数，把12看成整十数。估算的结果是1000。（板书：1000）

学生用自己的方式进行了估算，不同的估算方法，为课堂提供了丰富的教学资源，使笔算的验证有了一个大概的范围。学生的数感在这样的学习中得到了培养。

师：我看到有的同学是笔算出结果的。笔算应该先写出两个因数。

$$\begin{array}{r} 1\ 2\ 6 \\ \times\quad 1\ 2 \\ \hline \end{array}$$

师：谁来说说你笔算的过程？请你来说。（指一名学生）

生：二六十二写二进一，二二得四加一得五，一二得二，一六得六……

师：这个6应该写在什么位置？

生：6 应该写在十位上。一二得二，一一得一。最后把两次乘得的结果加起来，等于 1512。

教师随学生口述完成板书：

$$
\begin{array}{r}
1\ 2\ 6\ \\
\times\quad 1\ 2\ \\
\hline
2\ 5\ 2\ \\
1\ 2\ 6\ \ \ \ \\
\hline
1\ 5\ 1\ 2\
\end{array}
$$

学生已有了两位数乘两位数的知识基础，为计算三位数乘两位数提供了稳定的知识固着点。学生通过自主建构，发现新知，正确地表述出三位数乘两位数的计算方法。如果这个竖式让几个学生在黑板上呈现，可能会产生一些新的学习资源。

师：你说得很清楚。那么，为什么 1 乘 126 得数的末位要和因数的十位对齐呢？

教师并没有满足于正确的答案，而是追问学习的困惑点，也是新知中有待解决的重点问题。

生：因为这个 1 在十位上，乘得的结果是 126 个十，所以 126 的末位要与十位对齐。

师：说得很好。（指竖式）计算这道题时，先用因数 12 个位上的数去乘 126 每一位上的数，再用 12 十位上的数去乘 126 每一位上的数，最后把两次乘得的积相加。

如果这句话是学生总结出来的该多棒，“学为主导”的课堂，教师要相信学生，放手让学生去说，不完整时再做补充，当学生实在说不出时再进行点拨。

师：刚才我看到有同学用了计算器，用计算器计算的结果是多少？

生：我用计算器计算的结果是 1512。

师：看来，我们笔算的结果是正确的。（板书得数和单位名称）同学们，今后做完题检查时，也可以用计算器来检查计算结果是否正确。

验算的方法有很多，计算器验算也是其中一种。如果能把估算的方法在这儿再提一下，课堂生成资源的使用就更充分了。

评析与思考

欣赏着优美的风景，享受着轻快的音乐，倾听着教师优美的语言，学生进入了一个他人生活的数学情境里，学生将在这一情境中收集到的信息，提炼成数学问题，体验到数学来源于生活，服务于生活。数学新课标强调数学与现实生活的联系，要求教师利用各种机会结合生活实际，让学生感受数学与现实生活的联系、体会数学的价值。这节课中，教师捕捉了生活中常见的三种算法：估算、笔算、计算器计算。特别值得一提的是，教师并没有回避学生的估算，而是让他们展示已有的思维模块，有机地利用他人的生活资源来培养学生的估算意识。接下来，教师对学生展示的两种不同的列式方法给予了肯定，鼓励学生算法的多样化，培养了学生的发散性思维，足以看出郝老师对新课程理念的理解很透彻。这一节课的亮点之处是，郝老师引导学生借“说”明“理”，及时互换角色，说的学生成为“教的人”，听的学生仍是“学的人”，通过“说”与“听”，学生对三位数乘两位数的算理有了更深刻的体会，初步建立数学模型。这种师生、生生协同的学习方式，完全不同于“填鸭式”地向学生灌输计算方法的教学方法。叶圣陶曾说过，教师之为教，不在全盘授予，而在相机诱导。在新知学习中，教师充当了一个组织者、引导者、参与者、合作者的角色，起到了“润物细无声”的效果。

反思与备学

唯一觉得不足的是教师没有引导学生总结验算的方法。在笔算学习结束后，教师让一名用计算器计算的学生汇报结果，使学生失去了交流生活经验、利用他人生活经验的机会。教师提出可以用计算器来验证笔算的结果，如果这时再回过头来结合学生已提到的估算，引导学生利用估算来进行验证则更好，这也是一个常用并行之有效的验证方法。这节课，如果教师能这样引导学生备学则更好。

1. 回顾一下，在过去的学习或生活中你知道几种两位数乘两位数计算的验算方法，举两个例子。

2. 创设一个生活中三位数乘两位数的数学问题情境，自己试着用竖式解答。

3. 阅读教材，写出学习中的三个发现，提出三个有价值的问题，在小组中进行讨论。

协同教育强调学习要关注原有思维模块与新学习材料的协同合作，在集体学习中关注同伴与自己不同的生活经验，从而在协同合作中建构自己新的思维模块。教师根据教学任务设计一些引学问题，指导学生备学，学生运用自己的方式回顾旧知、查阅资料，然后做出合理的推理和解释，初步进行数学问题的思考，这样有备而来的课堂，学为主导的理念就真正落地生根了。

案例 2　刘延革教学“认识周长”

实录与旁白

师：现在很多人都处于亚健康状态，针对这一情况学校建议学生多锻炼。于是小明的爸爸给他制订了一个锻炼计划，每天围着操场跑一圈。

以学生同龄小伙伴的生活事件引发数学问题，引起学生的关注和关心。学生在意识到锻炼身体的必要性外，是否也会考虑自己应该怎样办呢？

师：小明第一天是这样跑的。看看和你想的一样吗？（动画演示）

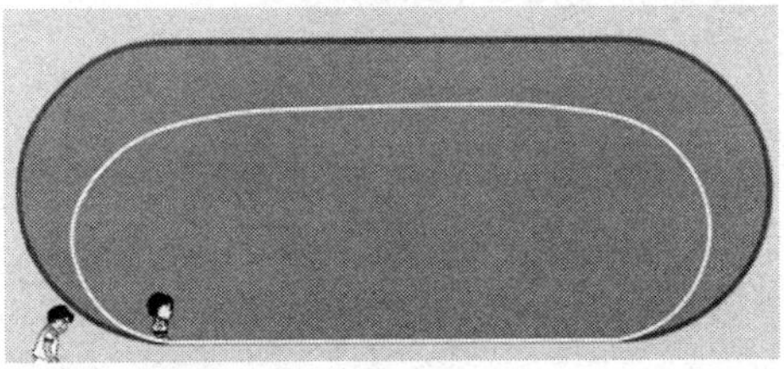

生：不一样，应该围着操场的边圈跑！

师：你来指一指！

（学生上台指。）

师：（指着屏幕）也就是应该沿着黑色的线跑。黑色的线我们可以称为边线，也就是小明应该沿着——

生：边线跑。

学生看到动画中小明“跑一圈”的路线和自己理解的“一圈”有很大的出入，教师借机让学生指一指。学生在指一指中，初步“触摸”周长，为形成概念的表象做了铺垫。学生说出自己的想法，教师用课件呈现黑色的边线，使学生初步体验操场“周长”应“沿着边”。其实，操场的周长和小明

“跑一圈”的周长是从两个角度解读的周长，但都是周长。

师：看来小明没有理解爸爸的意思！

其实可以这样说：小明认为自己的身体吃不消，所以他自己跑了一个小“周长”的圈，而小明爸爸要求小明沿着操场的边线跑。

师：小明第二天是这样跑的。（动画演示，黑色部分未跑）

师：你又发现了什么？

生：小明没跑完一圈！

师：你来指一指他应该跑到哪儿。

（学生上台指。）

师：也就是要从起点沿着操场的边线跑回到起点才叫一圈。没有开口的一圈才叫“周长”。

师：小明第三天是这样跑的。（动画演示）

师：小明第三天跑对了没有？

生：跑对了。

师：他是怎么跑的？

生：从一点出发沿着边线又跑回到这一点。

教师演示课件时，在小明没跑完时停下，又一次设置了认知冲突。在学生的指一指中，明确什么是真正的“一圈”。学生凭借前面的两种情况，自己组织语言，总结出了“一圈”的意思，很到位。

师：这才是一圈，一圈在数学中称为“一周”。谁来指一指操场的一周。

（学生上台指。）

师：操场的一周有多长呢？（课件出示）

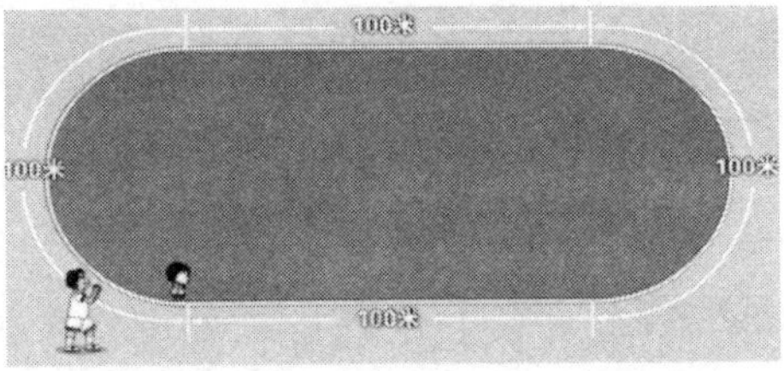

生：400米。

师：小明一天要跑400米，这个400米也叫操场的周长。这节课我们就来认识图形的周长。

教师巧妙地从“一圈”引导出“一周”，再次逼近周长的概念。学生逐步体验并感知了周长的概念，但并未正式接触“周长”一词，如果这里教师这样问：小明一天要跑400米，正好是操场一周的长度，你知道操场一周的长度在数学上叫什么吗？猜猜看？如果学生说出来当然很好，学生没有想出来也没关系，教师再说也不迟，这样一来就给学生留足了思考的空间和表现的机会。

评析与思考

刘延革老师执教的“认识周长”一课，选取的是与学生年龄相仿的小伙伴——小明生活中跑步事件的几个片段，学生在这样亲切的情境中，轻松地建构“周长”这一概念。刘老师在课件呈现时用到了几个“慢镜头”，处理得非常巧，设下两次悬念。第一次小明没沿着操场边跑，让学生根据自己的理解去图上指一指，学生很容易根据自己的生活经验指出跑步的路线，这一环节使学生在指一指中，体验了“周长”中“周”的含义；接下来又用课件呈现了小明一圈没跑完的场景，又请学生指一指，进一步让学生体验了“周长”中“长”的含义；第三次小明沿着操场跑了“一圈”，学生用自己的语言陈述了“一圈”的意思——从一点出发沿着边线又回到这一点。教师借机由“操场一圈的长”过渡到“操场一周的长”，从而引入周长的概念。如果教师把这几个片段用故事与心理描写连接成充满童趣的情境故事，让学生“触摸”到周长的概念，使“周长”不仅可以“意会”也可以“言传”，就更精彩了。通过小明操场跑步的情境，学生以同伴的身份来参与，很亲近，又以旁观者的身份来审视，很清醒。让学生在物化的“操场一周”的生活情境中抽象出“周长”的数学模型，在动画呈现中学习，比让学生去描一些图形的周长更生动、形象。

反思与备学

刘老师的这节课给我们带来了一些思考。关于“周长”问题，在生活中能找到许多例子，如果课前让学生根据这三个问题进行备学可能会更好。

1. 我们学过哪些平面图形？用自己的方式说说你对这些图形的“周长”的理解。

2. 举出三个与周长相关的生活中的例子。

3. 阅读教材，写出三个发现，并提出三个关于周长的问题与大家讨论。

学生有了以上三方面的深入思考，再加上学生的生活经验，会使课堂生成更丰富的学习资源。

结语

可见，他人的生活情境，同样可以帮助学生建构良好的认识结构或思维模块。从认知方面来说，数学学习的中心任务就是要建构良好的数学认知结构，培养不断吸收新知的能力和建构思维模块的能力。这里的两个课例中，学生都能发现原有思维模块中可利用的他人生活中的数学现象，并使之成为自己学习的经验起点——最近发展区；当其转化为“最近学习工作区”时，已有的思维模块便成了新思维模块的固着点与生长点，能够同合、顺合、融合新知识，完成学习任务。

第三节　社会生活，联系实际解读数学

学习是在社会环境中实现的。学生生活在一个丰富多彩的社会环境中，社会环境不仅感染着学生身心，在学生成长中有着重要的作用，而且它潜移默化地滋养着学生的数学素养。前面两节重点是关注自己的生活和他人的生活与数学的关系。其实，数学与社会的方方面面都有着广泛而深刻的联系，人们在生活中无时无刻不在接受着信息片段，这些信息片段使人产生一种隐性的思维结构，其中不乏与数学相关。对数学新知识的学习，学生脑中储存

着的隐性思维模块需要激活，所以我们在教学时需摸清两个必要问题：第一，学生有多少显性的知识与要学习的新知识相关；第二，学生已经有了多少与这些显性知识相关的隐性知识。学生对数学知识有自己的解读，但课堂上还需要通过教师的引导，将生活数学升华为“科学数学”。在“学为主导”的课堂上，教师对社会生活的关注水平会对学生产生举足轻重的影响。教师不仅要关注不同的学生个体对社会生活的不同体会，还要将这些丰富的资源有选择地引入课堂，真正给学生提供相互交流的机会，让他们在课堂上解读社会生活中的数学感悟、数学体会，实现数学理解。

案例1　张齐华教学“24时计时法”

实录与旁白

［教师出示三个时刻（9:00—21:00；8:00—16:00；0:00—24:00）以及麦当劳、小学门口、商场三个地点，让学生找相应的时间。］

师：我现在忘记了这些时刻是在哪儿找到的，你能帮我找到吗？四人一小组赶快商量一下。

时间就像空气一样，每时每刻都伴随着我们。学生对于时间已经有了很多生活经验，张老师巧妙地“装傻”，把社会生活中的24时计时法抛出来，让学生四人一小组进行交流，汇聚学生对于时间的生活认识。

（一学生上讲台演示。）

师：这样行吗？

（学生讲自己这样摆放的理由。）

巧妙的转换，深刻的思辨。学生在表达想法的过程中，进一步将24时计时法和充满浓浓气息的社会生活联系在一起，从而为学习有生命力的数学提供支撑。

师：这些地方为什么要显示这些时间呢？

打通24时计时法与社会生活的关系，激活学生经验中对24时计时法在社会生活中的作用的思维模块。

生：这些时间是它们的工作时间。

师：昨天晚上，我为了买一件衬衫，晚上10时，急急忙忙跑到这家商场，你猜我买到没有？

为了进一步打通24时计时法和普通计时法之间的联系，张老师没有生搬硬套地让学生做两种计时法互换的题目，而是用自己的事例，吸引学生对两种计时法进行互换，使学生在交流、猜想、表达中进一步认识到24时计时法与普通计时法之间的联系。

生：没有买到。

师：为什么没有买到？

生：21－12＝9，就是说商场晚上9时关门，你10时去，肯定没有买到。

师：这件衣服在这家商场肯定买不到的，但是，我想去麦当劳吃东西，你觉得我能吃到吗？

在有争议的猜测中，终于有学生通过普通计时法与24时计时法的互换找到了“证据”，既解决了张老师的问题，又在真实情境中巩固了计时法互换的方法。

生：能。因为，麦当劳是全天服务的。

师：我得提醒你一下，不是所有的麦当劳都是全天服务的。所以，去之前要先打个电话询问一下哦。

出其不意的诙谐幽默，是张老师的课堂风格之一。学生知道了解决问题不能只拘泥于知识，要用变化的眼光看待问题，活学活用。

师：好，最后回到学校。（课件出示8:00—16:00）国家规定学生在校时间不能超过8小时。你们看看，我去的这所小学的作息时间符合这个要求吗？

生：符合。

一连串的生活情境让学生产生了不同的数学思考。借其他学校的作息时间，了解自己在校的作息时间要求，使学生认识到要充分利用和珍惜时间，同时在不经意间让学生掌握了计算所经过的时间的方法。

评析与思考

张齐华老师的“24时计时法”教学片段，关注了知识本身与学生社会生活的紧密联系。他选取了学生熟悉的三个场所：麦当劳、小学门口、商场，让学生通过小组交流，选择合适的工作时间，使学生自主完成了社会生活与数学知识的对接。从思考“这些地方为什么要显示这些时间呢”到“这所小学的作息时间符合这个要求吗”，学生尽情地享受数学回归社会生活的亲近感，学生的社会生活经验和解决问题时积累的活动经验，在教师的点拨引领下得以体现，思维如竹子拔节般生长。但在实际生活中，人们习惯用普通计时法交流，于是张老师用“晚上 10 时，急急忙忙跑到这家商场，你猜我买到没有”来引导学生进行普通计时法与 24 时计时法之间的转换，学生根据需要，主动将这一计时法换成 24 时计时法并与规定的营业时间进行比较，深刻体会到两种计时法在不同情境下的运用，并按需灵活互换。

反思与备学

因为张老师上的是公开课，不便布置课前备学。如果是正常的教学，可以在前一节课这样引导学生备学。

1. 收集三个不同场所的作息时间。

2. 说说为什么要这样表达作息时间，试着把上面的作息时间换一种方式表达。

3. 关于时间的表达，提出三个问题在小组内讨论。

这样，每个学生都会带来自己的思考，课堂会生成更多的精彩。

案例 2　张齐华教学“用数对确定位置”

实录与旁白

师：关于用数对确定位置这一知识点，大家还有什么问题吗？或者，还有没有什么新的发现？先独立思考，再把你的问题或发现在小组内交流。

这是一个开放的问题，旨在让学生走出课堂知识的范围，走向社会生活，进一步解读知识。课堂学习时间有限，小组学习让每一个学生都有成为解读者的机会。张老师的这一问，给爱动脑、好表现的学生带来了讨论交流的机会，把课堂学习推向了社会生活。

（学生组内交流，随后全班反馈。）

生：我想问一下，除了教室里的座位，还有什么地方也需要用数对来确定位置？

师：很有价值的问题！有谁能解答他的疑惑？

教师好"狡猾"哦，把这个球又踢了出去，调动了学生中的学习资源，是一种高超的教学艺术。

生：我觉得地球仪上就有数对。经线就像是列，纬线就像是行。

学生举出了宏观的例子，思维多开阔。

生：我觉得围棋棋盘上也有数对。比如，老师曾讲过"三三点"，现在我知道了，它其实就是指第3列、第3行的那个点，也就是我们今天讲的数对（3，3）。

微观的例子，而且活学活用了。

生：是的，围棋棋盘上好像都有数字，我觉得这些数字就是用来帮助我们用数对确定每一步棋的位置的。

生：不光是围棋，中国象棋或者国际象棋上，也有类似的数字。好像国际象棋上一侧写了数字，另一侧写的是字母。这样，一个数字、一个字母，合起来也可以组成一个数对，而且是一种"杂交"数对，（众生笑）这种数对也可以帮助我们确定位置。

多么个性化的解读！虽然没有包罗万象，但是，在学生的思维中，社会生活已经和刚刚学习的数对有了精彩互动，他们体验到了创造的乐趣。也许他们有一天会忘了与张老师一起学习的内容，但是，联系实际解读知识的经验，会随伴他们一生。学生的智慧火花在与同伴的交流中得到点燃，由两个数字表示的数对，联系到象棋中一个数字和一个字母表示的数对，用学生的话来说是"杂交"数对，多么有创意的说法，多么形象的表达！稚拙中透露出学生最本真的思考。这是课堂中最期待的风景。

（结合学生的交流，教师利用网络，出示国际象棋棋盘图片，以印证并丰富学生的上述观点。）

生活就是一盘棋，我们要走好每一步。因为张老师心中怀着社会这个大课堂，所以，即使在小小的教室里，也能让学生的学习不拘泥于一桌一凳，不拘泥于教师的一问一答，使数学与实际生活连接。现场出示学生即兴举出的国际象棋棋盘图片，恰当运用信息技术手段，让小课堂走向了大社会，这样丰富的内容，学生怎么能不喜欢！

生：其实，不只是棋盘上用到数对，电影院的座位用的也是数对。

水本无华，相荡而成涟漪；石本无火，相击而发灵光。在张老师民主和谐的课堂氛围中，因同伴思考的启发，学生的目光放得更远了，思绪更开阔了。

生：不对，电影院的座位上没有数对。

生：有！比如第 4 排第 2 号，其实就是一个数对。只不过，它把行数放在了前面，列数放在了后面。

数学现象藏于社会生活的各个角落，有些学生能一眼看到，有些学生却找寻不到。张老师给予学生充足的空间和机会，让学生在同伴的交流中，区分了电影院座位号与数对的相似点与不同点。

师：受你的启发，我觉得电影院的座位，没有必要写那么复杂，直接用一个数对来表示就行了。你们觉得行吗?

生：行！只要规则大家都清楚就行。

张老师的一个假想，将电影院这一社会场所与数学知识——数对紧密联系起来，展示了数学符号的简洁美。学生的一句回答，显示出他们对数对全方位的把握。

生：飞机上的座位，好像也是用数对来表示的。比如，我有一次正好坐在第 1 排靠窗的第 1 个座位上，我的登机牌上写的就是 1A。我觉得，前面的 1 表示的是第 1 排，后面的 A 表示的是第 1 个。

师：那么，如果是第 2 排第 3 个、第 7 排第 4 个呢?

生：应该是 2C、7D。

师：真了不起！我想，大家一定也发现了，飞机上的数对和我们今天研究的数对，有相似的地方，也有不同的地方。

教师借势造势的一句追问，使学生根据经验进行了正确的类推。真是了不起的一段解读，不禁让听课的教师感叹。没有张老师投入社会生活的丰富经验，哪有此刻学生用数学眼光对实际生活的解读？但是张老师的目的不仅仅是开拓学生的视野，更是在思辨中发展学生的数学思维。

生：相同的是，都是用两个东西确定位置。不同的是，数对用的是两个数，而飞机上的座位用的是一个数字和一个字母。

生：刚才的国际象棋棋盘上，用的也是一个字母、一个数字。

这两位学生从表达的形式上发现了不同点。

生：而且，今天研究的数对，列在前、行在后。而飞机上的“数对”，则是行在前、列在后。

这位同学观察得很仔细，从顺序上发现了不同。张老师的点拨，使学生的符号化思想在体验表达中慢慢发芽、生长。

师：从座位中的数对联想到了生活中的数对，相信大家对数对的认识更丰富，也更全面了。对于数对，还有什么问题需要深入研究吗？

教师的追问还有什么意图呢？

（学生初无疑问，组内深入交流后，逐渐有人举手。）

生：数对为什么要规定列在前、行在后。如果倒过来，行在前、列在后，可不可以？

终于有人“出招”了，这一问打破了刚才平静的气氛。数对中规定列在前、行在后，那么反过来是否可以呢？学生对数对的本质产生质疑。

师：有谁愿意试着解答他们的疑惑？

生：我觉得没什么不可以。如果规则换过来，把数对中的两个数也换个位置就行了。

生：我觉得不可以。如果一会儿行在前、列在后，一会儿又列在前、行在后，这样不就乱了吗？

生：我说的是，统一改成行在前、列在后，而不是变来变去。

师：看来，有一点是一致的，就是不管规则怎么定，但定下后就不能变，要一直遵循统一、固定的规则，对吗？

在学生进行思考的同时，张老师脸上充满笑意，这更有助于学生说出自己的观点！同时张老师用一种询问的语气，让全体学生参与到聆听思考的行列中来，让全体学生对这个小组提出的问题给予回应。教师最后给了学生一颗“定心丸”，使学生明白规则一旦定下来，就不能随意变化，就应该一直遵循。

师：还有什么新的问题吗？

生：有没有 3 个数组成的数对？

师：从“2”想到了“3”，这是一种极有价值的突破，先掌声鼓励一下！你们觉得有没有？

为学生的奇思妙想叫好！虽是挖空心思的问题，但是每一个都有其价值。在学为主导的课堂上，我们给予学生的时空越大，越能收获学生对知识更深远、趣味的思考与创新。

生：我觉得没有，因为无论什么情况，有两个数，就可以确定某个人的位置了。

生：我也觉得没有。因为一个“十”字叉，一定可以锁定某个点的位置，我从没看见枪的瞄准器上，有三条线组成的准星呢。

生：我不同意！我觉得有可能需要三个数，因为我们生活的是三维空

间。三维空间，当然需要三个数。（此语一出，全场愕然）

师：能举个例子吗？

（该生沉默。）

师：需要我来支持一下吗？

生：嗯。

师：见过魔方吗？如果要确定其中某一块的位置——

适时借助社会生活中的道具——魔方，为学生多样的思维助阵。

生：哦，我明白了！魔方一共有好几层，先要确定它在第几层，然后确定它在第几列、第几行，这样正好需要3个数。

生：但是，我觉得4个数就不可能了。

生：我觉得可能，还可以加上时间啊！

师：呵呵，看来，用数对确定位置，已经引发了大家全面、深入的思考。有没有答案并不重要，关键是大家可以沿着自己给出的猜测，查一查资料，或问问爸爸妈妈，相信大家会对这些问题有更深入的研究。

教师们一直好奇为什么张老师课堂上的学生显得特别聪明？显然，这与张老师灵活的教学机制是分不开的，他随时为学生的奇思妙想提供例证，适时使用了生活中的一些小道具，使学生的思维得到发展，使学生体验到成功的乐趣。

评析与思考

“数对”这一知识挺简单的，简单到我们可以把它上成单薄的一张纸，直白地让学生掌握。张老师却不愿意“草菅”数对，他把目光投向了学生生存的社会生活大环境。他用两次小组交流，让学生想想“关于用数对确定位置这一知识点，大家还有什么问题吗？或者，还有没有什么新的发现”“对于数对，还有什么问题需要深入研究吗”，一步步引导学生联系生活实际，深化对数对的认识。学生在联系实际解读数对的过程中，加深了对数对的理解。有了这些过程性的学习研究，学生才能在借助生活和解读生活的基础上，迸发出有价值、有分量的问题。纵观这一教学片段我们可以看出，其中的一个个精彩之处，离不开张老师对学生生活实际的挖掘，离不开张老师对学生生活数学用心的引导。

反思与备学

数对是应用于平面的，三维、四维空间中物体的位置确定，看似在知识上超出了本课的学习范围，但高水平的课堂使学生的思维到达了这个广度与深度。“大家可以沿着自己给出的猜测，查一查资料，或问问爸爸妈妈，相信大家会对这些问题有更深入的研究”，张老师的顺势而导，真是大师水平呀！这堂课的备学也可以操作。

1. 生活中有许多确定位置的方法，记录三种不同的方法。
2. 试试把你画的符号全部转化为数字，你发现了什么规律？
3. 提出三个确定位置的问题在课上讨论。

结语

联合国教科文组织五十周年纪念丛书中有一本《学会生存》，书里重点提出人们除了学会认知，还要学会生存，学会跟其他人共同做事。人在社会生活中积累的隐性知识，对学会生存有着非常重要的价值。所以，我们就要考虑到在学习过程中的这种新的知识形态，即生活中积累起来的隐性知识经验。我们要把数学知识置于更广阔的自然和社会中去，从而获得更多的隐性知识，并逐渐转化为显性知识。备学是激活学生隐性知识的有效方法。

第二章 表演备学

集体学习，需要面对面的交流，因此需要将自己的思考表达出来。表达的重心落在自己，展示的重点落在他人。我们这里说的表演，是表达思想、思维碰撞的一种方式。

在新课改中涌现出许多教学模式，它们以“展示”“表演”为特色，体现了学生的主体地位。协同教育主张“师生为主体”，表演学习的方式在形式上不能取消讲台，教师退到幕后，在课堂上集体学习数学，有些数学问题可以师生协同、几个人合作或几名学生联合起来模拟情境，进行表演性展示，并将数学知识嵌入表演中，将静态的数学知识动态化、人文化、艺术化。这就是本章讨论的表演学习。

第一节　展示冲突，模拟呈现问题情境

表演，是一种课堂学习方式。表演学习的主要作用，就是学生在表演时，他的姿态语言、神态语言、情态语言会给其他学生丰富而复杂的信息刺激，给其他学生留下深刻的印象，引发其他学生丰富的想象。

在课堂上，我们常能见到这样的场景：学生无法用语言清晰表达自己的想法，便走上讲台，展现自己对问题的认识，表达自己独特的见解。很多时候，当词不达意时，他们选择了动手做一做，动笔画一画，甚至用肢体演一演的方式来表达，这就是显示思维冲突的问题情境，即学生无法用语言描述，就用表演的方法模拟出来。在这样的课堂上，以表演的方式进行交流，会带来语言无法达到的效果。

案例 1　李培芳教学“三角形边的关系”

实录与旁白

师：给大家变个魔术，想看吗？（在黑板上用长度分别为 15cm、13cm、10cm 的三根小棒首尾相连围出一个三角形）这魔术怎么样？

一个简单、常见的三角形，怎么会是魔术呢？对学生来说，三角形三条边的关系，是三角形的一个秘密，因为它不容易被学生一下子看出来。李老师从儿童的角度出发，用好玩的魔术，一下子抓住了学生的眼球，激发了他们的好奇心。

生：不怎么样！太简单了！

学生的反应果不出教师所料，看了以后，有点失望，认为太简单了！是呀，围个三角形这种游戏，或许孩童时代的他们已经熟悉了。其实，这正是李老师的巧妙设计，属于学生的小魔术，才刚刚开始！

师：谁上来变一个！

（教师为表演的学生提供长度分别为 3cm、5cm、15cm 的小棒，学生围不出三角形。）

学生的表演出现了“故障”，虽然围不成三角形，但他们在思考：为什么围不出三角形呢？明明教师的魔术表演那么轻而易举就完成了，现在轮到学生表演却围不成了。学生产生了思维冲突，而且这个冲突是学生“表演”出来的，学生翻来覆去，摆弄三根小棒时的神情、姿态，正是学生脑中思维冲突的一种模拟表达，每个学生都会产生思维共鸣，肯定给所有学生留下深刻的印象。

师：他虽然没能成功地围出一个三角形，但是他的表演告诉我们，像这样的三根小棒是没办法围出一个三角形的。问题出在哪了呢?

为什么教师能用三根不一样长的小棒围成了三角形，学生却围不成？教师设下的“魔法”正是这节课需要探寻的“谜底”。魔术的奥秘在哪里？李老师巧妙地为学生的“表演失败”解围，并且智慧地把问题指向为什么围不成三角形？问题出在哪儿了？

生：那根 15cm 的小棒太长了。

学生在表演中确实遇到了这样的麻烦——有一根小棒太长了。聪明的学生发现了问题。

师：将这根小棒换成一根短点的，你能不能变出这个魔术来?

教师敏锐地捕捉这一线索，顺学而导，当即依着学生的意思，换成了一根短的小棒。教师继续制造冲突，而且要学生表演出来。

生：可以。

(教师为表演的学生换上一根 1cm 的小棒，学生发现也围不成三角形。)

魔术表演仍在继续。一开始学生以为 15cm 的小棒太长了，可现在换了根短的，还是不行。问题又出在哪了?

师：大家有什么发现吗?

魔术揭秘是学生都很期待的。教师的问题，宛如平静湖面上丢下的一块小石子，学生因此卷起了思维的涟漪。

生：教师用来围三角形的三根小棒长度都差不多，我们用来围三角形的三根小棒长度差很多。

学生魔术揭秘之一，从表演的经验上看出一些破绽。

生：长度合适的三根小棒才能围成一个三角形。

学生魔术揭秘之二，在三次表演中，学生从一开始发现长度有问题，到现在认识到长度必须适合，在看似波澜不惊的表演中他们的认识有了飞跃。

师：看来，大家都将目光集中到了三根小棒的长度上，到底怎样的三根

小棒才能首尾相连围成一个三角形呢？你们想去探索吗？这节课我们就一起去探索和发现三角形边的关系！（教师板书：三角形边的关系）

教师通过让学生演魔术，把学生全部吸引到了学习的“最近工作区”。

评析与思考

李老师从一个简单的魔术开始表演数学，目的是引出学生的表演。当学生感叹魔术简单的时候，李老师适时把舞台让给学生，让学生在表演中发现问题，即照着教师的方法，魔术表演却失败了。学生初次的表演虽然遭遇失败，但这个表演本身包含了问题情境。这一情境使学生在同伴表演时进行了积极思考。学生很聪明，很快发现 15cm 的那根小棒太长了，李老师顺水推舟，随即又给了一根比较短的小棒。舞台上的学生又一次开始表演，这时还是不能围成三角形。至此，学生的思维冲突更加激烈了——为什么换了短的小棒，还是围不成三角形呢？李老师借机让学生自己试着揭秘。

学生思维的积极性，在同伴两次“失败”的表演中，得到淋漓尽致的发挥。在这样的课堂上，学生自主表演，为课堂创设了问题情境；同时在解决问题中，包含了更深层次的问题，真正体现了学为主导的教学思想。而李老师一次次点拨“问题出在哪了呢”“大家有什么发现吗”，引导学生把一系列表演指向数学问题本身，发现三角形三条边在长度上要有一定的要求，表演制造出的矛盾冲突，揭开了三角形三边关系的研究的序幕。

反思与备学

我觉得这节课很适合以表演学习的方式进行教学，可以这样备学。

1. 画三个大小不一样的三角形，用小棒或纸条代替九条边，重新围与画的三角形不一样大小的三角形，你一共能围几个？

2. 在围的过程中你发现了什么？请把你的发现演示给同学看。

3. 提出三个问题在小组内进行讨论。

学生的独立思考与表演，一定会给课堂带来更多的思维冲突。

案例2　吴正宪教学“平均数”

实录与旁白

师：我们从这里一分为二，这边的同学是甲队，那边的同学是乙队。好啦，我们首先要进行一个拍球比赛，在规定的时间里哪一队拍球的总数最多，哪一队为胜利队，听清了吗？

生：听清楚了。

拍球是学生熟悉的游戏项目之一。吴老师简洁又不乏生动地讲述规则，为课堂上良好的秩序提供了保障，也为接下来学生的表演打下了基础。

师：我建议，每队选出三个代表来参加比赛，好吗？谁愿意来？1，2，还有你，过来。这边也来三个，1，2，3过来。那个小姑娘过来，你负责来计数好不好？吴老师帮你们记录，时间是每人5秒钟，1号选手预备——开始。

（学生比赛。）

师：甲队一共拍了多少个？

生：25个。

师：乙队多少个？

生：19个。

师：甲队一共拍了25个，乙队一共拍了19个，那我来宣布，胜利队为甲队。祝贺你们！

数学课堂上的游戏与平常所玩的游戏不同，它只是借平常生活中的游戏做一个引子，目的是让学生在熟悉的情境中感受数学现象，发现数学问题。如果在游戏的时候，吴老师能提醒学生：这是数学表演，我们要带着数学的眼光、数学的头脑去游戏，去体会，争取发现数学问题。那么，学生的数学投入应该会更多！否则，这个游戏，对一部分学生来说，纯粹就是玩乐。

师：好了，把球轻轻地放在这里，回到座位上。同学们，吴老师有一个小小的请求，我特别想加入乙队，不知你们是否欢迎啊？

生：欢迎！

教师加入表演，不仅激发了学生比赛的积极性，更能在表演情境中自然地造成冲突，是引起学生思维冲突的开始。

师：好啦，那我也拍5秒钟。我请这个小姑娘来帮我数，好不好？

生：1，2，3，4，5，6，7，8，9。

师：那么这边，我们再给乙队加上9个。看看一共多少个了？

生：28个。

师：现在乙队拍了28个，甲队拍了25个，我宣布，胜利队为乙队。祝贺你们胜利了。这位同学你有什么想法？

因为教师加入乙队，按照比总数的方法，比赛结果发生了变化。依照学生的天性，他们肯定会心有不甘，带着这种不甘，学生潜意识寻找原因，隐约发现与表演构成的数学情境。吴老师借机让学生说一说，其实就是让学生把潜意识中对这个问题的想法表达出来。

生：我觉得不应该帮助任何一队，大家应该靠自己的实力赢得比赛。

师：要靠自己的实力，那你们说，我加入乙队，你觉得怎么样？

生：我觉得不公平。

这是学生充满童趣的回答。从儿童的角度来说，他们肯定会产生这些想法：老师偏心，为什么不来帮助我们呢！要比试本领就应该凭自己的本事！但为什么回答问题的学生看这个问题，没有用到数学的眼光呢？是不是和上面提及的教师没有把游戏提升到与表演数学有关呢？如果一开始就让学生意识到这个游戏是为课堂服务的，我们需要带着数学的思维来玩，那么这个表演给学生带来的思考，可能会更有数学味！

师：他觉得吴老师这样做不公平。但是我想告诉同学们，在我们的生活、学习中经常会碰到这样的事情。比如，三年级（1）班和三年级（2）班人数并不相等，那么我们就没有办法比较出这两个班某一项成绩的高低吗？你有没有什么好办法？

生：可以选同样多的人出来就行。

课堂的时间是有限的，为了让学生更快地逼近问题本身，吴老师举了一个相类似的现象：“三年级（1）班和三年级（2）班人数并不相等，那么我们就没有办法比较出这两个班某一项成绩的高低吗？”学生在吴老师的点拨下，关注到了如果比总成绩，样本数要一样多才公平。

师：我明白了，你还要让人数一样多，对不对？人数同样多的时候，用总数进行比较，大家心服口服。如果人数不同，比总数就不行了，有没有其他的比较方法？谁来说说看。

生：看他们每个人拍几个，就是把总数平均分。

师：怎么平均分？

生：看他们有几个人在拍，就把总数分成几份。

师：那你说把28分成几份？

生：分成4份。

师：你的意思是把28平均分成4份，是吗？

生：是。

师：那么要是25怎么办呢？

生：平均分成3份。

师：把它平均分成3份，好，这是你的意见。

在表演拍球的情境中，教师的加入使比赛人数从相同到不同，比赛结果也发生了戏剧性的变化，从而引起了“不公平”的争议。那么如何在人数不相等的情况下进行公平的比赛呢？学生在吴老师的启发下一步步向问题的本源挺进，从表演冲突中引出了这节课的学习内容——平均数。

评析与思考

生活是片丰富的土壤，学生生长在这片肥沃的土壤中，吸收着各种信息。学生在成长过程中积累了不少活动经验，提高了思考能力及对一些初级数学问题的感悟能力，因此教师要在充分把握学生学情的基础上，给学生提供充分展现自己能力的机会。在这个教学片段中，吴老师以游戏的形式让学生表演数学，使学生从中发现问题，造成冲突，感受数学。从一开始人数相等比总数，到后面教师加入后比总数，学生从情感上的认同到规则公平性上的反对，再到提出想法，深入思考解决办法，都以表演数学为载体，以吴老师精巧的穿针引线为路径，逼近问题本源。在表演中，吴老师把新知的种子播种在戏剧性的情境冲突里，学习课题的出现，使学生有一种“千呼万唤始出来，犹抱琵琶半遮面”的期待感。

反思与备学

如果吴老师放手让学生先对平均数的问题进行备学可能会更好。

1. 生活中有许多场合会用到“平均数”，请举三个例子说明用平均数的意义。

2. 使用平均数应该注意哪些问题？可以演示出来吗？

3. 提出三个问题在小组内讨论。

备学后，课堂上组织学生创设问题情境时，可能不止拍球这一个情境了。同一类现象所组成的情境，形成了丰富的资源，学生看待这个问题势必会带着探究的眼光，那样交流、概括、发现的主体，或许就都是学生了，而教师，只是向导，是舞台监督，是为学生服务的。

案例 3　徐长青教学“退中的数学”

实录与旁白

师：魔术开始了，这是一张长方形纸，马上我就让它变成几张纸，你信吗？

（隐藏于讲台后，只听见“嘶”“嘶”两声。）

随着撕纸声音的响起，学生进行了丰富的想象。课堂上有趣的表演，一下子把学生的注意力集中到想象表演过程中去。表演的学习方式，学生为表演主体，这里看来是教师的表演，其实每个学生都参与进去了。撕纸，谁不会，随着教师的表演，学生的小手说不定也在“用劲”，教师的表演只是学生想象的外显。

师：告诉我，现在变成了几张纸？

生：4 张。

师：怎么是 4 张呢？

生：因为你撕了两下。（动作示范，先撕成 2 张，合起来再撕一下）

徐老师不仅关心学生想象的结果，更关注学生想象的过程。学生很聪明，当语言不能表达出自己的想法时，就用表演来说明。

师：同意吗？正确答案就是 4 张吗？哦！有不同意见。

教师继续追问，制造想象冲突，引导其他学生向多元化的结果进军。

生：我觉得有可能是 3 张。（动作演示）第一次先撕成 2 张，然后把其中 1 张再撕开，就是 3 张。

师：正确答案就是 3 张。

这个学生的想象与第一个学生不同。同样的两声撕纸声，可以出现不同的结果，在撕第二次时，他没有把 2 张纸重叠起来，而是将其中的 1 张纸撕开了，学生在变与不变的问题情境中，初步感受数学之奇妙！

师：请问4张的对不对？3张的又对不对呢？我认为只要你认真思考了，并能自圆其说，就都是正确的。听到两声，有没有可能撕成2张呢？

徐老师充分利用两声撕纸声，再次制造想象冲突，引发学生思考。最后一段评价的话语，对学生的想象能力，以及以后的学习态度等都带来了潜移默化的影响。其实，如果教师一开始就让学生各自表演：1张纸，只许撕两下，你能变成几张纸？然后教师与学生一起表演，就更好了。

(学生上台演示。)

师：真了不起。还有其他答案吗？

徐老师不断激发学生展开联想，鼓励一切能自圆其说的奇思妙想，对学生说出理由的答案都给予了肯定。这样的课堂氛围，为学生的创造天地提供了适宜的氛围。

生：也有可能还是1张。

师：什么？1张？开玩笑。

(学生上台演示：第一次没撕开，第二次还是没撕开，还是1张纸。)

师：还有很多很多的答案，条件不同，撕的方法不同，答案可能就会不同。数学就是这么神奇，这些答案都是可能的，都是我们课堂上的正确答案，如果有一天，同学们能把这些可能都滔滔不绝地说出来，那就了不起了。

学生天生就有着丰富的想象力，我们充分感受到了这一点。当数学课堂与学生丰富的想象连接在一起时，能不灵动吗？徐老师对学生的想象与说理进行了引导、启发和及时肯定的评价，让学生领略到了数学的神奇，产生了强烈的探究数学奥秘的欲望。

评析与思考

这是一个简单又多样的表演学习片段。

简单，是因为表演的小魔术，仅仅需要1张纸作为工具，整个表演过程也仅仅出现了两声撕纸声。

多样，是因为这是建立在表演基础上的思维训练。杜威说，冲突对思想来说是一种触媒，诱发我们主动观察和修正，激励我们去创造，冲击我们像绵羊般的温顺，使我们警醒、敏锐并动脑思考。徐老师在撕纸后，是这样制造学生的想象冲突的："怎么是 4 张呢?""请问 4 张的对不对？3 张的又对不对呢?""有没有可能撕成 2 张呢?"

在一句句反问中，徐老师成了这个学习之旅的导游，总是故意把"导游路线"不小心"泄露"给学生，引导学生回顾表演过程，自主探索各种可能性，使学生充分展开想象，进行自圆其说的脑中表演。徐老师一次次对学生的创造力给予了肯定，呵护了学生的创造欲和想象力，在这样宽松愉快的课堂中，学生还有什么不能想，还有什么不敢说呢?

反思与备学

俗话说："退一步海阔天空。"学生在学习中经常一下子得到结论，但追问获得的过程，学生却说不出来了。"退中学"正是为了理清知识的"生产"过程。那么，这样的课堂可以进行备学吗？我想，可以从以下几方面尝试备学。

1. 举三个与数学相关的例子，说明一件事情可以从简单推理出复杂现象。

2. 选一个例子，设计一个表演情境将其演示出来。

3. 写出你的三个发现，并提出三个问题，在小组内讨论。

结语

在课堂中展示思维冲突的表演学习，是为了帮助学生突破难点，是为学习目的服务的。可以是教师表演，学生想象表演的过程，也可以由学生自由组合进行表演，模拟问题情境。学生的思维只有外显出来才可能相互交流，教师也才可能获知。学生的思维冲突，需要配合动作表演出来，在交流这些表演的过程中，学生又会产生新的思维冲突——思维碰撞。引发这种思维碰撞的现象出现，才是表演学习的根本目的。所以这种学习方式，要求教师首先提出整体性学习任务，选择与学生生活经验有关的真实情景，并能组织表演。学生面对解决问题的表演情境，可尝试将问题情境变成自己的表演任务。表演者或观看者都会在这种特殊的情境中，调动所需的知识技能完成各自的任务，并通过自己的思考或小组探讨，使问题得到解决，最终完成学习任务。

第二节　再现教材，合作提供学习资源

协同教育理论认为，上课犹如开中药方，讲究个君臣佐使，教材仅仅是课堂的一味引子，而不是课堂的全部。这话说得真好。根据中药原理，引子的用意在于使“主材”发挥最大功效。而表演数学的学习方式，正是在这一“引子”的作用下，动态呈现教材，激活知识，由静变动。看似简单的一个变化，犹如小说改编成电影，对于学生来说，是从单一的视觉走向多感官协同，使学生走到了课堂这一舞台的中央。尽可能让多种感官参与学习过程，是一条学习“铁律”。听讲——只用了耳朵，如果教师表情丰富，可以吸引学生注意看，眼睛参与了，但看的与听的内容不一定协同，学习效果是最低的，两周以后学习的内容只能留下5%。阅读——用眼也用了嘴，而且是协同的，两周后学习的内容可以保留10%。声音、图片——用了耳、眼，将图片内容表达出来也用了口，两周后学习的内容可以保留20%。示范——眼、耳、口、肢体都用上了，两周后学习的内容可以保留30%。小组讨论——自己的眼、耳、口、肢体与他人眼、耳、口、肢体都用上了，两周后学习的内容可以保留50%。做中学或实际演练——所有的感官都参与，且协同程度大于小组讨论，两周后学习的内容可以保留75%。教别人或者马上应用——这是二次以上协同程度很高的全感官参与，两周后仍可以保留90%的学习内容。学生从教材的观察者、学习者，转变成了学习资源的提供者、体验者，正是多种感官参与的体现。同时，当课堂学习的资源都来自于学生时，那课堂学习势必与学生更加亲近。

案例1　胡爱民教学“找规律”

实录与旁白

师：我们在音乐课中学习过这种节奏——｜X XX｜，请同学们试着拍一拍。（学生稀稀拉拉地拍了起来）怎么才能拍得有节奏感、韵律感呢？先听老师拍一拍，然后我们一起来，（教师将节奏优美地拍了出来，学生一个个加入进来，教师板书｜X XX｜X XX｜X XX｜后示意学生停下）如果老师不叫大家停下的话，我们能拍完吗？为什么？

生：会一直不断地重复拍下去，永远也不会完。

教材给出的是一幅静态的情境图，胡老师根据教材，从学生的学习生活中挖掘资源，找到了音乐课上打节奏这一生动有趣的内容，并让大家一起拍一拍，感受情境。这个环节使学生从被动的情境图观察者转化成主动的情境创设者。

师：到底是什么会一直不断地重复下去呢，能不能说得更加具体一些？

生：就是"嗒——嗒嗒"这三个音符会不断重复下去。

学生已经亲自表演过，果然很准确地理解了这一问题。胡老师善意的提示，让学生回味刚才表演的经过，引导学生的思维走向深入。

师：有时，我们也把这种不断重复的部分叫作周期。这里就是以｜X XX｜为一个周期不断地重复下去。

"适时告诉"是一种智慧。让学生明确了"周期"这一概念后，接下来的表演中，学生会以此来体会、思考。如果这时安排学生讨论一下周期的概念，让他们自己领会不断重复的部分叫作周期，或许会更好一些。因为学生在倾听中对这个概念可能只是感性的印象与对教师这句话的记忆。

师：那我们在这里（指着"｜X XX｜X XX｜X XX｜"的后面）用一个什么符号表示后面还会不断重复下去呢？

生：用省略号。

师：今天这节课我们就要找这种不断重复的规律。（教师板书：找规律——重复）

在这里，当学生知道了"周期"这一概念后，如果胡老师及时让学生根据刚才的表演说说生活中的周期现象，并让学生提出问题，可能课堂上出现的声音会更丰富。

评析与思考

胡老师执教时，能够尊重教材的用意，并采取表演学习的形式，让学生演一演，于生动活泼中让学生体验到了"周期"这一现象，这样的设计将教材价值最大化。可贵之处在于，胡老师在学生表演一番后，并没有撒手不管，而是通过提问及时引导学生反思表演过程："如果老师不叫大家停下的话，我们能拍完吗？为什么？”“到底是什么会一直不断地重复下去呢，能不能说得更加具体一些？”这样就抓住了学生表演中的有效资源，为接下来的学生合作学习提供了保障。

反思与备学

可能受课堂环节分割的影响，我们总是把引入新课与教授新课的环节分得很清楚，时间上也有一定的限制，所以胡老师没有让学生继续“表演”。这节课如果这样引导学生备学可能会更好。

1. 一星期是一周，也就是七天为一周期，你能再举三个生活中的周期现象吗？

2. 周期现象有什么特点，请你概括一下，至少说出三点。

3. 提出三个问题在小组内讨论。

经过备学，学生对 | X XX | X XX | X XX | 的“周期”理解起来就容易多了。

案例 2　郑大明教学“○与□玩数学”

实录与旁白

（课前，组织学生用 1，2，3 等数字做“玩口令”“唱歌曲”“走舞步”活动，体会数字符号与动作、节拍之间的对应关系。）

郑老师是个有心人，看似好玩的游戏，其实包含着深深的数学思想。这样深入浅出地通过活动让学生进行体验，为体现数学思想埋下了伏笔，打下了基础。这也属于一种备学的形式。

师：下面来做“抢凳子”的游戏。（第一轮：4 人 2 张凳子）

“抢凳子”是学生喜闻乐见的游戏，在今天的课堂上这个游戏却是为了学生的数学表演，为了给接下来的学习提供材料。4 人，2 张，学生在脑中进行数学计算是必然的，数学的思维模块自然调动到“最近学习工作区”了。

师：请两位男同学和两位女同学上台来。我先给大家编个号，不然谁赢了都不知道。

看似无意，实际独具匠心，表演前编号，不仅仅是为了看出谁赢，更是为了让一一对应这一思想更方便表现，同时渗透了“代数思想”“符号意识”。

（1，2，3，4 的号码贴在学生胸前，学生随鼓声走动。鼓声停，四个人挤到两张凳子上，全班大笑。）

师：一人只能坐一张凳子，现在几个人坐了一张？再重新抢一次。

全班哄堂大笑，因为学生的表演出了问题，居然四个人挤到了两张凳子上。学生笑，一是因为好玩，二是在生活经验及前面游戏的基础上，他们已经明确了抢凳子，必须一张凳子对应一个人，瞧，对应思想不着痕迹地在学生脑中“驻扎”了。

（学生再次游戏。）

师：这次是几号先抢到了？

明知故问，把学生从玩的思绪中拉回学习的主题上来。

生：2 号和 3 号。

师：为了防止我们忘记，怎样记录比赛结果呢？

郑老师总是站在学生的立场去发表自己的观点。为了防止忘记而记录比赛结果，激起了学生对自己表演结果负责任的态度，他们在教师的引导下，开始站在小主人的立场想办法解决问题了。

生：用笔写在本子上。

师：好，还有呢？

生：看他是几号。

师：如果老师用 1，2，3，4 这四个号码表示同学，○表示椅子。

如果这里让学生以小组为单位，至少想出三个办法来，资源就更丰富了。

师：是谁抢到了凳子？

生：2 号和 3 号。

师：好，我们给他们做一个记号。

（课件展示：在 2 号和 3 号□下分别对应一个○。）

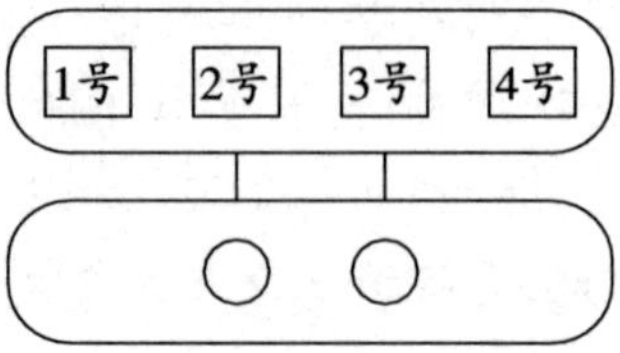

学生带着丰富的资源来到课堂，在学生参与表演后，教师可以让学生尝试设计记录符号，尽量提供给学生创造的机会，让学生在课堂上享受创造者的成就感。

（第二轮游戏，4 人 4 张凳子。活动结果记录如下图。）

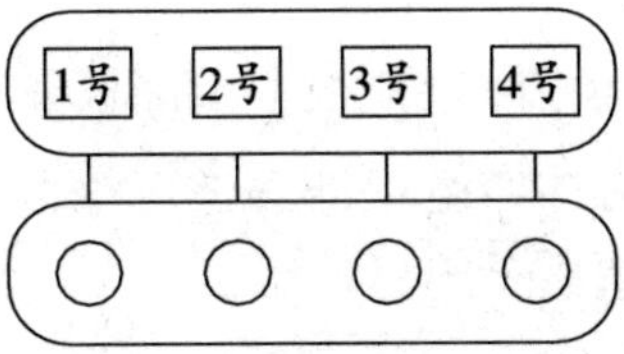

第二轮游戏生活中不常有，但是数学中可以有，这一数学表演，正是为了让学生感受一一对应。

师：一人一张凳子这种现象在数学上给它取个什么名字呢？

生：平均分。

生：人凳相等。

生：一模一样。

生：一人一张。

瞧，学生的表达多么本真！初始之物，其形毕陋，虽不精确，但很准确地表达了学生的真实想法。他们从中享受到了成功的乐趣。

师：这种现象在数学上有专门的名词——对应，又叫“一一对应”，可以简称它“一对一”。

郑老师把学生的话进行了总结，让数学语言更加科学规范。同时，学生对表演的情境进行了提炼与升华，在脑中树立了对应思想。

评析与思考

郑老师是个有心人，来到课堂，仿佛一个快乐使者，带领着学生“玩口令”“唱歌曲”“走舞步”“抢凳子”，一个个应接不暇的游戏，在今天的课堂上不是为了逗乐学生，而是为了给学生提供学习资源。既让学生参与表演，成为学习的主人，又让学生在教师引导下自主为学习过程提供资源，同时，在玩中学会了数学地思考，能准确地进行符号化陈述。回顾这个环节，我们可以看到，从“4 人 2 凳”引起全班哄堂大笑，学生初步感受表演中必须“1 人 1 凳”的对应关系；到教师建议学生再重来一次，引导学生如何记录；到最后一个纯粹的数学表演“4 人 4 凳”，学生在郑老师看似随意，实则独具匠心的引导下，感受了对应思想和符号化思想。

反思与备学

纵观这节课，教师对学生的符号化思想的培养有着清晰的思路，使学生在表演的情境中，根据自身体会组织语言进行符号化陈述。其实，游戏还可以更加开放，如让学生表演后分组讨论。

1. 用三种以上的方法记录这三次表演的结果。

2. 各种记录的方法各有什么优缺点？

3. 各组归纳出一个有争议的问题，全班进行讨论。

三个问题引导学生“小组备学”，学生经过这样全班讨论的专题备学，准备的学习资源一定更鲜活、有趣。

案例 3　贲友林教学“找规律”

实录与旁白

（音乐《找朋友》响起。）

师：这是根据《找朋友》这首歌编的一个舞蹈的示意图（如下图），12 个圆表示 12 个男生。如果在两个男生之间加一个女生，12 个男生中能加多少个女生？

●●●●●●●●●●●●

贲老师借助学生喜爱的歌舞表演，通过熟悉的“找朋友”游戏，和一个特别的队形——两个男生之间加入一个女生，自然地过渡到研究不封闭图形中一一间隔的规律中。既激起了学生的兴趣，抓住了学生的眼球，又给学生的进一步探索提供了直观形象的学习资源，方便学生在探索的路途中拾级而上。

生：11 个。

师：每个男生都能找到一个对应的女生做好朋友吗？

生：不能！最后一个男生找不到好朋友。

师：如果换为弧形队形（队形变化见下图），可以加入几个女生？

学生用已有的经验，一下子就推断出12个男生，每两个男生中间加入一个女生，可以加入11个女生。贲老师不急于评价，而是用问题引起学生反思，把原来的一排队形变成了没有封闭的弧形队形，进一步激发学生主动寻找不封闭情况下一一间隔中的规律。

师：变为下面的队形呢（队形变化见下图）？12个男生中间能加入多少个女生？依旧是11个吗？

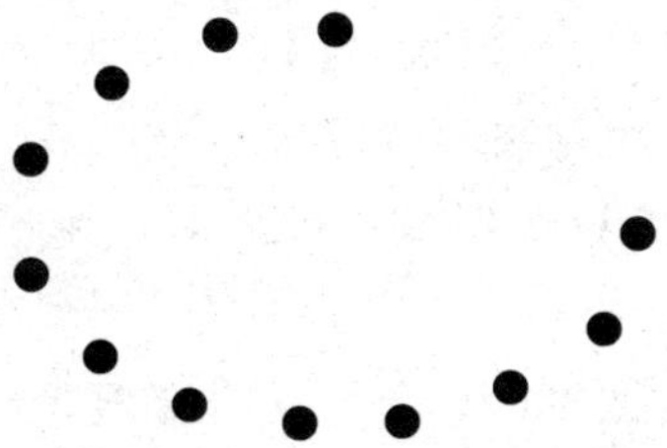

生：还是11个。

师：那如果是下面的队形呢（队形变化见下图）？12个男生中间能加入多少个女生？

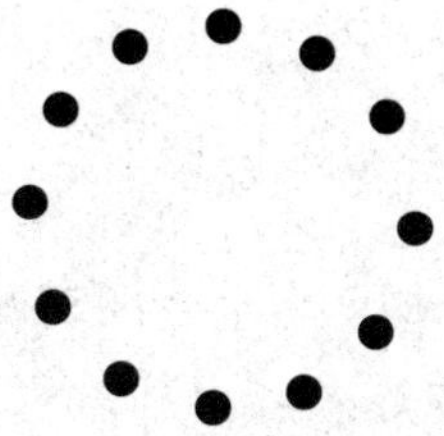

生：12个。

表演的队形借助多媒体动态呈现：一排—弧形—大半圆—封闭的圆。贲老师将表演的具体形象抽象成图形，学生通过想象，在脑中予以“图形还原”。学生通过观察发现，队形没有封闭时，插入间隔中的人数比原来队形中的人数少1，成了封闭的圆形时，人数就同样多了。

师：怎么回事？（停顿一会儿之后）怎么前面都是12个男生、11个女

生，这里成了12个男生、12个女生了？同桌两人先交流一下。

赉老师并没有“包办”学生的发现，而是放手让学生讨论。学生能够根据具体情境调整自己的思维，但发言只能代表少数人的理解和思考，于是赉老师让学生与同桌交流，使更多的学生参与到学习中来，从更多的途径获得有价值的信息。

生：（上黑板展示）因为在封闭的圆形队形中，最后一个男生和第一个男生之间又出来一个间隔，所以还能加入一个女生，所以男生和女生就一样多了。

经过同伴之间思维的碰撞，学生终于成功地用自己已有的知识，对封闭图形中的一一间隔现象做出了合理的解释，至此，学生的数学逻辑在赉老师一次次的追问和提供的思考时空中得到培养。

师：回答得很好。在之前的队形，12个男生中只能加入11个女生，正如刚才的同学所说，在封闭的圆形队形中——

生（齐）：第一个男生和最后一个男生又产生了一个间隔，所以还能再插入一个女生。

结合表演情境，学生再次回顾反思，理性思考封闭和不封闭两种情况。

师：所以12个间隔能排12个女生，不错。

赉老师总是能在教学过程中腾出一只手，更多地研究教学的另一个重要组成部分——学生，所以简单的歌舞表演队形才能在课堂上以小见大地展现学生的智慧。

评析与思考

这个教学片段是引导学生探索由不封闭现象到封闭现象中，一一间隔的规律。赉老师采用表演学习的方式，再现教材意图，使学生从中感受到乐趣，并直观形象地认识了封闭现象。表演学习这一学习方式，给学生的探究插上了一双隐形的翅膀，让学生在探索过程中有路可循，充分发挥了学生在学习道路上自主获取新知的能力。对于这一教学内容，在不少教师的教学中，直接告知让学生背算式的现象并不少见。如非封闭图形中，棵数＝间隔数＋1，间隔数＝棵数－1；封闭图形中间隔数＝棵数。学生通过机械地做题练习，也能有很强的解题能力，但学生不知所以然。而赉老师则开发利用书本现成的习题，将其改编成舞蹈排队这种学生喜闻乐见的形式。由“找朋友”舞蹈队形的四个层次变化，让学生经历由“不封闭图形”到“封闭图形”的思维过程，领悟封闭图形间隔排列的内在规律。贲老师采用动态渐变的呈现方式，逐步从直线排列转为圆形封闭排列，给学生思维搭建了跳板，使学生在“找”中悟出了规律。

反思与备学

张兴华老师曾质问，在一堂课上，如果听到的总是教师的声音，那么学生的思维、观念与价值又该如何真正得以改变？面对张老师的质问，贲老师用实践给予了很好的回应。我们也在想，这堂课能够让学生分组表演后再来讨论吗？6 个男生与 6 个女生一组，要求“排练”后表演是否会更好？是否可以这样备学？

1. 反映“一一间隔”的排列规律，可以有几种排法？看哪个小组排的形式最多。

2. 用符号表示你们发现的规律。

3. 提出三个问题在课堂上讨论。

这样的课堂会是怎样的课堂呢？

结语

学生在课堂上要以学习者的角色为主，而不能以学习资源的角色为主。也就是以学习行为为主，而不能以展示行为为主。学生在学习过程中自然流露的对话、动手操作、实验演示等当然是学习行为，是以学习为目的的行为。附加在这些学习行为之上，为展示而展示的行为，则不是学习行为，而是一种“教学”行为。任何行为都有两面性，需要区分主次，需要考虑性价比及其效果、效率和效益。

学生为展示而展示的行为需要不需要呢？需要，但这并不是每个学生非有不可的主体行为。如部分学生作为“小教师”，被教师当作学习资源，他们的展示，已经不是自己的学习行为，而是帮助其他学生学习的行为，这是一种角色转换后的行为。

第三节　展示过程，协同探究知识形成

新课改重视学生的学习过程，在这个过程中，我们尽量避免无视学生个性、枯燥说教的"无味"课堂。叶澜教授说过，课堂应是向未来方向挺进的旅程，随时都有可能发现意外的通道和美丽的园景，而不是一切都必须遵循固定线路而没有激情的行程。表演学习，因为基于学生的生活经验，由学生担任主角，所以，在学习之旅中，能够展现学生认识知识、表达思考的过程，展现师生协同探究知识形成的过程。

案例1　吴正宪教学"重叠问题"

实录与旁白

师：同学们，今天吴老师跟大家一起来学数学，先看屏幕，（课件出示：同学们排队，亮亮从左边数是第5个，从右边数还是第5个，这个队一共有多少个同学？）这个队一共有多少个同学呢？

生：9个。

生：11个。

生：10个。

学生独立想象，因为表征的情况不同，出现了不同的思维结果。

师：这种问题我们上一年级的时候就遇到过。张小东从前面数排第5个，从后面数也排第5个，问一共有多少人？大家还记得吗？为什么现在大家的意见不一样呢？没关系，我们试着拿起笔，用一个图形或一个算式，把它表示出来。让我们看看，你是怎么想的？

面对大家的不同意见，吴老师并没有做出定论，而是用一年级学过的数学问题唤醒学生的思维经验，并引导学生将各自想象的过程用图、算式等外显，为协同探究知识形式提供了丰富的学习资源。

（教师巡视并请几位学生上台板演。）

吴老师关注学生大脑里的想象表演过程，并将典型表演形式进行展示，便于学习交流。

师：我看到有的同学画的是人物，画完了眉毛画眼睛，画完了眼睛画衣服。有没有画得更简单的？

在画的过程中，吴老师发现有的学生画人物，速度慢，画图功底也不深；有的学生则用自己喜欢的图形来代替。吴老师及时抓住课堂中的这一生成资源，引导学生进行对比，看哪种方法更能简洁清楚地表达信息。

生：我画的是线段。

生：我画的是图形。

师：什么图形？

生：圆形和三角形。

师：你真有办法！

生：我画的是三角形。

师：（指向画人的学生）还没画完呀？

师：我们来看看，（指画出的三角形）这里有没有我们学习要借助的经验？这很重要，（面向画该图的学生）你画了几个三角形？

教师并不是唯一的课堂资源，吴老师关注课堂中生成的多种资源，使学生在真实的对比中发现符号的简洁性，很好地体现了数学的独特魅力，优化了课堂资源。

生：10个。

师：这里画出了几个？咱们来数一数到底有几个？来，1，2，3，4，5，（把磁珠放在第5个三角形上）从后边数是第几个？你来数一数，（和学生一起数）1，2，3，4，5，6，怎么了？

师：（指屏幕）你看看题目是怎么说？从左边数是第5个，从右边数也是第5个，那你画的从右边数是第几个？

生：第6个。

思维外显的过程中，有些学生出现了差错，吴老师通过这一典型个案与学生一起从过程中逐一验证，找出错误，并让学生对照表演过程，说说可以怎么调整。

师：没关系，我们让这位同学自己想一想，应该怎么办？

生：减掉一个。

师：从哪儿减？

生：右边。（学生自己动手擦掉右边的一个三角形）

师：他自己擦掉了一个，我们再来数一数。（和学生一起再数）你们以前不就是这样学习的嘛，想起来没有？

当学生改正了错误后，吴老师再次与学生一起验证，体现了严谨的数学精神，将错误认识消灭在课堂上，不让其滋长。而一句“你们以前不就是这样学习的嘛，想起来没有”，更是让学生明白了，学习数学，并不一定每一次都是“新”的开始，多前后联系，触类旁通，说不定能更接近正确的思考。

师：（指算式“5＋5－1＝9”）那我们再来看一看，第一个5在哪里，在图形上圈一圈吧！（学生动手圈）第二个5在哪里？（请另一位学生动手圈）

动手圈的过程，其实是学生将抽象的算式与具体表演情境建立联系的过程。

师：这两个5得到的是10，但减的这个1在哪里？为什么要减去1呢？我就不懂？

生：因为它们重叠了。

生：（手指黑板）因为这个三角形被圈了两次，所以我们应该减掉一个。

吴老师适时装傻，留给学生解释和展示的机会，更有利于学生积极思考。

师：他说这个三角形，也就是这个第5个同学被数了两次，一个人被数两次，就算重复了，对不对？因此要减掉一个，现在到底有几个？

生：9个。

师：还是10个吗？其实，这是我们以前就懂得的事情，只不过当初我们没有用这样的图圈一圈。谁是用画人的方法解决的？你觉得画人跟画图形比，哪一种方法更好？

生：越简单越好。

师：那你今后是画人，还是画简单的图形？

生：画简单的图形。

生：还不如直接列算式。

生：列算式有的时候会算错。

波利亚说，对于数学教师，“不仅要教给学生知识，并且要教给他们才智、思维方式和有条不紊的各种习惯”。吴老师再一次提醒学生“这是我们以前就懂得的事情”，是为了让学生由熟悉的经验提升达到新的思维状态，而不再是回顾当时的学习过程，是为了让学生通过这个问题想到数学的本质。

评析与思考

对于三年级学生来说，数字排序中的重叠现象是一个在生活中经常遇见的问题，在数学中怎么解决这类实际问题呢？当学生思考结果不一致时，吴老师并没有立刻评价谁对谁错，而是通过一句“我们试着拿起笔，用一个图形或一个算式，把它表示出来”，引导学生在头脑中把这个实际问题进行想象表演，并选择适当的图形和算式把表演过程显现出来。在学生独立进行想象表演的过程中，吴老师十分关注学生展示过程是否合理，并给予指导，引导学生的思维从繁复走向简明，将数学的本质，符号化、简约化的思想渗透在平时的教学中。在集体交流中，吴老师抓住错误资源，给全班学生提供了一个协同探究知识的平台，使学生在错误资源的基础上，通过回顾、反思、验证，一步步调整自己的想象表演，最终得以正确表达。

反思与备学

吴老师抓住学生经历的“想象表演—外显展示—协同探究—获得结果”这一过程，及时与学生一起回顾反思，使学生进一步认识了数学学习的内涵。是啊，一个人的数学修养，不仅仅体现在他能一下子正确解出难题，更关键的在于，他是否通过学习慢慢地领会了数学精神、数学思想，是否熟练地掌握了数学方法，在日后的学习中是否能自如地将这些精神、思想和方法融入他的日常工作、学习与生活中去。吴老师的数学观，决定了她的数学教学观。这堂课还可以让学生这样备学。

1. 小组的同学排成一队，每个同学记下自己从前面数是第几个，从后面数是第几个，小组一共有几个人。

2. 想一想，你记下的三个数字之间有什么关系？

3. 提出三个问题在小组内讨论。

备学后的教学过程，可能会使吴老师的数学观得到更充分的体现。

案例2　刘德武教学“认识厘米”

实录与旁白

师：如果老师只有一把烧坏的尺子，（现场演示：把尺子的后面一部分烧坏）还能用这把尺子量东西吗？

为学生提供感性材料，帮助学生想象表演，直观解释。

生：能。起点0还在。

师：如果长度不够呢？

生：可以量两次。

学生口在说，脑在演，用数学表达向大家展示了量的过程。

师：如果尺子的这头又被烧了，（现场演示：把尺子两端都烧坏）起点0没了，现在还能量东西吗？

生：能。

学生对答如流，刘老师也是有备而来的，现场烧坏一把尺子的两头，故意“为难”学生，以激发学生在拓展中深化对1厘米的认识，学生勇敢“接招”，想出了应对的方法。

师：怎么量？

生：用1当起点。

师：1也没了呢？

生：用2当起点。

师：请你用这把破损的尺子来量一量这个打火机的长度。

（一个学生上台用破损的尺子测量打火机的长度。）

让学生在“困难情境”下测量打火机的长度，一方面遵循了1厘米这个学习内容自身的规定性，另一方面又凭借有挑战性的数学表演，满足学生想要做个发现者的心理需求。破损的尺子，给课堂带来了趣味，给学习带来了挑战，给学生带来了创造的机会。尺子上没有起点0，该怎么量物体的长度呢？听听学生的想法吧。

生：打火机的长度是8厘米，这边是2，这边是10，从2到10是8厘米。

师：你是怎样想到8的呢？

生：用10去减2，就得到了8厘米。

师：我们一起在大屏幕上数一数从2到10，看是不是8厘米。

（全班齐数。）

师：这里面有几个1厘米？

生：8个。

师：8个1厘米就是——

生：8厘米。

所测量物体较短时，可将物体对准尺子的某一部分，学生第一感觉是两刻度之差即为物体长度，刘老师及时对学生的算式在尺子上进行验证，有几个1厘米，就是几厘米。可见，实践是检验真理的唯一标准。

评析与思考

在这个小片段中，师生共同表演用特殊的厘米尺测量物体，加深学生对厘米的认识。在学生初步认识了1厘米后，刘老师借助烧坏的尺子，一种情况是0刻度还在，另一端被烧坏，另一种情况是两端都被烧坏，在层层递进的情境中，拓展学生对1厘米的认识，使学生把握了知识本质。学习中，结合表演数学这一形式，学生走到前台，演示用一把两头烧坏的尺子测量打火机的长度，并且结合生活经验正确读出刻度。这一过程不由得让人感叹，刘老师“教学艺术的本质不在于传授的本领，而在于唤醒、激励和鼓舞”。

反思与备学

可能有教师认为，对厘米的认识没必要采取表演学习的方式。其实，学生知道厘米在长度单位中是什么概念，能够用厘米尺来测量物体，这种思维模块中不仅有知识结构、技能结构，还有智能结构、情意结构——学生可能在用厘米尺的时候都会想起课堂上有趣的表演，甚至还有观念结构——让学生体悟到学数学是与生活密切相关的。

要想更完善地建构思维模块，刘老师这节课可以这样引导学生进行备学。

1. 你见过哪些尺子？它们有什么作用？

2. 举三个例子说一说，哪里用到尺子来测量？怎样测量？

3. 仔细观察尺子上1厘米有多长，找一找生活中哪些物体的长度大约是1厘米。

通过备学，学生本来已有的模糊经验，会进一步清晰起来，给课堂带来更多的学习资源。

案例3 徐斌教学“万以内数的读法”

实录与旁白

数字排队。教师出示分别写着0，0，8，8的四张卡片，让学生推荐四个人到讲台前，每人选一张自己喜欢的卡片并举起来。

徐老师通过学生表演数学这一学习方式，巩固本节课的重点——含有零的万以内数的读法。虽然只有四个学生上台表演，但台下学生的思维都跟着台上学生的表演进行想象表演，实现了让每一个学生都积极参与学习。

师：请台下的同学想一个三位数或四位数，台上的同学按要求排列。比一比谁最灵活！

搭建学生自由思考、尽情表达的舞台，问题从学生中来，到学生中去。

生：我请你们排成一个三位数，只读一个零。

（台上四个学生商量了一下，派出其中三名学生排成了808。）

有趣的排队表演，让大数读法活灵活现，台上台下，学生的学习积极性都很高。提问题的人和表演的人都要对所说的数先思考其写法与读法，才能判断表演的人所站的位置是否正确。

生：请排一个三位数，一个零也不读。

（台上三个学生先排成了880，再换一个学生又排成了800。）

生：请排一个四位数，一个零也不读。

（台上四个学生很快排成了8800。）

将形象的表演和抽象的读数结合起来，对学生来说充满挑战。在生动的表演中学生发现，不管三位数还是四位数，一个零也不读时，所有的零都要放在数的末尾。

生：我想请你们排一个四位数，读作八千零多少的。

（台上学生一时犹豫不决，然后，两个分别举着8和0的学生站在了左边，剩下两个学生又思考了一会儿，排成了8008，台下学生替他们松了口气。）

多有创意的问题！如果仅仅教师问、学生演，就会是用教师的思维代替学生的即兴思维，但如果把机会让给学生，他们会提出多样性的想法。课堂一旦交给了学生，退居幕后的教师常常能欣赏到一片灵动！学生要求排成的数读作“八千零多少”，言外之意就是要求读出零，表演学生的迟疑，是思考与调整的过程，他们是在搜索大脑思维模块中的相关信息，以便做出相应的反馈。

生：只对了一半！

（台上的学生听到后先是一愣，继而受到启发，很快做了调整，又排成了 8080，下面的学生鼓掌。）

因为表演学习这一方式有趣直观，所以全班学生无意中就把注意力投向了表演，实现了协同探究，每一个学生在演一演、验一验的过程中进一步认识了万以内数的读法。在表演中，学生自发地透露出童真的语言，当台下有学生说“只对了一半”时，还真有点让人难以捉摸。不过，表演的学生很快得到信息，明白了还有其他方法，想出了 8080 也读作“八千零多少”。如此一挑战、一回应，学生在快乐的表演中深刻领会了四位数的中间有一个零或两个零，都只读一个零。

评析与思考

虽然这只是一个很小的教学片段，但在帮助学生建构思维模块中起到了很大的作用。学生表演数字排队，犹如这个片段中的一个触点，而学生提出的一个个问题，台上学生的表演，台下学生的想象表演、思考、情感体验，则是由这一触点延伸出去的一个个新的生长点。这一切得益于徐老师在教学中的关键时刻给学生提供了良好的学习方式——表演学习。它很好地帮助学生在充满乐趣的情境中，认识了组成数的过程，帮助学生于无意中“数学地提出问题”，使学生对万以内数的读法有了更深刻的感性体验与理性辨析。学生在表演过程中表现出的创意思考、情感认同等，都是这节课生动且深入的必要条件。

反思与备学

无论是参加表演的学生还是观看表演的学生，都会对提出的数先在脑中写出来，然后要会读，这样表演的人才能表演出来，观看的人才能判别出来。特别是读数中的难点——关于“零”的问题，学生在表演与判别中有了更深的理解。

这节课，可以让学生这样备学。

1. 收集三个以上你感兴趣的数，到课上交流。

2. 你认为万以内数有几种读法？

3. 提出三个关于万以内数的问题在小组内讨论。

有了备学，学生课上的表演就会更丰富多彩了。

结语

根据学习任务的具体情况，有时让学生表演比教师自己表演合适，有时教师表演比学生表演合适，因为两者是不同的任务。教师是学生学习的主要资源，教师把学习资源激活，表演给学生看，即学习资源的展示，这符合教师的主体角色；学生是学习的主体，他们的主要任务不是把学习资源展示给他人看，而是看学习资源的展示从而学习到自己所需要的知识、技能、智能、情意、观念等。这里的“看”用“学习”来替代更准确。学习的动作是什么？动眼、动耳、动体、动脑、动心五动协同合作。学生是集体学习，他人的“五动”表现出来（自然的流露而不是有意的展示）被“我”注意到了，就成了“我”的学习资源。如何让学生注意呢？这样的问法是教师教的视角。如何让“我”注意到“我”需要的其他学生表现出来的学习资源？这样的问法是学生学的视角。不同的问法表现为不同的教育视角。

自然流露能成为学习资源吗？在群体学习中，个体或部分学习者的学习行为是一种群体的学习资源，这是客观存在的现象。学习归根到底是个性化的行为，学习资源的选择利用也必然是个性化的。生生、师生的对话，都是一种在学习过程中自然流露的学习资源。这可以是教师一种有意组织的资源，但学生不是有意的。有多少学生在学习中是有意做小老师的呢？这种小老师的教育资源和角色，学生往往是无意的，但教师要有意组织或激活。

小老师是学习的方式或渠道之一。从不同的角度看同一个学生，这个学生有着多重角色：学习的主体，作为小老师是施教主体，作为他人的学习资源是示教客体，作为教师的教学对象是受教客体……有人认为小老师是示教，是他人的学习资源。其实，那是角色转换为学习主体的学习行为，已经不属于展示行为了。

操作备学

第三章

学生借助学具，通过折一折、画一画、摆一摆、拼一拼、拉一拉、搭一搭等操作活动，理解一些数学概念、原理、数量关系等，就是操作学习。操作学习中，除了直观的手动操作外，还有更重要的“念动”操作，即通过想象或回忆某种运动动作，引起神经肌肉的相应变化，从而起到训练的作用。念动训练是在体育运动实践中被广泛采用的一种心理训练方法，在我们的小学数学学习中也可以加以运用，如备学中，学生回顾曾经操作过的活动就是一种念动。

第一节　建立概念，折折画画观察特征

荷兰教育家弗赖登塔尔指出："用自己的思维方式重新构造知识就是再创造。"小学生的数学学习，受其思维水平的限制，以形象思维占主导地位。操作学习是小学生学习的主要方式，在伴随着动作进行的思考中，学生形成思维的"自然结构"，从而在教师的引导下过渡到思维的"加工结构"。人们都说，学生在学校里学习的知识长大后会忘掉，但是学生生涯中开展的各种活动，会在他们脑海里留下深深的印记。这里的活动，也包括我们数学课堂上的操作学习活动。有效的操作活动，不仅有趣味、有意义，更有利于学生思维的发展。这一章的操作学习，指学生利用学具，观察其变化从而获得新认识，建构概念思维模块的学习过程。学生玩的学具也许是平常玩过的、操作过或者看到过的事物，因此课堂上的操作学习可以把"念动"与动手协同起来，使课堂从一味的教师讲解、教师操作演示和学生单纯地听或模仿，转变成学生在教师引导下，基于原有的经验基础，开展有目的的操作活动，实现操作学习。其中，受益最大的是学生。

案例 1　许卫兵教学"认识小数"

实录与旁白

师：0.4 元是多少钱？

生：4 角。

师：够 1 元吗？

生：不够。

师：如果用一个长方形表示 1 元，0.4 元该怎样表示？在作业本上画出来。

引导学生回顾生活经验，并引导学生将 0.4 元和 1 元进行比较，让学生从感性经验的角度初步体会部分与整体的关系。长方形是学生熟悉的图形，学生通过动手画一画，经历了从具体形象到抽象的过程，即将 0.4 元用图形表示出来，在操作表达的过程中，体会了部分和整体之间的关系，为小数的学习打下基础。

（选两名学生的作品展示。）

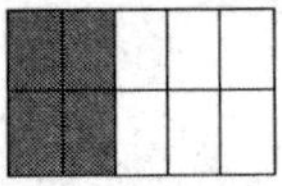

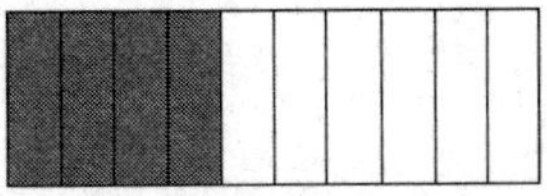

学生操作中出现了多种资源，许老师有选择地给予展示，这样取学生资源之精华，让课堂教学更有说服力，同时，让学生体验到成功的快乐。

师：他们的表示方法有相同点吗？

生：都是分成 10 等份，涂了 4 份。

在多种资源中，让学生聚焦所画出的作品的相同点，异中求同，总结归纳出 0.4 元和 1 元之间最本质的联系。

师：在学习什么的时候我们还用到过类似的方法？

生：分数。

师：想到哪个分数了？

生：$\frac{4}{10}$。

（教师板书：$\frac{4}{10}$。）

师：原来 0.4 跟$\frac{4}{10}$表示的意思一样。

（教师板书：$0.4=\frac{4}{10}$。）

从唤醒生活经验，到唤醒知识经验，虽然这只是学生第一次认识小数，但在许老师的两度唤醒下，学生沉睡的思维渐渐复苏了。他们找到了小数和已有知识经验的对接点，更关键的是，学生将小数和分数进行了对接，为新知学习找到了生长点。

师：如果用一个长方形表示“1”，你能不能画出一个小数或分数，并写出它表示的小数和分数？

（学生操作。）

许老师趁热打铁，借势造势，引导学生再次操作，让学生在独立画图中思考体会小数与分数的有机联系，为构建小数概念推波助澜。

生：我把它平均分成 10 份，涂其中的 1 份，表示$\frac{1}{10}$，也就是 0.1。

生：我把它平均分成10份，涂其中的3份，表示$\frac{3}{10}$，也就是0.3。

生：我把它平均分成10份，涂其中的2份，表示$\frac{2}{10}$，也就是0.2。

师：还有不一样的吗？有没有涂得更多的？

生：我把它平均分成10份，涂了其中的7份，表示$\frac{7}{10}$，也就是0.7。

学生一旦有目的地动起来，课堂就会收获许多资源。

师：现在来整理下。有人涂了1份，就是$\frac{1}{10}$，也就是0.1；还有人涂了2份，是$\frac{2}{10}$，也就是0.2……（边说边依次演示$\frac{1}{10}=0.1$，$\frac{2}{10}=0.2$……）把长方形涂满就是1了。

从无序到有序，在师生渐进的操作整理中，结合课件的直观演示，小数的规律跃然于心，最后许老师说的“把长方形涂满就是1了”，渗透了分子和分母相同的情况，即为1，为假分数的学习做了一个很好的铺垫。

师：你们从中看出点什么名堂没有？

生：如果是0.3，就是$\frac{3}{10}$。零点几就是十分之几。

师：给他点掌声！

零点几的一位小数就是十分之几，这不只是一个结论，更是满载学生由操作经验建立起来的小数概念，它来自于学生经历的画一画、看一看、理一理、想一想这些认知过程，从分数到小数，实现了知识的自然迁移。

评析与思考

这是学生第一次认识小数，许老师通过两次唤醒，即生活经验的唤醒和知识经验的唤醒，将小数引入学生视野。如果说第一种唤醒是学生显而易见的一种生活经验，那么第二种唤醒确实难能可贵——许老师发现了小数与其他知识的联系在学生头脑中的隐性存在。鉴于此，许老师有意安排学生画一画：“如果用一个长方形表示1元，0.4元该怎样表示？在作业纸上画出来。”学生在操作思考的基础上，隐隐感悟到小数和分数有着某种联系，进而产生了探究的欲望。

为了进一步探测小数的奥秘，许老师采取了“操作学习”这一体现学生自主学习的方式，让学生自主选择操作目的，进行操作体验。接下来的全班交流，实现了目标统一和资源共享。在学生整理操作经历的过程中，在你一言我一语中，学生惊奇地发现了小数与分数间隐藏的规律，思维从无序走向有序，认识零点几的一位小数就是十分之几，用学生话来说就是，“零点几就是十分之几”。

反思与备学

回顾这一教学片段，操作学习在学生认识小数过程中扮演着举足轻重的角色，它丰富了学生个体的经验，在操作中唤醒了学生的知识储备，同时为全班交流提供了有力的资源保障。在操作思考中，小数与分数对接，零点几的一位小数的概念得以建立。同时，这样的活动经验，也为后续学习两位小数、三位小数提供了感性支撑。小数在生活中是常见的，所以，还可以安排学生这样备学。

1. 搜集生活中的小数。
2. 试着读一读、写一写搜集来的小数。
3. 关于小数，提出三个有价值的数学问题在班级内讨论。

案例2　徐斌教学“画图的策略”

实录与旁白

（课件出示例题：梅山小学有一块长方形花圃，长8米。在修建校园时，花圃的长增加了3米，这样花圃的面积就增加了18平方米。原来花圃的面积是多少平方米?）

策略是方法的优化选择，教师是否可以引导学生思考：你遇到这样的问题会选择什么样的方法来解决呢?

师：这道题，和我们过去学习的计算长方形面积的题目有什么不同?

在对比中，一方面让学生快速回顾了以往学习的有关长方形面积的知识与活动经验，另一方面能令学生感受到这一面积问题的特殊之处，关注其关键条件。

生：长增加了，面积增加了。

师：这道题能直接求出原来花圃的面积吗？

生：不能直接求出原来花圃的面积。

教师提出了一种大家熟悉的方法——列式直接求解的方法，因为条件特殊，学生遇到了困难。小学生以具体形象思维为主，大部分学生光看文字，还不能一下子直接求出原来花圃的面积。为了解决问题，学生会在脑中搜索各种途径：怎么办呢？还有其他方法吗？选哪种方法好呢？这是解决问题的策略之思。

师：可以用什么方法帮助我们更清楚地整理题中的条件和问题？

这是策略教学的关键之问。

生：画图。

当图形发生变化时，以形象思维为主的小学生不能一眼看出破绽，这时就需要拿笔在纸上画一画，这是最真切的需要。此时学生已经产生画图的心理需求，学生动手操作的策略意识浮出水面。

师：是的，画图就是解决问题的一种方法。请同学们根据题意先试着画图。

（学生操作。）

解决问题有许多方法，可以直接列式计算、列表分析……解决当前的问题，学生从诸多方法中首选了画图。如果这里放手让学生用多种方法解决，在尝试体验后进行对比，学生自然会发现画图的优势。

师：你愿意看着原来的文字思考还是看着图形思考？为什么？

生：看图形思考，比较方便。

第一次对比：把例题中较复杂的面积问题和以前学过的简单的面积问题相比较，发现在较复杂的面积问题中，包含图形变化的特征，有些隐含的条件从文字上不能一眼看出，学生产生了画图操作理清题意的迫切需要；第二次对比：把“看文字思考”与“看图形思考”相比较，学生一下子发现，因为图形的关系，数学问题变得直观了。操作学习，让学生学得明白，学得自信！

师：画图后，你发现什么发生了变化？什么没有发生变化？

生：两条长边都增加了，面积也增加了，宽没有改变。

师：比较原来花圃和增加的部分，这两个长方形有什么联系？

生：增加部分的长方形的长就是原来花圃的宽。

这里进行了第三次比较：说说变与不变。这是对操作成果的一种关注，旨在从操作成果中发现图形变化前后一些要素之间的关系。学生有了操作经验，面对较复杂的数学问题能从直观的图形中发现变与不变，逐步理出解题思路，并总结出经验——解决这一类问题可以选择画图的方法，初步感受到策略的意义。

（课件出示：张庄小学原来有一个长方形操场，长 50 米，宽 40 米。扩建校园时，操场的长和宽各增加了 8 米。操场的面积增加了多少平方米?）

有了刚才的画图经验，徐老师又追加了更复杂的问题情境，选用什么方法?

（出示题目时逐步分解进行。）

徐老师的意图是选用“逐步分解法”。怎样让学生自己活用策略，选择这个方法呢？这是策略教学的重点。遗憾的是，教师直接为学生选好了方法，学生没有得到策略意识的训练。

（1）长增加 8 米，面积增加多少平方米?

这个面积问题，对学生来说颇有挑战性。徐老师从学生认知规律出发，帮助学生分解难点，逐步达成，不失为一种紧贴学生心灵成长的智慧！

师：你能在头脑里画出示意图吗?

（学生在头脑中画图，并用手势比画。）

有了前面的操作经验，徐老师不再按部就班地要求学生拿出纸笔画一画，而是引导学生进行念动训练，从“纸上画”过渡到“脑中画”。纸上未留画图痕迹，而脑海里却布满了操作思维的线索，借助手势比画，学生从具体形象思维走向抽象逻辑思维。

师：你能列式计算吗?［教师根据学生的回答板书：40×8=320（平方米）］

更进一步的抽象，即从文字抽象成脑海里的图形后，再抽象成符号；更进一步的回归，这个面积问题最终回归到的是 40×8 的长方形，学生经历了一番头脑风暴后，一切回到最初的起点。这也体现了数学文化的简约。

（2）宽增加 8 米，面积增加多少平方米?

师：你能继续在头脑里画出示意图吗?

（学生在头脑中画图，并用手势比画。）

第二次的头脑操作活动，因为问题类似，学生有了一些经验，因此念动训练进行得驾轻就熟。

师：你能列式计算吗?［教师根据学生的回答板书：50×8=400（平方米）］

(3) 长和宽各增加 8 米，变成了新的长方形，面积增加多少平方米？

师：大家在头脑里画好图了吗？你能很快说出面积增加了多少平方米吗？

生：面积增加了 720 平方米，320＋400＝720（平方米）。

师：这样的思考与列式对不对呢？我们可以把在头脑里画的图用笔画出来，验证一下。

（学生在纸上画图验证，发现答案是错误的。）

在徐老师引导下，学生从念动回到手动，每一笔都是学生念动训练的反思成果，从而让学生在这一全面的操作活动中，掌握了画图方法，并在画图中发现，扩大后长方形的面积并不是刚才算出的两次增加部分长方形面积的简单相加，进一步体会到画图可以弥补思考的一些缺憾。

变式 1：长和宽各减少 8 米，操场的面积减少多少平方米？

（学生画图、讨论，叙说思路，电脑演示。）

变式 2：长增加 8 米，宽减少 8 米，面积改变了吗？为什么？

（学生猜测，画图探究，电脑演示。）

变式 3：长减少 8 米，宽增加 8 米呢？为什么？

（学生猜测，画图探究，电脑演示。）

师：由此，你发现了什么规律？

从长、宽两个变量同时增加或减少，到两个变量一加一减，学生着实进行了一回念动训练，进而对画图策略对解决问题的帮助有了更清晰的认识。

评析与思考

在教学过程中，徐老师循序渐进地组织学生进行操作活动，从动笔画图形的变化过程，到动脑想操作过程，从显性表征到隐性思考，满是徐老师对学生思维发展的关注之心。小学生逻辑思维能力弱于形象思维，一开始，徐老师让学生画一画，显性表达操作过程，使学生直观解决问题。徐老师并没有就此打住，为画图而画图，而是充分考虑到学生的内在需求和发展需要，让学生进行念动训练。学生是一个个成长的个体，学生思维能力的提高，是数学教育工作者的使命。徐老师的数学课堂在前进——他借助教材上颇有挑战性的一题，采取分解念动的形式，一步步让学生摆脱具体形象，走向抽象逻辑。当学生能在脑中进行操作时，徐老师索性放手让学生去想；当问题比较复杂时，徐老师又让学生从念动回到手动。课堂，不是为了画图而画图，不是为了念动而念动，一切皆为了学生的实际需要，为了学生的思维发展，为了让画图这一学习方法在学生脑海里留下美好的体验。

反思与备学

王国维先生在《人间词话》中说："诗人对宇宙人生，须入乎其内，又须出乎其外。入乎其内，故能写之。出乎其外，故能观之。"数学教学也需要教师引导学习者"入其内"，又"出其外"，洞悉知识间的纵横联系。本节课稍有遗憾的是，策略教学未能很好突出选择方法的过程。教师在教学前可以引导学生从以下几方面进行备学。

1. 回顾一下我们已经学过哪些解决问题的策略，举生活中的例子说明。

2. 你用过画图方法解决问题吗？举例说明画图方法有什么好处。

3. 用自己的方法尝试做一做教材中的例题，写出你的发现，提出三个有价值的问题进行班级讨论。

通过备学，学生会带来很多方法，在众多的方法中，通过比较会发现画图解决此类问题的优势。

结语

儿童天生就是画家，折折画画对他们来说最熟悉不过了。数学课堂的折折画画，不管是许老师让学生自主用长方形表达小数，还是徐老师让学生念动与手动协同操作学习画图方法，都是为了让学生经历细化分析问题的过程。儿童发展心理学认为，儿童最初的心理活动笼统、不分化。为了让学生的认知活动有效开展，融入学生的生命成长，操作学习在这里有着独特的优势，它帮助学生经历了知识发展过程，建立了正确概念，逐步培养了解决问题的能力，使学生形成了策略意识。

第二节　寻找联系，摆摆放放明确关系

数学，从某种意义上说，就是研究数量与数量、数量与图形、图形与图形之间的关系，而这些关系错综复杂，需要我们透过现象去探寻、发现。有智慧的教师在这个过程中注重学生学习起点的把握，不会直接把那些藏在现象中的奥秘直白告诉学生，不会手把手地展示给学生看；有智慧的教师会有意识地把“关系”镶嵌在情境中，把“关系”隐蔽起来，提供给学生一个复杂的情境，让学生在情境中自主思考，从现象及本质进行探寻，从而逐步发现事物之间的联系，发现数学奥秘。这一节，我们将通过两个教学片段解读学生是如何通过操作学习的方式，触摸数学现象本身，直观感受数学问题，调用以往的知识经验，在活动中把复杂的情境梳理清楚的。

案例1　郑大明教学“○与□玩数学”

实录与旁白

课件出示以下要求。

摆一摆：取出信封里的纸片，把形状相同的摆在一起。

比一比：先数数○和□分别有几个，再比○和□谁多谁少。

说一说：用一句话说一说○和□的个数的关系，看谁的说法多。

（课件出示小组汇报结果，如下图。）

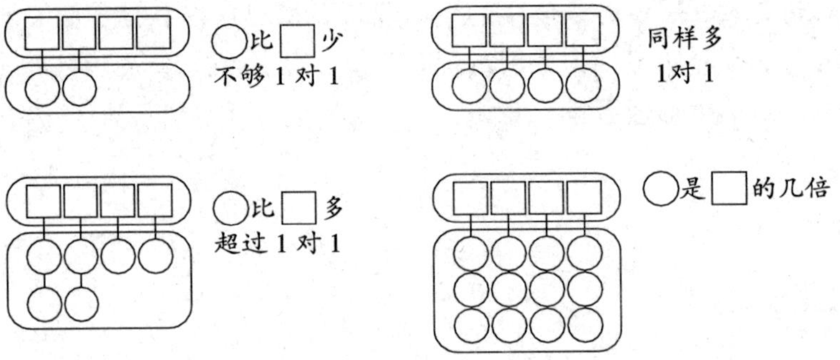

“摆一摆”“比一比”“说一说”，层层推进。信封里几张简单的纸片，就是学生进行操作学习的学具，多感官参与的操作活动就是从这些学具开始的。学生通过摆摆放放，发现○和□之间的不同关系。

师：如果要把第一小组○与□“1 对 1”，怎么办？

生：可以增加两个○。

郑老师用饶有趣味的“1 对 1”一词，让学生初步感受符号中的对应。学生的数学思维需要一步步深入，不可能一步达成，简单的变化才能实现对复杂情境的解读。

师：对，增加两个○，就成了第二组了。在上面的两组图形中，把第一行□看作标准，第二行的○与之进行比较。第一组，总数上比标准少，叫“比少”。一个一个地看，不够“1 对 1”。第二组，总数上与标准相同，叫作“同样多”。一个一个地看，正好“1 对 1”。下面的能够这样说下去吗？

“摆一摆”“放一放”“比一比”借助的是学生已有的动手操作经验和知识经验。然而事物各部分之间的关系往往是复杂的，要想让学生在初步感知事物信息的基础上，理清它们之间的关系，感受对应思想，郑老师选择了让学生进行更高层次的数学语言表达——符号化陈述。陈述前郑老师与学生共同交流“标准”“比少”“同样多”等。这为学生理清关系和标准，以及在交流中使用更规范的数学语言提供了帮助。

生：第三组，整体上比标准多，叫“比多”。6 个○比 4 个□多，除了“1 对 1”，还有 2 个○。

师：第四组一个一个地对应有什么特点？

生：12 个○比 4 个□多 8 个。

生：一个一个地看，12 个○与 4 个○对应了三次，就是三个“同样多”。

生：一个一个地看，每个○与每个□也对应了三次。

师：所以，我们就说是 12 个○是——

生：12 个○是 4 个□的 3 倍。

在郑老师的引领下，学生以往的知识经验，差比、倍比统统应用到了“1 对 1”中，对应思想正悄悄统领这一类知识的系统网络，达到了“提领而顿，百毛皆顺”的效果。

评析与思考

初看郑老师安排的操作活动，非常简单，“摆一摆”是学生从小就会的拿手好戏；“比一比”在之前的认知结构中，学生积累了比较两个量之间的关系的经验；“说一说”是让学生将比较的思维过程在脑中形成符号表征，然后通过语言陈述出来。

简单中，往往透着一些质朴的道理，郑老师安排的操作活动尤其如此。“摆一摆”“比一比”实质是展示学生认知结构中这类问题的现实原型，为对应思想的凸显埋下伏笔；“说一说”看谁的说法多，其实是考考学生，建立在可以调用的经验上，谁思考问题的角度更灵活、独特。数学教育心理学指出，学生能否用自己的语言去解释、表述所学的知识，是衡量其对知识理解深度的一个标尺。

反思与备学

有了这样的操作基础，学生对“1 对 1”“比少”等数学语言，就有了感性的体会、理性的认同和灵活的应用。学生脑海里关于○与□之间的关系，从一开始的差比、倍比等零散的知识点，走向一一对应的系统网络。学生在生活中已经具有“比多”“比少”“同样多”等概念的思维模块，可以让学生这样备学。

1. 用实物“比多”“比少”“同样多”各举一个例子。
2. 说说你是怎样比出来的？
3. 用图形表示你的思考，提出三个问题在小组内讨论。

这样备学后再来讨论，郑老师的课堂一定更精彩。

案例 2　张齐华教学“分数的初步认识”

实录与旁白

（教师分步出示练习题，学生集体回答。）

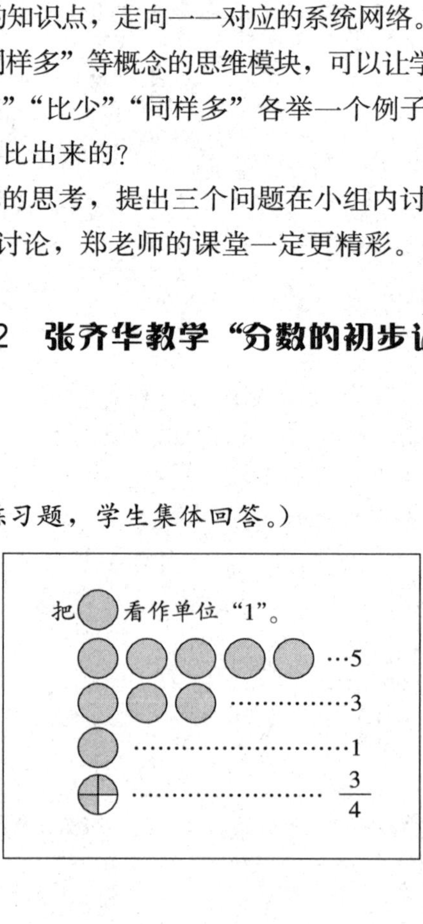

学生观察屏幕中摆放的月饼，进行念动操作，因为月饼在每一个学生脑中都是有实物图像的，在这里，月饼是念动的学具。从实际的数量“几”到整数“1”，到单位“1”，教师循着学生的认知线路，将情境分步呈现，学生的思维犹如慢慢拉近的镜头逐渐聚焦于一个标准量，即单位“1”上。学生从实物图中，直观感知单位“1”的意义。这里分四步呈现，学生的思维逐步从整数认识自然过渡到分数认识，“1”块月饼则成了整数与分数之间的桥梁。

（教师最后出示一个月饼平均分成 4 份，表示其中 3 份的图。）

师：这个数是几？

生：$\frac{3}{4}$。

师：先不管这个数是多少，对照前面的 3 个，你想说点什么？

数学教学的技巧，很重要的一条是如何启发学生积极思考。在这里，张老师巧妙装傻，像前面三个问题一样，让学生用一个数表示这里的月饼数量，有了前面的经验，学生一下子答出了$\frac{3}{4}$。张老师并没有立刻给予评价，而是让学生将最后一个问题与前面三个问题相比较，目的是让学生在念动操作中寻找第四个月饼与单位“1”之间的关系，启发学生积极思考之后再进行数学表达。

生：最后一个不够一份。

师：也就是不够一个单位“1”。

张老师及时把学生的生活语言转变成数学语言，既培养学生良好的数学表达能力，又引导学生尽快建立单位“1”的概念。学生说“最后一个不够一份”，其实在脑中已朦胧地发现了比一个月饼多的都是几个几个的，当不够一个整月饼时，就可以用分数来表示了。

生：把这块月饼平均分成了 4 份，取了其中的 3 份，所以就是$\frac{3}{4}$了。

师：通过观察不难发现，有几个单位“1”就用整数几表示，不满单位“1”就用分数表示。

张老师总结性的语言肯定了学生的表达，同时，用更规范的表达方式，明确地揭示了不同的月饼个数与单位“1”之间的密切联系。

（教师课件依次出示下图。）

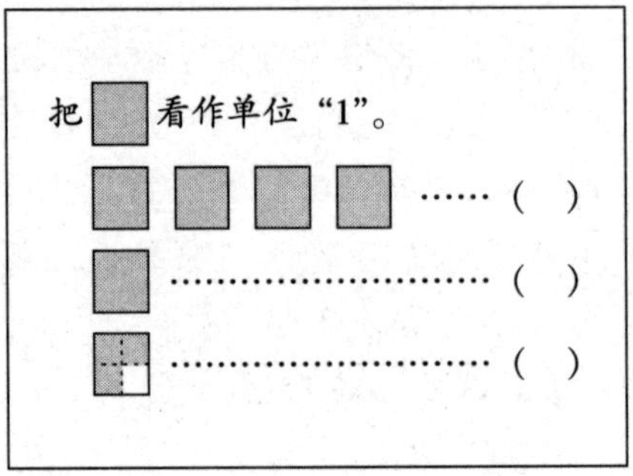

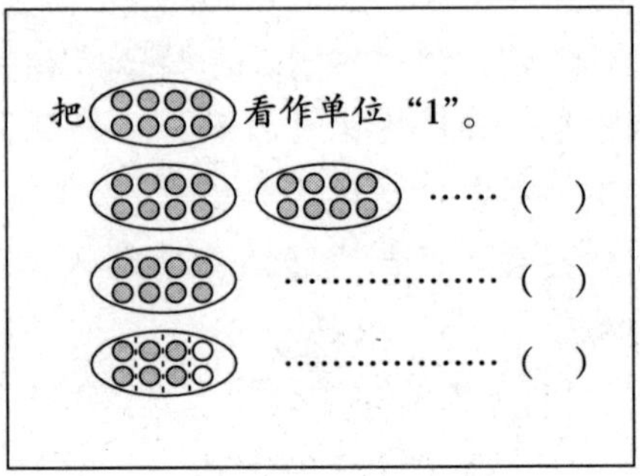

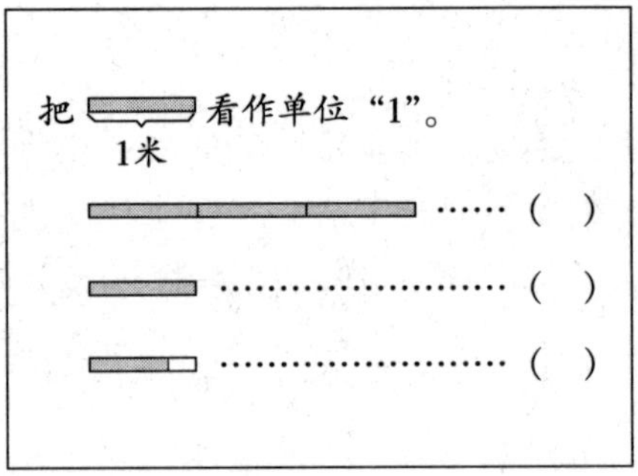

（教师每出示一步，都问“现在括号里填几，”每个学生都跃跃欲试。）

单位“1”从实物月饼变成了一个图形、一个计量单位、一些图形。念动操作的学具从实物过渡到抽象的符号，虽然操作对象发生着变化，但是学生思维的闸门一旦打开，好多问题都可以相互联系、触类旁通了。

师：请同学们填上合适的数。

（学生填数。）

师：光这样写一写是不够的，我们还要善于观察、思考。仔细观察这几幅图，有什么共同的地方？

张老师在课堂上的状态，一半是火焰，一半是冰山。说是火焰，是因为张老师因学生的精彩而喜悦，与学生情感相融；说是冰山，是因为课堂上张老师时刻要用第三只眼仰望星空，引领学生思维向更高处迈进！在这里，学生乐意说，乐意写，张老师在这个基础上，再让学生观察操作对象的共性，从而让学生发现其中的联系，直指分数意义的关键。

生：最后一个都是$\frac{3}{4}$。

（教师课件出示。）

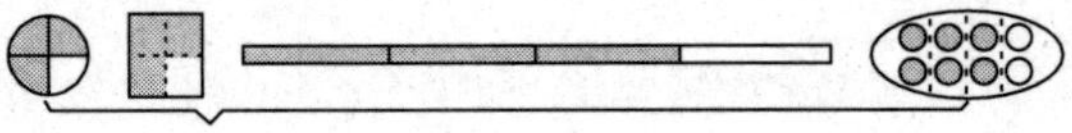

师：奇怪了，这 4 个都是$\frac{3}{4}$，但单位“1”一样吗？

教师一方面利用多媒体进行即时的图片组合，将四个图片摆放到了一起，将情境复杂化。这样更便于学生发现这四个对象之间的联系，引导学生将思维聚焦到操作对象和操作过程中去。另一方面接过学生的话语，巧妙装傻，反问“奇怪了，这 4 个都是$\frac{3}{4}$，但单位‘1’一样吗”，让学生有序地从操作对象开始思考。

生（异口同声）：一样。

生（疑惑地摇头）：不一样。

师：分别说说每幅图的单位“1”是谁？

（学生回答。）

单位“1”的概念对学生来说比较抽象，学生的不同回答，暴露出他们纠结的心理，这时教师选择将问题细化，引导学生去具体找一找，说一说。如果这时教师不做声，想必教室里会炸开锅，学生会迫不及待地进行评价，课堂会更精彩。

师：单位“1”不同，为什么都可以用$\frac{3}{4}$表示呢？

张老师依然循着一开始学生发现的“结果相同”，步步追问，引导学生在思辨中关注不同对象的操作过程。在比较中发现“同与不同”的辩证关系：相同之处是都可以用$\frac{3}{4}$来表示；不同之处是单位“1”不相同。

生：都是把单位“1”分成 4 份，取其中的 3 份。

师：你是不是忘了一个词没有说？是什么？

生（大声地）：平均分。都是把单位“1”平均分成 4 份，取其中的 3 份，所以都是$\frac{3}{4}$。

学生根据多媒体操作的直观性，抽象出操作过程的共同点，结合教师的提醒，进行了正确的数学表达。

师：一个分数是多少跟单位“1”是什么，有关系吗？

生：没有。

学生明确单位“1”和这些物体之间的联系，深化对分数意义的认识。

师：虽然单位“1”不同，但都是把单位“1”平均分成了4份，表示这样的3份，能不能用$\frac{3}{4}$表示？和单位“1”是什么有没有关系？

生：没有关系！

如果在寻找单位“1”和操作对象关系的过程中，让学生去辨一辨、理一理，师生慢慢行走，想必会更精彩。

评析与思考

在这个片段中，张老师设计认知阶梯，让学生在初步感受“1”与众不同的基础上，带领学生进一步抽象出单位“1”，认识分数的意义。张老师巧妙利用多媒体，引导学生一步步深入思考，从一件实物、一个图形、一个计量单位到几个物体组成的整体，张老师从不同角度加强了学生的感知积累、操作经验，一级一级抓住学生的认知点进行操作活动。虽然学生手未动，但通过数学思辨与表达，我们可以看出，学生头脑参与了操作活动，他们逐步认识到，这些操作对象虽然不同，但都可以看成一个整体，即单位“1”。回顾整个过程，学生在思维操作、思辨表达中经历了知识产生的过程，找到了操作对象之间的联系。至此，单位“1”这个全新的概念系统地纳入了学生的认知结构，深化了学生对分数意义的认识，学生在分数领域的认知获得了一次跨越！

反思与备学

分数的认识，其关键是对单位“1”的理解。单位“1”是整数认识到分数认识之间的纽带，可以是一个、一堆、一盒、一捆、一袋、一车等。生活经验中的单位“1”如何转化为数量关系的思考，即搞清几是几的几分之几，是这节课的学习重点，所以教师可以这样引导学生备学。

1. 一个苹果、一篮8个苹果、一车8袋苹果平均分成4份取其中一份，用符号表达出来。

2. 分别用一个数字表达结果。

3. 提出三个问题在小组内讨论。

有了这样的备学，再来围绕上面的课件讨论，学生一定会“意见纷纷”的。

结语

小学生受其年龄限制，抽象思维发展还不成熟，对一些数量之间的关系的理解还需要在动手操作中去领会。如果学生通过备学，能将多少的关系、倍的关系等直观呈现在眼前，那么再用规范的语言进行陈述，就不再是件难事了。可见，操作学习中摆摆放放，是小学生体验数学、学习数学必不可少的途径之一，在小学数学教学中起着举足轻重的作用。

第三节　探索规律，拉拉搭搭获得发现

引导学生进行操作学习，可以培养学生的操作技能，更重要的是让学生在操作过程中深刻地理解概念、明晰数量之间的联系，在动手操作与念动操作中，经历知识的形成过程，而不是只满足于一些简单的结果或结论。除了这些，操作还可以让学生发现一些隐性的数学信息，学生有了操作，就有了经历，也就有了发言权，让一些抽象的数学知识，不仅可以被“意会”，还可以被“言传”。人的智能素质主要体现在思维能力的抽象概括上，而智能素质的提高与实际操作有着密切关系，学生操作是手、眼、脑等多感官协同活动，能使外部动作内化为智力活动，使学生在学习数学中边操作、边思考、边叙述、边归纳，逐步培养思维能力和抽象概括能力。

案例 1　朱国荣教学“平行四边形的面积”

实录与旁白

师：你能求出下面平行四边形的面积吗？（课件呈现平行四边形）请自己量出需要的数据，想办法计算平行四边形的面积。（说明：平行四边形的

两条边分别长 7 厘米和 5 厘米，高 3 厘米）

面积是算出来的还是量出来的？直接告诉学生图形中线段的长度与让学生量自己需要的线段长度有什么不同？这不仅是遵循多感官参与的学习铁律的问题，而且是教为主导与学为主导的观念之差。需要肯定的是，课堂上朱老师给学生充分的自由，运用操作学习方式，让学生在看看量量中，结合以往的经验主动寻求平行四边形的面积求法。

（学生独立探究；教师巡视并收集学生的探索情况，指名三位学生板书。）

生：(7+5) ×2=24（平方厘米）。

生：7×5=35（平方厘米）。

生：7×3=21（平方厘米）。

学生独立操作探究，进行着一种创造性的学习活动。看一看、量一量，活跃了他们的知识经验、活动经验，使之按自己的思路和想法进行思考，虽然有些做法是错误的，但学生已经将平行四边形的面积和以往的图形建立了联系。探索平行四边形的面积与哪些线段有关，探密面积计算方法之旅开始了。

师：［指方法一“(7+5) ×2”］你们认为他的算法对吗？

教师简单的一句“你们认为他的算法对吗”，悄悄地把全体学生推向了前台，让想法不同的人都有了发言的权利与机会，既体现了对学生的尊重，又充分激发了学生潜能，在全班交流中实现思维资源的共享，继续共同探索面积计算方法。

生：他求的是平行四边形的周长，不是面积。

这是周长的念动操作。学生调用操作经验进行比较，将其分类到周长领域。

师：确实如此，如果求这个平行四边形的周长，就可以用这个方法算，但计量单位应该是厘米。（教师擦去方法一）

师：黑板上还剩下两种不同的算法，你认为哪种方法是正确的？

教师顺着学生的思维，“排除”不符合的方法，引导学生继续探索。

生：我赞同方法二。（指“7×5”）

生：我赞同方法三。（指“7×3”）

师：看来大家的意见不一致啊！我们先来看方法二，哪些同学赞同这种方法？说说你的想法。

朱老师一次次智慧地“隐退”，让生生交流成为课堂上的主流，一方面体现了教师充分理解并尊重学生一些奇特甚至错误的想法，另一方面为学生创造了思想自由的空间。

生：平行四边形易变形，可以把它变成了一个长方形。那么，长方形的面积是长乘宽，所以我感觉是对的。

生：我也是把平行四边形变形，变成一个长方形，面积就是长乘宽。

瞧，学生产生的探索多么独特！他们已经体会到平行四边形的面积和长方形有联系，可以把平行四边形变成一个长方形。至于怎么变？有怎样的联系？在学生脑中是模糊的，似乎把平行四边形相邻的两条边对应了长方形的长和宽。

师：这两位同学都表达了两层意思。第一层意思，如果把这个平行四边形一拉，就变成了一个长方形。（朱老师用木头做了一个平行四边形，请一位学生和教师一起把平行四边形拉成一个长方形）

面对这样独特而又真实的错误想法，朱老师并没有给予简单的对错评价，而是根据学生的想法，带领大家经历从念动到手动的操作过程。“尝试错误”是探索规律的有效方法。有了朱老师提供的感性材料，学生对之前的学习经验和方法进行了回忆和辨析。

师：这位同学一拉，让我们明白了刚才两位同学的第二层意思。这个长方形的长7厘米，就是原来平行四边形的底；宽5厘米，就是原来平行四边形底边的邻边。长方形的面积等于长乘宽，所以，平行四边形的面积等于底乘邻边。

朱老师巧妙地站在学生的角度，分为两个层次讲述自己的“明白”，一方面肯定两名学生的想法；另一方面结合操作活动让全体学生充分理解同伴的想法，并启发大家从中发现问题；同时给学生树立了很好的有序思维的榜样。朱老师很“善解人意”，可谓一举三得！

师：朱老师觉得他们讲得很有道理。哪些同学也是这么想的？

（这时，举手的学生并不多。）

朱老师巧妙地成为“反方”，为学生制造认知冲突。这样亲切的交流，营造了轻松的学习气氛，学生自然乐意表达自己的真实想法。

师：有反对的吗？（举手的学生不少）反对要有理由的，谁来说？

生：我觉得应该是不对的。如果把平行四边形拉成长方形，把邻边看作长方形的宽的话，平行四边形的高就变长了。所以我觉得不对。

手动与念动协同的操作活动，让这位学生获得了真知，在这里不变的是平行四边形的四条边，但是还有一个隐形的量在变化，那就是大家忽略了的平行四边形的高。

师（停顿数秒）：我没听懂！这条边原来是5厘米，我拉一下，还是5厘米，哪里变了？

朱老师智慧地停顿数秒，学生在脑海里继续念动操作，理解同伴的辨析过程。朱老师继续巧妙装傻，并且依然用四边长度衡量平行四边形的面积，目的是让学生积极主动地把长方形的高与边的关系同平行四边形的相比较。

生：平行四边形和长方形的面积是不同的，所以底乘邻边等于35是不对的。

师：她说了什么？谁明白她说的意思？同桌听明白了，你来说！

学生表达了正确的结论，但为什么前面的方法是不对的？朱老师在两位学生发现的基础上，并没有立刻定论，而是创造机会，让每一个学生都积极地提出自己真实的想法，从而使学生的思维处于活跃状态，进行数学思考，发现数学的本质。

生：她的意思是说，如果把平行四边形变成长方形，面积就不一样了！

师：我们这样一拉，形状发生了变化，这两位同学说，它们的面积也发生了变化。（面向全体学生）你们认为变了没有？我看不出来，哪里看出它变了？（教师依然在装糊涂）

教师越来越“糊涂”，学生却越来越“清醒”，帮教师解释道理，在教师的装傻中，学生结合“拉一拉”这一操作活动，发现了“变与不变”的小秘密。

生：我能上来画一下吗？

瞧，在朱老师“糊涂”的情况下，这位学生终于按捺不住了，很乐意展示一下自己的念动过程，去“帮助”朱老师理解大家的想法。

师：掌声请她上来！

生：它原来的底在这里（指原来平行四边形上面一条边的位置），拉成长方形后，它的底到达这里（指现在长方形长的位置）。这么大一块都是它扩大的面积（指平行四边形和长方形之间的部分）。

学生通过画画指指，用自己的通俗易懂的语言，陈述平行四边形与变成的长方形之间的联系，从而发现，这种情况下四边不变，但面积发生了改变。

师：能听明白吗？好像还有同学想上来，请这位男同学。

生：最简单的方法就是把多出来的部分移到这里去，补到这块上面，就变成了一个小长方形了，这块就是多出来的。（在两个学生共同努力下，平行四边形割补成一个长方形的过程第一次呈现于全体学生的眼前，如下图）

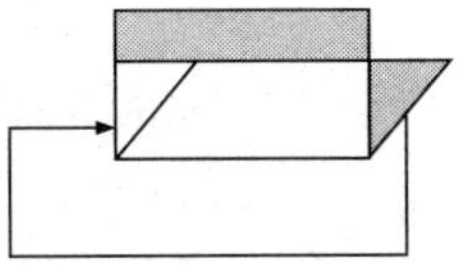

这时，课堂真正成了大家的舞台，男同学跑上讲台展示“割补、平移”的方法。学生的割补欲望源于对澄清错误的需要，源于图形的直观刺激，这里，课堂因学生的创造和激情而充满生命活力！

评析与思考

在这个教学片段中，朱老师结合操作学习，让学生经历了有意义的建构过程。学生调用以往学习活动经验，配合教师的智慧“隐退”，在积极的互动中捕捉同伴的想法，辨析思考，完善自己的认识，获得了求平行四边形面积的方法。

在这里，朱老师具备“学生的心灵”，他用学生的大脑去思考，用学生的眼光去看，用学生的情感去体验，面对方法二中，学生因念动操作不精细而导致重要信息的忽略，朱老师能珍惜错误资源，适时提供学具，让学生拉一拉，这样念动与手动相结合，为学生发现方法二的漏洞提供了更多依据。朱老师这样换位思考，赢得了学生的信任，使学生畅所欲言，在生生交流、师生交流中，学生选择自己需要的信息进行建构，完善了自己的知识体系。

反思与备学

平行四边形的四条边长不变，图形改变，面积会有变化吗？这种变化有什么规律？探索这种问题使用操作学习方式会很快找到答案。把平行四边形拉成长方形后，如果让学生继续操作，慢慢压回到平行四边形，一直压下去，学生就会非常直观地发现面积变化的规律。在压的过程中让学生量一量

"高"的变化，比一比与面积变化对应的规律，之后再来继续探索平行四边形的面积公式，学生就会有更深入的认识。这节课还可以引导学生这样备学。

1. 画三个边长相等的四边形，一个长方形和两个平行四边形。

2. 画出三个四边形的高，并量一量三个四边形的高。

3. 三个四边形的面积与高有什么对应的规律？提出三个问题在小组内讨论。

案例2　丁杭缨教学"有余数的除法"

实录与旁白

师：如果用11根同样长的小棒，搭正方形，能搭几个？请大家先在脑中想象怎么搭，再在本子上画一画，最后用除法横式和竖式表示出来。

（学生完成后反馈。）

借助搭正方形的操作情境，让学生在自主活动中经历"分分实物—提炼形象—抽象算式"的过程，初步打通动态操作与静态的有余数除法之间的联系。

师：这里的11，4，2，3分别表示什么？

生："11"表示有11根小棒，"4"表示搭1个正方形需要4根小棒，"2"表示能搭2个这样的正方形，"3"表示还多出3根小棒。

小学生惯于形象思维，面对这四个抽象的数所表示的意义，学生从操作活动中找到了。

师：这里的余数是几？

生：余数是3。

师：我指竖式上的数，你们能在横式和图中分别找到相应的部分吗？

（师生活动。）

在一一对应寻找的过程中，学生通过念动操作，将情境和抽象的横式、竖式进行对接，从中体会到搭小正方形与有余数除法的联系，更进一步体会到余数3表示的实际内涵。

师：如果用13根同样长的小棒，搭正方形，可以搭几个？为什么？

生：可以搭3个，因为3乘4等于12，还多出1根小棒。

有了前面动手搭的经验以及念动操作寻找对应数的经验，学生能够正确用除法来解读搭的过程，即用抽象的计算过程解读操作过程。思维实现了飞跃！

师：你能用横式或竖式表示这个搭的过程吗？

（学生写出横式或竖式后交流反馈。）

在学生思维飞跃的基础上，丁老师“矛头”指向本节课的学习目标，让学生用最简洁的除法算式来表达操作过程。

师：这里的12（指着竖式中的12）表示什么？

生：3乘4等于12。

师：你能结合搭正方形的活动说一说12表示什么吗？

生：搭1个正方形需要4根小棒，搭3个正方形需要12根小棒。

丁老师一次次引导学生打通念动操作和有余数除法之间的联系，意在让学生理解其算理，经历有余数除法产生的过程。

师：这里的1是怎么来的？

生：从13里面减去12剩下的。

生：13根小棒搭3个正方形后还剩1根，所以余数为1。

生生、师生交流，都成为课堂上的有效资源，使学生在感性操作与理性思考之间架起了一座思维之桥，同时让学生在操作中发现，不够4根时，就无法搭出一个正方形，渗透了余数比除数小的道理。

师：如果用17根或18根小棒搭正方形，结果会怎么样？请选择其中一种情况，用横式或竖式表示搭的结果。

小棒数量在一次次增加，学生从动手操作到直接念动操作，一次次的操作活动让学生在搭正方形和有余数除法之间架起了一座桥梁。

生：17÷4=4……1。搭1个正方形需要4根小棒，17根小棒可以搭4个这样的正方形，还多1根。

师：怎样验证？

生：4乘4等于16，17减去16等于1。

生：搭1个正方形需要4根小棒，搭4个正方形需要16根小棒，再加上多出来的1根，刚好是17根小棒。

师：谁能说明18÷4=4……2也是正确的。

生：4乘4等于16，16再加2等于18。

验算的思路，是建立在思维桥梁基础上的反思，学生从操作情境中的反思验证到算式验证，抽象出了有余数除法的验证方法可以用这样的关系表达：商×除数＋余数＝被除数，培养了学生逻辑思维能力和逆向思维能力。

评析与思考

建筑工人盖楼房需要脚手架，这样能增加安全指数。在学生学习过程中，适时出现一个思维的“脚手架”，能够增加学习效率指数。在学习有余数的除法时，丁老师借助搭正方形进行教学，其实就是在为学生的学习搭建“脚手架”，让学生在有意义的情境中动手、动脑，既给学生的思维活动提供了感性经验的扶持，又让学生跳一跳摘到了果子，学生因而拥有了学习的积极性。

反思与备学

在这个教学片段中，丁老师一次次往学生思维之湖投进石子，引导学生边反思边寻找竖式与操作过程的联系，让学生在反思中对余数意义的认识不断深化，打通有余数除法中各部分之间的关系。学生在这次学习之旅中，手脑协同，逐步掌握了有余数除法的算理和算法，发展了数学思维。我们可以这样来备学。

1. 我们学过没有余数的除法，12 除以 4 等于 3。用同样长的 12 根小棒能搭几个不连续的正方形？这个除法怎样说明搭正方形的过程？

2. 如果用 15 根小棒搭正方形，你怎样说明搭正方形的过程？

3. 有 18 根小棒呢？写出搭正方形的除法横式与竖式，并提出三个问题在小组内讨论。

结语

M. 克莱因曾经说过：“在最广泛意义上说，数学是一种精神，一种理性的精神。”学为主导的课堂中的操作学习正体现了这一精神。学为主导的课堂，在操作中，不止步于一次结论性经验，更不满足于热热闹闹的气氛，而是追求操作过程中学生对问题的创造性思考，体验数学知识的形成过程，在操作规则向数学知识过渡的过程中，让学生享受数学所特有的理性精神。学为主导的课堂中的操作活动能强化学生的动手操作能力，充分发掘学生的潜力。小学生以形象思维为主，因而在认识过程中很难从教师的讲授和直接的结论中获取数学思想、数学方法和数学思维品质，所以教师应为学生提供实践操作的平台，让学生在实践中感知，发挥其潜力。很多数学知识，学生都是通过分一分、摆一摆、拼一拼、画一画、拆一拆等操作后理解和掌握的，有时也会在拉一拉、搭一搭中，悟出数学中隐藏的真道理。当然，在操作学习中，也可以通过合作学习，发挥群体优势，培养学生的创新意识。

第四章 手工备学

人与动物的区别是人会自己制造并使用工具，会用语言进行交流。而这两者都与人在进化中形成思维有关，人具有其他动物没有的两种思维能力：想象思维和抽象思维。制造工具和使用工具的劳动使人的手脚功能有了分工。手从事各种劳动（包括最原始的野果采摘和狩猎），每个人的两只手都是在各自大脑的“指挥”下，完成自己认为应该做的工作。劳动过程是肢体按思维要求“履行职责”的过程。显然，人从最初的劳动开始，就在用手外化自己的思维活动，用手劳动是思维外化的最早形式之一。同时，手的劳动促进了思维的发展，俗话说“十指连心”，这个心就是大脑，就是思维。

“我听见了，就忘记了；我看见了，就记住了；我做了，就理解了。”可见，学生动手操作很重要。

第一节　做做思思，数学可以动手理解

苏霍姆林斯基认为：“接近和探究事物本质及其因果联系的实质，这一过程本身乃是兴趣的源泉。”小学生在学习数学过程中，可以在做做思思中，借助动手操作进一步理解数学内容。其中，以手工作品的方式展现学生的思维结果，是小学生最喜欢的学习方式之一。都说小孩子的智慧长在手指间，的确如此，通过动手做，他们可以发现许多有趣的现象，内心产生的好奇、脑海翻腾的思考，都会促进其智慧的生成。根据学生从小喜欢动手做这一特点，把手工学习引进课堂，使其成为学生喜欢的一种学习方式。一方面，它符合学生的年龄特征；另一方面，许多事物的特征、事物与事物的关系隐藏在内部，通过动手做，学生可以发现内部联系，理解数学本质，促进学生数学能力的发展。同时，在手工学习的过程中，学生也积累了丰富的活动经验，培养了学习数学的兴趣。

案例 1　林英语教学“图形的高”

实录与旁白

第三次探究活动

活动材料准备：每人一张正方形的手工纸和一把小剪刀。

活动形式：小组活动。

活动目的：学生根据同样大小的正方形纸，折、剪出一个自认为最大的图形，可是长方形、平行四边形、梯形、三角形等，从相同中引出不同，再将组中不同的图形比一比，看谁剪出的图形最高，激发学生的已有经验（叠一叠或量一量等方法）。经过动手操作、相互交流，学生最终发现，虽然图形的形状不同，但是它们的高却是一样的。

在前面的活动环节，学生从量身高，体会到身高中隐含的数学思想；从比较三棵小树的高，积累了一些相关经验。在这个环节，学生要在联系生活经验和学习经验的基础上，动手创造一些图形，并比较它们的高。在这里，动手会让他们发现高的共性，并逐步抽象出高在数学中的含义。

一、操作活动

1. 剪一剪：将正方形的纸剪成自己熟悉的图形。

学生在第一步剪出熟悉的图形中，其实也在摸索手中图形的高是什么，思考与创造同在。

2. 比一比：谁剪出的图形长得高。

(1) 小组交流。(如下图)

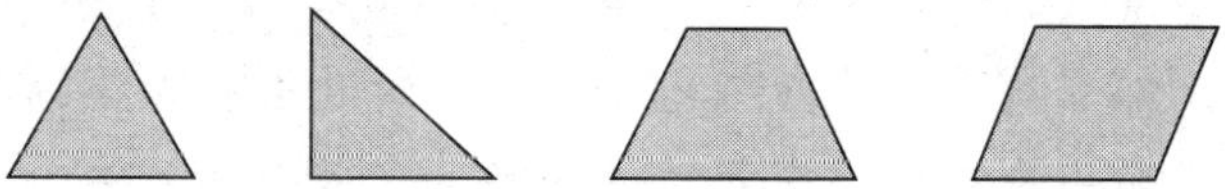

(2) 全班交流。

因为是带着明确目标的手工学习，所以在动手过程中，学生脑海里就或多或少孕育了“比高”的想法，都会尽量剪出最“高”的图形。小组交流，给学生提供了一个展示自己的独特思考的平台，让学生的思维可以无拘无束地飞扬；全班交流，帮助各小组将众多想法进行梳理，有条理地呈现，培养了学生的创造性思维和数学表达能力。

3. 说一说：怎样比较。

(1)“叠一叠”的办法。(学生演示)

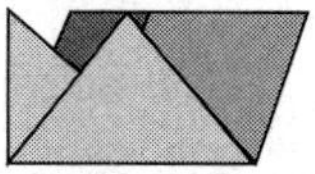

学生联系生活经验，想到了重叠比较法。此方法与比身高类似，即站在同一水平面上，看另一端即可。这里图形的底必须在一个平面上，与这个平面垂直的才是高。学生关于“高”的数学概念在手工操作中形成了。

(2)“量一量”的办法。(学生演示)

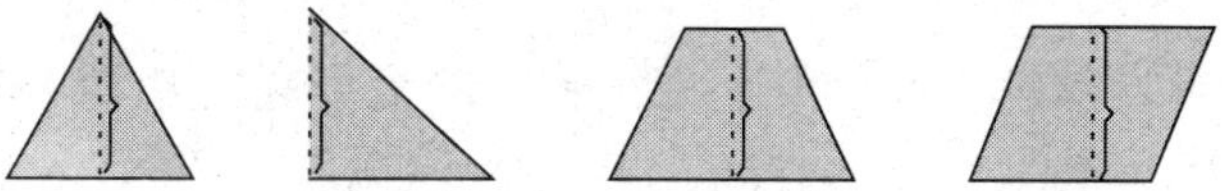

学生借助前面两个环节积累起来的学习经验，想到了更好的办法——测量。这一方法最具说服力和一般性。同时，进一步巩固了“高”的概念。

4. 发现：为什么这些图形的高都一样长？

林老师引导学生异中求同：为什么这些图形的高都一样长？不同的图

形，高却是相同的，学生通过动手做体验了这一现象。林老师引导学生对这一现象进行理性思考，研究为什么会出现这样的结果，为什么不同中却有着相同之处。学生联系动手做的过程，尝试说明自己的理解。

二、语言表达

1. 交流与辨析：说说你是怎么找到这些图形的高的。

（学生回答。）

（教师在交流中，着重组织学生不断地从模型外部的、非本质的因素中撷取内部的、本质的语言，有意识地帮助学生提取影响建构模型的因素，如底边、底边到图形最高点、垂直距离等，为后续对模型的建构埋下伏笔。）

引导学生逐步用规范的语言对动手理解的“高”进行表达。教育心理学表明，学生是否用自己的语言解释、表述所学的知识，是衡量其对所学知识理解程度的一项指标。此环节渗透了数学用语，其本身就具有很强的概括性和简洁性，是模型建构的重要材料。

2. 观察与发现：这些图形的高有什么相同点？

（让学生观察不同当中的相同，变化当中的不变。引领学生经历摒弃事物的非本质属性，发现事物的本质属性，使后续活动中对模型“高”的归纳水到渠成。）

3. 归纳与建构：说说或画画什么是图形的高。

（根据交流、观察、发现，引导学生归纳出“这些线段的长，称作这些图形的高，在数学上通常用字母 h 来表示”。）

在平面图形中有无数条线段，那么哪条才是此图形的高呢？学生在比较中发现了高的本质属性，即图形最高点到底边的垂直距离，就是这个图形的高。

评析与思考

这一教学片段是建立在学生生活经验“测量身高”和学习经验“认识并会画三角形的高”的基础上展开的，先让学生通过手工学习，在相同的正方形上创造不同的图形，再让学生比较这些图形“谁最高”，从而归纳出图形中“高”的本质属性。在教学中，教师设计了让学生进行手工学习的情境，使学生有了动手做的感性经验，进而想出了不同的比较“高”的方法：重叠法、测量法。林老师利用学生手工学习中积累的这些经验，引导学生异中求同进行思辨：为什么这些图形的高都一样长？使学生的手工学习并不是为了动手本身，而是为了进行更有力的思考和更深入的探索，使学生在手指间概括并理解“高”的本质含义。

反思与备学

五年级的学生对图形的高有了一定的潜在认识，但处于模糊状态，不过他们对人的身高有着很清晰的认识，知道身高是人垂直站立于地面时，头顶到脚之间的距离。而这恰是学习图形的高的一个很好的切入点。林老师抓住学生这一认知起点，在手工操作中逐步引导学生由具体的身高抽象出图形之高。如果要想让课堂学习更民主，还可以让学生这样备学。

1. 举三个例子说明物体的“高”。

2. 画图表示出你的例子。

3. 关于图形的高写下你的三个发现，提出三个有价值的问题在班级进行讨论。

在这样的备学中，有的学生可能会把图形的其中一条边或图形中的其他线段看成该图形的高，也有学生可能清楚地知道图形中“看不见”的那条高，但表达不出来。这些都可以形成课堂的学习资源。

案例2　吴冬冬教学“长方体和正方体的认识”

实录与旁白

师：请大家拿出小刀和土豆，先沿着竖直方向切一刀。（学生动手切）摸一摸切的面，感觉怎么样？

生：是平面。

如果单凭教师讲述“面”的意思，或者是教师自己动手操作让学生看“面”的形成，学生的理解可能会出现偏差。在这里，吴老师让学生自己动手制造“面”，虽是轻轻一切，却充分凸显了手工学习的优势，让学生直观地认识了“面”。

师：把平的面朝下，沿着竖直方向再切一刀。（学生动手切）有什么变化？

生：多了一条边。

师：摸一摸，这条边是怎样形成的？

生：两个面相交而成的。

师：两个面相交而成的边在数学上就叫作棱，沿着竖直方向再切一刀。（学生动手切）又有什么变化？

轻轻切两刀，“棱”便轻松被学生创造出来，并理解了。通过摸一摸，学生认识了两面相交形成棱，且体会更深刻，更有成就感。

生：多了一个点。（学生指三条边相交的点）

师：在数学上，三条边相交的点叫顶点。

三面相交形成顶点。切下第三刀，学生直观地看到了一个“点”，吴老师顺着学生手工学习的成果，告诉学生，这就是数学上的“顶点”。

师：如果把这个土豆再切三刀就变成一个——

生：长方体。

师：长方体有几个面，几条棱，几个顶点？拿出你们的长方体数一数。

学生在手工学习的动态过程中，创造并理解了长方体“面”“棱”“顶点”这些抽象的概念。吴老师引导学生进行想象，将手工创作的物体过渡到数学中的长方体。

师：谁能分享一下你的发现？

生：6个面，12条棱，8个顶点。

师：他数得很巧。你们注意他是怎么数的了吗？

生：一对一对地数的。

师：（指一个面）这个面相对的面是哪个面？有几组相对的面？

生：3组。

师：长方体有12条棱，你们又是怎么数的？（学生试数）能把12条棱不重复、不遗漏地数出来，很不简单。

师：他数的方法也很巧，先数前后方向的，再数左右方向的，最后数上下方向的。根据他的数法，可以把长方体的棱分成几组？

生：3组。上下方向的棱有4条，左右方向的棱有4条，前后方向的棱有4条。

师：每组4条棱都是相对的，我们称它们是相对的棱。

引导学生观察自己手工作品，数一数面、棱、顶点的个数，学生在分享自己的手工作品的同时，也分享了发现：数面、棱、顶点个数的技巧。如数面和数棱可以先分组再数。

评析与思考

吴老师遵循小学生以形象思维为主的思维特点，引导学生在手工学习中积累经验，将形象思维逐步向抽象思维过渡。吴老师充分挖掘教材以及教材以外的资源，选择了土豆这一便于学生动手操作的素材，让学生以“切”理解“面”“棱”“顶点”这三个抽象的概念。在这里，相比较教师直接讲述“面”“棱”“顶点”的意思，或者用多媒体展示“面”“棱”“顶点”的意思，手工学习的优势得以充分凸显——学生在切一切这一创造过程中，直观理解了“面”“棱”“顶点”的意思，更理解了三者产生的过程。积累的活动经验，帮助他们的思维从直观形象上升到数学抽象。有了在切的过程中积累的经验，学生数长方体的“面”“棱”“顶点”时就无意地将分类思想融入了数的过程，充分体现了手工学习对思维的影响。

反思与备学

如果这节课学生进行如下备学，对长方体相关概念的理解可能会更深刻。

1. 用自己的方式制作一个长方体。（友情提示：可以用橡皮泥捏、用硬纸板折叠、把土豆或萝卜等切一切）

2. 观察自己制作好的长方体，记录下你的三个发现。

3. 关于长方体，你有什么困惑？提出三个有价值的问题在班级中交流讨论。

学生的爱好不同，所以在备学中带来的资源也会丰富多彩，且有真实感。展示作品与陈述想法，能使学生获得成功体验。

案例3　张齐华教学“轴对称图形”

实录与旁白

师：咱们六年级（1）班的同学会不会“玩”。（弯腰）会玩吗？

生（大声）：会。

师：张老师有点不太相信。说实话，现在的学生还真不怎么会玩。你们真会玩？

生：会。

师：口说无凭，老师这有一张白纸。（出示一张白纸）如果是你的话，你会怎么玩？

（学生沉默。）

师：不是都说会玩吗？好，你来。

张老师对学生会不会玩的质疑其实是一种教学艺术，旨在引发学生积极开动脑筋，进入手工学习的氛围。

生：我会折纸飞机。

师：哎呀！第一次听说女孩子也会折纸飞机，挺好！来，你。

生：我会折青蛙，然后跟同学一起玩。

师：你真调皮！

生：我会把它折成星星，然后许个愿望！

师：呀，很有诗意。挺好！来，这位女同学。

生：我会把这张纸剪成漂亮的窗花。

师：恩，好。看来咱们班同学还真会玩。想知道张老师怎么玩这张纸吗？

生：想。

师：那可就认真瞧了。先把这张纸对折，然后从折痕处任意撕下一块。虽然是任意撕一块，但是也应该认真撕。（教师边操作边说）想玩吗？

生：想。

师：谁都有机会。每个同学桌上都有一张白纸，不妨这样来玩一玩，撕的时候可要认真啊。开始！

（学生撕纸。）

师：撕完了吗？真别说，咱们的同学撕得一个比一个认真。谁愿意把你的作品给大家展示一下？好，这个男同学。还有谁愿意？女同学，就你吧！

（学生在黑板上展示作品。）

学生在宽松有趣的氛围中，充分发挥自己的想象力，调用平时的手工经验进行创造。教师及时参与手工活动，用“撕纸”的方式方便快捷地为接下来的学习活动提供了素材。

师：同学们可认真瞧了，假如我们把这些纸看作一个个图形的话，大家看一看这些图形的大小，一样还是不一样？

生：不一样

师：大小不一样。形状呢？

生：也不一样。

师：也不完全相同。但是，你们有没有从中发现它们相同的地方呀？瞧，发现了，这位男同学。

张老师首先引导学生仔细观察自己创造的图形，再启发学生对这些图形进行理性思考，抽象出它们相同的地方。在变中找到不变，为学生理解轴对称图形这一概念，铺设道路。

生：它们的左右两边都相同。

师：有点感觉了吧，左右两边都相同。好，请坐！还有人想说一说吗？

生：我认为它们是轴对称图形。

师：哟！她认为这是轴对称图形。你怎么知道这个词的？

生：我从书上看到过。

师：好样的！她觉得这些图形都是轴对称图形，这样吧，我先把你说的这个词写上去，好吗？（板书：轴对称图形）好，她认为这些图形都是轴对称图形。

学生带着对事物的个性认识来到课堂，张老师尊重每个学生对事物的认识，并给予鼓励，并带领学生开始了对轴对称图形的探究之旅。

评析与思考

张老师没有直接将轴对称图形这一概念灌输到学生脑海里，而是让学生在动手做的过程中，通过体验结合表达交流所获。学生在撕纸的过程中，边撕边动脑，创造出许多不同的图形。同时，在教师引导点拨下，学生把形象思维和抽象思维结合起来，发现一个个具体图形之间也有着相同之处，这个相同之处，就是学习的目的所在。这里的手工学习，有利于学生不断总结经验，归纳提升，最终认识轴对称图形。

反思与备学

“数学好玩”，是著名数学大师陈省身先生在 2002 年国际数学家大会少年数学论坛上的题词。一句平凡又极富童心的话语拉近了学生与数学的距离，同时也引发了教师的质疑：数学真的好玩吗？目前，大量的事实表明，学生认为数学抽象、冰冷、枯燥、无趣；也有人抱怀疑的态度，“有兴趣就好玩，没有兴趣就不好玩”。欣赏完张老师的“轴对称图形”这一课，心中豁然开朗，数学也可以这般有趣、好玩：在有趣的情境中徜徉、陶醉，欣赏数学带来的美；在数学迷宫里穿梭，活跃思维，历经过程，揭开数学神秘的面纱，带来乐趣和成功的体验。“玩”是学习的动力，“好”是快乐学习的体验。“数学好玩”应该是学生对数学课的最高评价，也是学生梦寐以求的数学课堂。如果这样引导学生备学，课堂会更加精彩。

1. 搜集轴对称图形的图片。

2. 举例说明什么叫轴对称图形，并设计一个轴对称图形，可以画图，也可以剪纸。

3. 关于轴对称图形，写出你的发现，并提出三个有价值的问题在小组内交流。

结语

动手做并不是一种具体的教学模式，更不是一种具体的学习方法，而是一种教育思想和学习的方法论。这种思想或方法强调的是让学生用更科学的方法去学习知识，注重对学生的学习态度、学习方法和思考方法等素质的培养。其基本价值观是强调从学生的现实生活中取材，注重学生的探索与发现过程，使学生在动手做的过程中理解知识、掌握方法、学会思考、懂得交流、获得情感体验。让学生动手做是目前小学数学课程改革中的一个重要观点，其目的在于转变学生的学习方式，培养学生的创新精神和实践能力。

第二节　思思做做，思维变成数学作品

协同教育认为，学生是学习的主角，他们必须主动协同、合作、创造、体验。学生的活动主要不是为了获得“鱼”，而是为了学会“渔”。学科学习技能、学科学习方法、一般学习方法等都是“鱼”。而学习策略是对方法的

选择与使用，这才是“渔”。学生在创作作品过程中，不断地思思做做、做做思思，才能悟出“渔”的道理。

案例1　龙丽辉教学“分数的再认识”

实录与旁白

一、折一折

（教师出示卡纸。）

师：要让卡纸平稳地立在桌子上，我们要先把卡纸怎么折？请你们也折一折，看看是否能成功地将卡纸立在桌面上。

（学生折纸。）

师：请说一说对折时要注意什么？（两边完全重合，也就是把这张卡纸平均分成两份）

教师要求学生把“图形左右两边完全重合”的思维信息，通过平均分的动手过程展现出来，不仅突出了分数中“平均分”的重要性，还使学生在手工制作中体验到单个物体的部分与整体之间的关系。这是直接获得“鱼”。不平均分能立在桌子上吗？如果这样设计：一张卡纸要直立在桌面上，一般将卡纸的一条边折一下就可以了。试试三种折法，比比哪种折法立得最稳。在比较中，平均分自然出现了。这就是在学习“渔”。

师：下面我们将卡纸的一面装饰一下，要装饰的这部分面积占整张纸面积的几分之几？谁来说说这个分数表示什么意义？

（学生交流总结。）

让学生把自己对分数的已有认识通过动手装饰进行表达，使学生主动参与其中，学习的过程也是享受的过程。曾经看过一个案例，案例中学生对卡纸的面的认识产生了异议：纸有正面与反面，面积是指正面与反面各自的大小还是加起来的大小？折过的卡纸有了四个面，整张纸的面积是指什么？如果有学生提出了这样的问题，教师应该如何应答？

二、课堂总结，拓展延伸

师：这节课你学得开心吗？有什么收获想跟大家交流一下？

（学生交流。）

师：请大家制作台式贺卡送给最好的朋友！

制作要求：

1. 选择你喜欢的花粘贴在卡纸的$\frac{1}{3}$处。

2. 写上祝福语。

最后请同学当评委：将这些制作贺卡进行评选，你希望——

一等奖占全班人数的几分之几，获一等奖的有几人？

二等奖占全班人数的几分之几，获二等奖的有几人？

三等奖占全班人数的几分之几，获三等奖的有几人？

……

制作贺卡这一环节，让学生打破学科界限，将美术与数学整合在一起，既促进了学生对分数的深入理解，又让学生感受到了数学的情趣之美，使学生在制作过程中进一步领会了分数的意义，体会到一个数的几分之几是多少的计算方法，实现了“做中学”。同时，把制作的贺卡送给最好的朋友，给学生提供了与朋友交流情感的机会，既增进了朋友间的情感，又使学生领会了分数的深刻含义。

评析与思考

在这个教学片段中，教师让学生通过手工制作对分数进行深入认识。学生制作的一张张卡片，不仅是动手的结果，更是思维的成果。在教学过程中，龙老师坚持以学生为本，让学生在手工创作的过程中实现主动参与，以学生创作的手工成果为学习资源，使学生与教师一起成为教学资源的开发者、教材的创造者，这样的课堂学习更贴近学生的生活实际，更能彰显学生的思维个性。

反思与备学

龙老师利用美术与数学的学科整合，完美地实现了高效教学，学生学得开心，教师教得轻松，学生对分数的认识有所提高。如果这节课引导学生进行备学，课堂的资源会更加丰富。

1. 你们对分数已有哪些了解？

2. 用自己的方式表示三个分数，看谁最有创意。

3. 对于分数问题，请写出三条友情提醒。

案例2　贲友林教学“圆的认识”

实录与旁白

师：我想了解一下，同学们现在都有哪些玩具？

（学生抢着回答。）

师：想不想看看老师小时候的玩具？

（教师出示玩具实物——陀螺。）

玩是孩子的天性，也是孩子的权利。一提到玩，学生就会激动，就会雀跃。教学中，贲老师根据学生的这种心理特征，在尊重教材的同时，适当地处理教材，用“玩”的心态来设计教学、实施教学，提供好玩的材料给学生玩，给予学生充分的玩的时间，让学生在“玩中学”，在玩中感受数学的美妙。

师：你们知道它是怎么做的吗？

生：它是由一根火柴和一张比较硬的圆片组成的。

（教师板书课题：圆的认识。）

师：如果想做这个小玩具，首先该做什么呢？

生：剪个圆。

生：用圆规画个圆。

（学生画圆、剪圆。）

贲老师先从学生喜欢的玩具引出课题，激发了学生的学习兴趣，也为学生的手工制作提供了线索。在制作过程中，学生在画圆的基础上，感悟了圆心、半径、直径之间的关系。

师：你们看，我们认识了圆心、半径、直径，还会画半径和直径了。下面我们进行个小比赛，比什么呢？画圆的半径和直径。同桌的两位同学，左边的同学画半径，右边的同学画直径，看谁画得多。

画半径和直径比赛使学生对半径和直径有了更进一步的了解。学生迅速地在圆中画出半径或直径，体会到无论是直径还是半径都有无数条，比赛没有输赢。

师：下面，我们把这个玩具组装起来。火柴棒怎么穿过去呢？

教师询问怎样组装玩具，学生凭着生活经验是可以完成的。这个经验的激活，为学生积累学习经验提供了坚实的基础。火柴棒怎么穿过去呢？学生自有办法。

生：用圆规戳个洞。

生：在大圆里画一个小圆。

……

多么天真可爱的声音呀！“戳”的这个“洞”正是学生心中模糊的“圆心”。

师：你们试一试，做好后，在桌子上转转看。

（学生活动。）

师：生活中还有哪些物体是这个样子的？

生：车轮、奔驰车的标志、运动器材上转的东西。

贲老师提醒学生在桌子上将动手做出的手工作品转转看，让学生享受成功的快乐。在玩中不露痕迹地渗透着学。

评析与思考

“做中学，玩中悟”是学生喜欢的学习方式，手工学习正是其中的一种。让学生在手工制作中学习、感悟、理解知识，一方面有利于学生在动手操作中主动建构新知，另一方面能使学生从中获得轻松、愉悦的学习体验。贲老师以玩具制作为课堂教学主线，将圆的知识与玩具及其形状有机地结合起来，并巧妙地设计了让学生“玩”的“玩点”，达到了预期目的，拓展了学习内容，让学生真实地感受到圆在生活中的广泛应用，体验到生活处处有数学。

反思与备学

贲老师抓住了学生好玩的天性，以玩为主线贯穿整个教学。在备学时，可以设置更多“玩点”，不妨引导学生这样备学。

1. 你玩过哪些能转的玩具？这些能转的玩具中有圆吗？举例说说圆在玩具的什么位置。

2. 试试动手做一个简单能转的玩具，并在小组内分享你的做法。

3. 除了玩具，在生活中还有哪些物体是圆形的？提出三个关于圆的问题给小组同学思考。

结语

数学课中的手工设计和制作不仅能培养学生的思维能力，动手能力和学科学、用科学的志趣，而且能培养学生的创造能力。在设计和制作中，学生开动脑筋思考，真正的学习并非发生在学生的手上，而是发生在他们的脑袋里。学生的手指在传递着思维信息，手指间的每一套动作里，都透露着学生脑中对事物的独特思考与理解，当最后一个动作完成时，学生呈现的不仅仅是一件手工作品，更是一个思维作品。接下来的作品展览，使学生在对比评价中对特别好的作品产生极大的兴趣，学生很自然地就会去关注作品的说明，从而在互相交流中进一步巩固了知识。

手工数学这种借助直观事物表述理性思考的方式，非常符合小学生的认知规律和表达方式，能够让小学生有依托地进行表达，更能帮助他们发展数学思维。

第三节　倒过来想，抽象回到具象实物

协同教育认为，知识是一种场的物质存在方式。知识的定义就是信息在不同的时间、空间，对不同人的一个组合的形状，这个组合的形状可能用手摸不到、用眼睛看不到，但是我们可以用理论的方法去分析它，也就是说，可能在你分析一件事情的时候，这个知识在你脑子中其实有形状、有规则、有不同的连接程度——“脑中情境”。这就是场。场可以用符号记录下来，但再多的符号也记录不了丰富复杂并随时变化运动着的场。课程制定者的场用符号记录成“课程标准”，教材编写者的场用符号记录成“教材和辅助读物”。记录需要“复活”，在场的教师承担着“复活”的任务。复活的场，就是教师群体的“教学场”。课堂学习就是把学生放到“复活”的场的教学情境中去。

教科书上的许多知识都是抽象的、压缩的，把抽象的复活到具象的，把压缩的复活到常态的，这是教师课堂教学中经常用到的方法。

案例1 毕宏辉教学“分数的初步认识”

实录与旁白

师：除了$\frac{1}{2}$，你还知道其他分数吗？（教师根据学生的回答板书：$\frac{1}{4}$，$\frac{1}{3}$，$\frac{3}{4}$，$\frac{3}{8}$，$\frac{1}{10}$）

引导学生搜索脑海中更多的关于分数的知识，这些都是抽象的数学知识，但抽象的知识也是学习资源。

师：这样的分数你们能说完吗？

生：说不完。

在无形中渗透极限思想，同时让学生产生思维冲突。

师：分数有很多，我们可以用“……”来表示。请同学们按下面的步骤动手操作。(1) 想一个分数；(2) 选择一个自己喜欢的图形；(3) 折一折，再涂一涂，用阴影部分表示你想的那个分数。

学生回忆了抽象的分数后，回到生活中再现抽象的分数。并用手工创作自己喜欢的分数，这样从理性回到感性倒过来想的教学方法，使学生在手工学习的过程中实现动手做中的“数形结合”，为学生进一步了解分数、掌握分数奠定基础。

（学生操作后，教师展示一个学生表示“$\frac{1}{4}$”的作品。）

师：大家猜猜他表示了哪个分数？

生：$\frac{1}{4}$。

师：为什么这幅图的阴影部分可以表示$\frac{1}{4}$？

生：因为这是把一个正方形分成4份，取其中的1份。

师：是这样折吗？（教师随意把正方形分成4份）

生：不是，是平均分成4份。

学生通过同伴手工创造的“形”，讨论“$\frac{1}{4}$”的意义，在数形结合的过程中发挥想象，揭示在这里能表示“$\frac{1}{4}$”的原因。教师充分发挥引导作用，沿着学生的思维痕迹进行适时提问点拨，恰到好处地“折一折”让学生在折的过程中，再现了分数意义实现的起点是平均分。

师：分母 4 在哪里？分子 1 又在哪里？

（学生在图形中指认。）

师：谁还有不同的折法？

（学生展示作品。）

师：为什么图形不同，但是阴影部分都能表示$\frac{1}{4}$？

（学生回答后，教师小结。）

多元化展示用正方形折出$\frac{1}{4}$的过程，目的是在手工学习的过程中，让学生的思维发散开来，更重要的是让学生在变化的作品中发现不变的规律，即分数$\frac{1}{4}$的意义。

师：这个图（指着刚才表示$\frac{1}{4}$的作品）的空白部分可以表示哪个分数？

变换角度用分数解读图形，让学生学会于细节中灵活变换思考角度。

生：表示$\frac{3}{4}$，因为这是把一个正方形平均分成 4 份，取其中的 3 份。

生：这里有 3 份，每份都可以表示$\frac{1}{4}$，3 个$\frac{1}{4}$就是$\frac{3}{4}$。

学生从分数的意义、分数单位的角度解读$\frac{3}{4}$的意义。

师：比较$\frac{1}{4}$和$\frac{3}{4}$的大小，说说你是怎样想的。

（学生回答。）

有了前面的手工创造、借助直观深入思考分数意义的过程，学生对于同分母分数的大小比较就产生了自主的思考。

评析与思考

在这个教学片段中，先出现抽象过的知识——分数，然后倒过去用折纸来“制造”分数，巧妙地把学生的手工创作活动和理解分数意义的过程结合起来。学生通过折出$\frac{1}{4}$，从而理解了$\frac{1}{4}$的意义，无形中对单位“1”有了具体感知，对同分母分数的比较也有了一定认识。这样的教学，不仅能帮助学生理解分数的意义、把握分数的本质，而且促进了学生形象思维和逻辑思维的协同发展。

反思与备学

如果引导学生备学，课堂上的资源可能会更丰富。

1. 回顾一下，关于分数你了解哪些内容，举出生活中用到分数的三个例子。

2. 用手工制作的方式表达出你的例子，如折纸、画图等。

3. 关于分数，提出三个有价值的问题在班级进行讨论。

手工学习的方式，理想的实施方法是让每个学生都动手，使学生在动手中探索、发现知识产生的过程，而不是仅仅让少数学生动手示范、展示。学生动手后的小组交流也是必不可少的环节，这样，每个学生才有展示、交流的机会。

案例2　陈千举教学“方程的意义”

实录与旁白

师：今天的学习我们得借助一个朋友的帮忙。我把它带来了，想知道它是谁吗？（教师在黑板上贴出天平图）

天平是学生认识方程的开始，它作为教具引入课堂能够激发学生的学习兴趣，同时它直观地表示左右等量关系，给学生提供了可靠的思维支撑，是学生积极展开思维活动的重要依托。

师：今天的数学课我们也来用一用天平，看看从天平中能读到哪些数学信息，好不好？（在天平的右托盘处贴上50克砝码图）这是多少克？

生：50克。

师：观察天平的左边，我又放了两个砝码（20克和30克）。现在你能说说天平是什么状态吗？为什么？

生：是平衡的，因为两边重量一样。

师：能用一个数学式子把这件事说清楚吗？

生：右边 50 克，左边是 20 克加 30 克，也是 50 克。

师：那我这样表达行不行？（板贴：20＋30＝50）

生：可以。

学生把天平中的信息用抽象的数学式子进行表达，经历了数学化的过程。这个处理信息的过程也是学生积极展开思维活动的过程。

师：你看，一个数学式子就能说明天平现在的状态，神奇不神奇？再观察，（拿掉一个 30 克的砝码）这个时候天平会怎样？

生：不平衡了。

师：为什么？

生：50＞20 或者说 20＜50。

用学生熟悉的不等式表示天平的不平衡，实现从实物向数学表达的过渡。

师：接着看，（在 20 克砝码旁边贴一个核桃的图片）这个时候天平可能会怎样？

生：有可能平衡。

师：就这一种可能吗？

生：有可能右边重，也有可能左边重。

师：我们刚才说了三种可能，能用数学式子表示这三种可能吗？

生：$20+x<50$，$20+x=50$，$20+x>50$。

在天平中加入一个核桃，激发学生对知识的迁移。

师：我不明白，那明明是个核桃，怎么出来了个 x？

生：可以将核桃看作未知数 x。

指向性明确的问题，给学生提供了思维的方向。

师：因为我没有告诉你重量，对吗？真好，你特别会学习。我们前面已经学过，不知道的数可以用字母来表示，我们在这里就用到了。

教师及时把有价值的信息放大，将用未知数表示核桃的重量与用字母表示数联系起来，把有价值的新信息和新问题纳入教学过程中，使之成为教学的有效资源。

师：假如就像现在这样（平衡情况），应该用哪个算式？

生：$20+x=50$。

教师抓住学生的思维痕迹，给学生提供了一个思维情境，让学生初步认识方程。

评析与思考

学生的认知发展需要经历三个阶段：动作认知、图形认知和符号认知。这三个发展阶段对应着学生的三种思维水平，即操作水平、表象水平和分析水平。在建立方程这一概念的学习过程中，教师应该遵循学生的认知规律，让学生经历“具体—表象—抽象”的过程。课堂上，教师给学生提供了天平这一具体可感的材料，并组织学生一起动手摆弄天平，学生通过思考、交流，使教师演示的放砝码、核桃等一系列动作转化为自己思考的动作。学生在脑海中摆弄天平，逐步体会抽象的式子回到实物的状态，沟通式子与天平不同状态之间的联系，经历方程产生的过程，体会其与用字母表示数等知识的联系。

反思与备学

学习数学最终的目的在于运用数学。学生用数学的眼光看待问题，从数学的角度理解问题，运用数学的知识创造性地解决问题，这是新课程对学生学习素养的要求。数学是一门集科学性与趣味性为一体的学科，数学学习如果仅停留于书本或课堂，那一定是枯燥无味的，但如果将它付诸于生活实践，就相当于赋予了它新的生命，就会使它变得鲜活而妙趣横生。因此，要让学生在掌握数学知识的同时，能运用数学知识解决生活中的问题。陈老师根据教学内容，自己进行手工制作，做了一个鲜活的教具——天平，让学生在形象的模型中，感受天平的平衡与方程左右两边相等的关系。

“方程的意义”这一教学内容也可以引导学生这样进行备学。

1. 自制一架简易的天平。

2. 准备一些实物用天平来称，用不同的实物组合起来称三次，记录天平的变化过程。

3. 仔细分析自己的记录，写出你的发现，提出三个有价值的问题到班级中进行讨论。

结语

学生的思考力不在于模仿，而在于创新。在学习中，学生首先看到的往往是抽象过的数学知识。以抽象过的知识为出发点，追溯知识的形成过程，就是倒过来思考。借助于手工活动，脑手协同，有利于学生在动作认知的过程中，将已有的学习经验与之联系，逐渐过渡到符号认知。

在教学过程中，教师可以根据需要，通过手工学习的方式，激活教材，充分发掘教材的潜力，让学生身处趣境，感受到数学就在身边，从而使学生兴趣盎然地进行自主学习。学生在进行手工制作时，制作的规则、要求、方法都渗透着数学信息，在完成手工作品的同时，他们常会有意外的收获。这样的学习过程注重学生主体的探索与发现，使学生在动手做的过程中理解知识、掌握方法、学会思考，符合学生的认知规律。

现代教学论强调，要让学生动手做数学，而不是用耳朵听数学。许多数学原理、数量关系是从实物中抽象出来的，在学习这些数学原理、数量关系的时候，可以将抽象转回到具象，让学生手工制作实物模型，从而体验和经历知识的形成过程，这就是手工学习的方式。在教学中，教师要引导学生利用学到的知识，选择自己喜欢的方式将知识转化为手工作品，使原本枯燥、乏味的课本知识变成生动有趣、活灵活现的现实问题，这样既可以让学生理解知识的内涵，还可以充分调动学生的积极性，提高学生对数学学习的兴趣。

第五章 实验备学

许多数学原理、数量关系都是从实物中抽象出来的，在学习这些数学原理、数量关系的时候，可以将抽象转回到具象。这一过程需要大胆又合理的假设，而实验是检验假设是否合理的唯一标准。实验验证猜想的实施过程，重在得出原理、验证猜想。实验的方案是可以重复做的，得出的原理是一样的。英国数学家贝利曾提出：“通过实验，训练技能，让学生探索事物本身的规律。”即让学生在实验中发现规律，理解定理性结论。

第一节　观察过程，验证结论性知识

学生总是带着自己对事物的认识与思考进入课堂的，那么如何在学生原有经验的基础上让他们获得有趣而又有意义的发展呢？实验学习是让学生走向美好数学之旅的途径之一。在实验中，学生通过经历手动或脑动的过程，积累数据资料，剖析问题，在反思中联系之前的思考与经验，最终解决问题。在这个过程中，学生全程参与，学会用数说话、用数解读、用数学的眼光去分析身边的事物，又带着对数学本质的认识回归事物本身。

案例 1　王俊教学“平面图形的周长和面积的关系”

实录与旁白

（课件出示一组圆。）

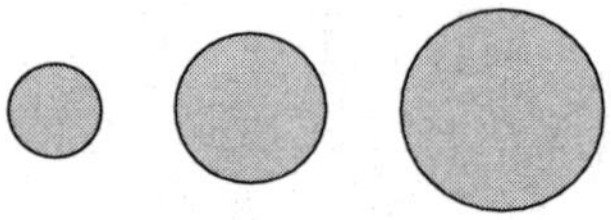

师：看，有一个很小的圆，一直有一个伟大的梦想，那就是要去周游世界。但它知道自己个头太小了，滚得不太远，于是它学了很多本领。第二天就长成这样了（指第二个圆），第三天又长成这样了（指第三个圆），从中你发现了什么？

“平面图形的周长和面积的关系”这一节的教学就从演示实验开始。在生动的拟人情境中，王老师赋予圆形以生命的活力，学生的思绪一下子紧紧聚焦在观察图形的变化上。

生：周长变了。

师：周长变了，其他什么也跟着发生了变化？

生：半径也变了，所以面积也就变了。

观察图形变化过程，学生由表及里地发现圆形中一个量的变化引起了其他几个量的改变。

（课件出示另一组圆。）

师：还有一个圆，这是它第一天的样子（指第一个圆），接下来是它第二天和第三天的样子（先后指第二个圆和第三个圆），你发现了什么？

生：圆的面积没变，圆的周长也没变。

第二组圆的半径、直径、周长、面积都没有变，学生直观感受两组圆形的变化与不变。

师：是不是所有的圆都是这样，面积不变，周长也一定不变呢？为什么？

王老师适当的点拨，引发学生在圆形变与不变的思考中，产生思维的碰撞。

生：是的，因为圆的面积不变，圆的半径就不变；圆的半径不变，圆的周长也就不变。

学生有了对前面两组圆形的直观比较，就能够从表面现象开始深入探究圆形的半径、直径、周长及面积的联系，能正确解释圆形变化中的规律。

师：像这样的思维方式叫作推理，数学往往是通过严密的推理来解决问题的。圆的周长和面积的确有着非常密切的联系，有人就曾利用它们之间的关系来阐释人生的哲理。瞧，这是古希腊哲学家芝诺。（课件出示芝诺画像）一天，芝诺的学生问他，为什么他已经非常有学问了还要学习。芝诺随手画了一大一小两个圆，回答说，大圆的面积是他的知识，小圆的面积是学生的知识。显然，他的知识比学生多。但是，这两个圆之外就是他们无知的部分，大圆的周长比小圆长，那么大圆与无知部分接触的边缘就多。这就是他为什么要不断学习的原因。

师：同学们在学习时，有没有体会到知识面越大困惑越多呢？

短短的哲学小故事将圆形的面积、周长在人生哲理中进行演绎，给圆形蒙上了一层神秘的面纱，升华了圆的周长和面积的意义。同时，使学生的思想受到了影响，或许他们会受到这个哲学小故事的莫大启发与鼓舞。小小故事，曼妙点睛。

(课件出示三角形。)

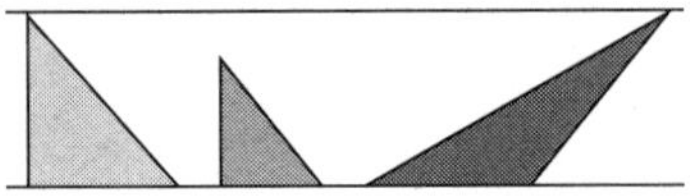

师：三角形也有很美好的梦想，希望每天面对一个全新的自己，它喜欢变着法来生活。

依然交流变与不变的问题，不过这次的对象变了，换成了三角形。

师：左边是它第一天的样子，中间是它第二天的样子，变了吗？

生：变了。

师：什么变了？

生：周长和面积都变了。

师：右边是它第三天的样子，变了吗？

生：它的面积没有变，但是周长变了。

师：看来三角形的周长发生变化，面积有可能发生变化。

从曲线图形到直线图形，王老师两次将三角形的变化进行直观的过程展现。第一次展示的是三角形形状不变，面积的大小变了；第二次展示的是三角形的周长变了，面积却没有变。学生通过观察，判断三角形的变与不变的因素，感受图形的美妙与奇特。

评析与思考

看似平常的圆的周长与面积的变化规律，却被王老师赋予了深刻的人生内涵，前半部分不仅解释了圆的“周长变，面积一定变”的道理，还从古希腊哲学家芝诺的小故事中让学生明白了一个人生哲理，“大圆的周长比小圆长，那么大圆与无知部分接触的边缘就多”。这是一节数学课，开头就用“圆的成长”来正面暗示学生每个人心中都应该有追求的目标和理想，为学习树立一个目标，可谓新颖别致，也为求知之路点亮了一盏明灯——不灭的希望之灯！人的一生可能发生种种变化，正应验了王老师所说的富有哲理的一句话：“世界上永恒的不变是变化！”

接着后半部分，王老师又用三角形的“变”与“不变”，来暗示学生在学习中要不断地超越自我，像三角形一样，每天都拥有一个不同的自己，让自己的生命变得更加灿烂。通过多媒体课件，学生清楚地看出，在两条平行线之间，如果三角形的底和高都变短了，虽然看上去形状没变，但周长和面积一定都比原来小；而底和高没有变，则周长变了而面积没变。

反思与备学

由以上两例可见，“变”与“不变”是辩证统一的关系。但实验学习的方式需要学生提出猜想或需要验证的问题，然后再通过实验来证明或验证。这节课可以这样引导学生备学。

1. 设计一个“平面图形周长和面积的关系”的实验方案。

2. 你认为你的方案中哪几个步骤最重要？为什么？

3. 提出有关“平面图形周长和面积的关系”的三个问题，在小组内讨论。

学生如果有了备学的思考经验，在实验中就会更加积极主动，有话可说，有理可讲，会发现更多的周长与面积间的变化关系。

案例2　蔡文平教学“找规律”

实录与旁白

师：10个连续自然数有多少个不同的和呢？（出示学具：一张写有几个连续自然数的纸和一个可以缩放的方框）

（学生操作后，交流汇报。）

师：用方框框时，方框平移了几次？

从简单的10个数开始，让学生进行实验操作，在小数据的实验中归纳出这一类问题的规律，从而在实验过程中寻找问题的解决方法。

生：有9个不同的和。方框平移了8次。（学生上台演示）

让学生用直观的实验操作说明问题。

师：既然平移了8次，为什么得到的是9个不同的和呢？

引导学生思考原因。

生：第一次把框放上去时并没有移动，但也得到了一个和，要加上去，就是8+1=9。

师：10个数，每次框2个数，我们平移了8次，得到9个不同的和。

（课件呈现下面内容）

总个数……每次框几个数……平移的次数……得到不同和的个数

10…………2…………8…………9

课件将学生实验的过程及结果进行归纳总结，沟通思考与具体实验过程之间的关系。

师：如果每次框 3 个数，又需要平移几次？得到几个不同的和呢？

（学生动手操作后汇报交流。）

师：如果每次框 4 个数，又需要平移几次？得到几个不同的和？不动手，请你在脑子里移一移。如果每次框 5 个数，又需要平移几次？得到几个不同的和？

（学生回答。）

教师在这个过程中并没有机械地让学生一味进行动手实验，而是在学生有了两次动手实验的经验后，安排了有序、递进的念动实验，从实际框数到念动框数，推进了规律的凸显，促进学生思维的发展。此外，学生循序渐进地进行实验，为发现规律提供了有力的保障。

师：我们研究了每次框 2 个数、3 个数、4 个数、5 个数的情况，每次框的个数还可以是哪些数？

生：6 个数、7 个数等。

师：要想知道可以得出多少个不同的和，还要一次次去框、去移、去数吗？

生：不需要，它们是有规律的。

一句“我们研究了每次框 2 个数、3 个数、4 个数、5 个数的情况，每次框的个数还可以是哪些数”，看似是教师无意间留给学生去想象、求知的窗口，实际上是为了给学生思辨的机会。“要想知道可以得出多少个不同的和，还要一次次去框、去移、去数吗”，在思辨中让学生主动寻求规律、发现规律、利用规律，为规律的凸显创造了一个良好的契机。

师：到底有什么规律呢？我们先来把刚才的研究结果整理成表格。（课件呈现如下表格）

总个数	每次框的个数	平移的次数	不同和的个数
10	2	8	9
	3	7	8
	4	6	7
	5	5	6

生：平移的次数＋每次框的个数＝总个数。

生：总个数－每次框的个数＝平移的次数。

生：平移的次数＋1＝不同和的个数。

师：如果总个数是10，每次框的个数是2，要求有几个不同的和，怎样用算式表示？

生：总个数－每次框的个数＋1＝不同和的个数，列式是10－2＋1＝9。

通过列表的形式，将实验数据进行统计，方便学生观察数据形成过程，在这个基础上，学生更容易发现规律、找出规律，自主发现“不同和的个数＝总个数－每次框的个数＋1”。此外，通过表格，学生不但理解了这里所说的“不同和的个数”就是指有多少种框法，并将之进行了文字符号的表达及应用。

师：刚才我们选了10个连续自然数来研究，如果是15个连续自然数，每次框2个数要平移几次？会得到多少个不同的和？

（学生独立解答后交流。）

师：1～100连续自然数，每次框2个数，会得到多少个不同的和？如果每次框3个、4个数呢？

（学生独立解答后小组交流评价。）

师：如果有a个连续自然数排成一排，每次框b个数，需要平移几次？能得到多少个不同的和？

从简单到复杂，从个案到一般，教师在引导学生多层次应用规律的过程中，也渗透着从易到难的数学思想方法。问题中蕴含的符号化思想，也给学生的抽象能力插上了翅膀。

生：需要平移$a-b$次，得到$a-b+1$个不同的和。

师：这里的a可以代表几？b呢？

生：a和b都表示任意的自然数……

师：总个数和每次框的个数都可以变，但变中却蕴含着不变，你能将它找出来吗？

生：平移的次数＝总个数－每次框的个数；平移的次数＋1＝不同和的个数。

当学生找到了规律后，教师仍不甘就此罢休，抓住学生前进中的思维，引导学生对结果进行深入思辨，把所学的规律进行了结构化处理，形成数学模型，辩证思考在这里得到了很好的体现。

评析与思考

“找规律”的重点在“找”字。找的过程则是学生进行逻辑思考的过程。蔡老师与学生寻找覆盖现象中的规律时，讲究教学的策略、方法和教育的思想疏通。波利亚曾说，学习任何知识的最佳途径是自己去发现，因为这种发现，理解最深刻，也最容易掌握其内在规律性质和联系。蔡老师通过实验学习这一方式，给学生创造了一条最佳路径。学生从简单的 10 个连续自然数的覆盖现象找起，自主实验，记录数据；教师及时统计数据，并通过适时的提问点拨，激发学生对问题的思考，为找规律增添了更多的思维含量。

尤其在学生第二次操作时，教师提出：“如果每次框 3 个数，又需要平移几次？得到几个不同的和呢？”“如果每次框 4 个数，又需要平移几次？得到几个不同的和？不动手，请你在脑子里移一移。如果每次框 5 个数，又需要平移几次？得到几个不同的和？”逐步让学生从动手实验提升到念动实验，不仅有序，还丰富了学生寻找规律的过程，这种从感性到理性的思维之旅，为学生数学素养的发展提供了平台。

第三次操作时，学生已经可以用自己发现的规律去解释实验过程，验证一开始自己对数学问题的认识了。这次操作使学生的思维从感性到理性，从理想又回归到感性，但这种回归不是简单的回到，而是带着更深的数学感悟、数学发现、数学思辨的回归。

反思与备学

蔡老师对“找规律”这一环节的处理很细致，由易到难，由简到繁，循序渐进，最后由个案总结出一般的规律，通过列举的方法有效地培养了学生合情推理的能力。如果课堂中所呈现的归纳规律的表格由学生在小组实验过程中自己整理得出，可能更能体现学生的自主性。课前可以引导学生这样备学。

1. 模拟做 10 张连号的电影票。

2. 你家的几口人坐在一起看电影，在这 10 张电影票中，可以有多少种不同的电影票组合？

3. 写出你的发现和问题，在班级内进行交流。

结语

数学新课标把课程目标由原来的“老三维”变成“新四维”。“新四维”在原来“老三维”的基础上又增加了一个“数学思考”，有着划时代的意义。“过程与方法”的课程目标在数学学科中转变为“问题解决”。这是因为数学中有一些知识，往往以一个结论性的形式呈现给学生，因此需要“问题解决”。然而我们有些教师往往把重心放在得到数学知识的结论上，仅满足于让学生机械记忆结论，认为记得后会用即可，但学生获得知识的过程与方法被忽略了。学为主导的课堂，主张让学生在一些简单的情境中进行模拟实验，丰富结论产生过程中的经验，不仅有助于学生理解数学知识，也有助于培养学生科学严谨的学习态度，还可以使学生学会以数学方式思考问题。实验的过程，其实就是数学思维的过程，这与新课标中增加的“数学思考”不谋而合。

第二节　设计方案，让猜想得到证实

卡尔·萨根说：“科学与其说是一种知识，不如说是一种思维方式。”数学学科的学习目标，并非是让学生仅仅学会做几道数学题，还有一个更重要的任务——培养学生的思维。培养学生思维的途径有很多，而实验学习正是其中的一种。实验学习重视学生实验前对事物的感性认识，学生凭自己的经验基础对实验的可能性进行猜想，为了验证猜想是否真实，学生需要带着研究的目标设计方案，从方案中回顾思考之前对事物的认识。实验学习的重点，不是满足于知识的记忆，而是在实验过程中，对各种信息的编码加工，思维方式由此形成。

案例 1　李正荣教学“打电话”

实录与旁白

（前提：教师要通知 15 个同学一件事，每个同学需要通话 1 分钟。）

师：刚才大家交流了自己的想法，老师一个同学一个同学地打电话，需要用 15 分钟，那么有没有更省时间的打电话方案呢？老师要求同学们合作设计一个更省时的给多人打电话的方案，同学们可以用学具摆一摆，也可以在草稿纸上画一画。

（学生探究设计方案，摆学具。）

设计“打给多人电话用时最省”的实验方案，一方面，学生在自主设计中，会不断寻找问题解决的方法，开动了脑筋，拓展了思维；另一方面，学生在个性表达中，创造性地在数学世界中进行学习思考，发展了思维。

（学生交流。）

师：我们来看看这位同学的方案。

生：老师打给 3 个同学，3 个同学再分别打给另外的 4 个同学。

师：这样用了几分钟？

生：老师打给 3 个同学，用了 3 分钟，3 个同学再分别打给 4 个同学，用了 4 分钟，一共用了 7 分钟。

学生想到了后一半时间段多人同时打电话节约时间的好方法，为什么前一半时间段有人“闲着”没利用起来呢？看学生能否受到启发想到这一点。

师：大家都想到了节约时间的好办法。为什么分组以后比之前节省时间？

生：分组之后，因为老师打给 3 个同学，3 个同学分别再同时打给 4 个同学，这样就省掉了一些时间。

师：他说的两个词非常好。哪两个词？

生：分别、同时。

学生汇报后，教师首先肯定了他们的答案，即节约了时间，然后通过巧妙提问“为什么分组以后比之前节省时间”，激发学生深入思考这些方案较之初步方案取得成功的原因。在学生表述时，教师抓住生成资源中的有用信息“分别”“同时”，将其放大，一方面，呵护学生的个性思维，激励学生不断积极思考；另一方面，这些独具个性的思考有助于学生更进一步用这个标准反思之前的数学猜想，改善方案，更快地建构此类问题的思维模块。

师：老师打给3个同学后，3个同学同时打。他在哪一分钟做得特别好？

生：第4分钟。

师：为什么做得特别好？

生：依次打给一个同学，再打给另一个同学。

师：第4分钟同样是一分钟，在这一分钟里，参与的人越多，用时就可能越少。

关键的时间段是问题情境中的人物集体行动的时间段，它能保证让更多的人接收到信息。在这里，李老师更进一步考虑学生思考背后的思维层面是什么，所以，再一次追问“为什么做得特别好?”学生联系实验进行解读，解读中，进一步明确关键时间内集体行动的人数越多，最后完成任务需要的总时间就越少。

师：在第1分钟里，老师最多通知几个人？

生：1个。

师：那第2分钟呢？

生：2个。

师：为什么是2个？

生：因为在第2分钟，老师通知一个同学，另一个同学也可以同时通知下一个同学。

师：就是说老师和第一个同学可以——

生：同时通知。

师生在交流中，一步步深化对“分别”“同时”两个关键词的理解，在教师的追问中，学生自然地想到了这两个关键词在方案中的作用。

师：现在，大家可以设计更省时、省事的方案吗？

（学生进一步活动，修改方案；教师巡视。）

师：我们来看，这位同学设计的方案只用了4分钟。在黑板上展示一下你的方案。

生：第1分钟，只能打给1个人，第2分钟可以打给2个人。（学生边说边画图）

师：为什么可以打给2个人？

生：因为第一个被通知的人可以打给 1 个人，第 3 分钟可以打给 5 个人。

生：错。

生：（进一步调整）第 3 分钟可以打给 4 个人，因为，第 3 分钟时，包括老师在内有 4 个人可以分别给 1 个人打电话，所以一共可以打给 4 个人。

结合实验操作，学生在每一个环节都用“分别”“同时”去证实方案，这里的实验帮助学生借助直观的学具或图形理清思路，得出实验规律，说清理由。

师：现在一共有几个人可以打电话？

生：一共有 8 个人可以打电话。

师：剩下还有几个人？

生：还有 8 个人没通知。这 8 个人（指可以打电话的 8 个人）同时各打给下面的 1 个人，这样 4 分钟就全部通知完了。

师：掌声送给他。

（学生在黑板上进一步展示。）

在大家的积极实验与思考下，最优方案终于成功得出来了。

师：来看看我们的分析。第一种逐个打用了 15 分钟；第二种我们把人分成了 3 组，先把它叫分组法吧，只用了 7 分钟；第三种第一分钟，老师只可以通知 1 个人，下面的每 1 分钟都没有人闲着，都在打电话，4 分钟就打完了。我们叫它不空闲。（板书：不空闲）

回顾性的点评，让学生再一次反思自己整个实验与思考的过程，智慧的芽儿在这个过程中生长。教师的一句“不空闲”，让学生把复杂的过程进行疏理和内化，化繁为简。

师：同学们，像这样，我们设计的用时最短的方案，就是伟大的数学家华罗庚的优化思想在我们实际生活中的应用。（板书：优化）

教师画龙点睛般地展现了华罗庚大师的优化思想。

评析与思考

在这个教学片段中，教师先让学生接触生活中常见的打电话通知某人某事的情况，然后从中提炼出具有挑战性的数学问题——怎样打用时最短，多次制订方案，并进行数学化的实验操作与表达。接着，在同伴思辨、教师引领、方案改善中，制订了最节省时间的打电话方法，即每个学生接到电话后，“不空闲”“同时”“分别”给其他同学打电话。学生在实验中，自发地用上了这些关键词，并在陈述时正确恰当地进行了运用，逻辑思维在实验中得到了有效的培养。最后，教师把优化思想画龙点睛般让学生知晓、体悟。整个过程，李老师都借助实验操作这个抓手，让学生自主参与、合作探究；整个过程，没有教师的说教，只有学生生成资源中教师的及时捕捉。学生在这样的学习旅程中，真正成了一名发现者、创造者，并体验到了学习数学的乐趣。

反思与备学

打电话的规律，学生在实验中已初步探讨出来了，教师还可以通过简单的列表来引导学生。

第一分钟——1

第二分钟——2

第三分钟——4

第四分钟——8

这样简单的整理，学生会更深刻地理解所谓“不闲着”，后一分钟接到通知的人数正好是前一分钟接到通知人数的 2 倍。换而言之，每增加一分钟新接到通知的学生数正好是前面所有接到通知的学生和老师的总数，也就是第 n 分钟新接到通知的人数等于前（$n-1$）分钟内接到通知的学生和老师的总数。所以去掉老师的话，第 n 分钟所有接到通知的学生总数就是（$2n-1$）人。

“打电话”一课可以这样备学。

1. 如果一个小组有 12 个同学，请设计一个方案，以最快的速度把一个通知传达给小组内的每个同学。

2. 如果通一个电话需要 1 分钟，按你的方案至少需要多长时间才能完成？

3. 提出相关的三个问题，在小组内讨论。

案例2　邱燕教学“可能性”

实录与旁白

师：每个同学手上都有4张数字卡片，现在都放在中间。一共有几种颜色？

生：一共有4种颜色。

师：讨论一下，选什么颜色的卡片才能让老师任意抽1张一定是黄色的卡片？

第一次制订方案——体验“一定”。学生学习了可能性的知识，都有点跃跃欲试，教师引导学生进行第一次实验操作——设计“抽1张一定是黄色的卡片”的方案，让学生在创造性的数学活动中感受“一定”。

生：我全部选黄色的卡片让老师抽，老师任意抽1张一定是黄色的卡片。

师：那么选什么颜色的卡片，让老师任意抽1张，都不可能是黄色的卡片？

（学生讨论。）

师：为了让大家能看清你选的卡片对不对，现在请同学们把选好的卡片1张1张地插进老师为你们准备的透明袋里，比比谁的速度快。

（学生活动。）

师：哪个小组愿意展示一下？

第二次制订方案——体验“不可能”。这次数学实验从开放性的问题开始，学生先交流设计“不可能抽到黄色卡片”的方案，再实际操作，以验证之前的想法。像这样，通过实验学习，学生的参与度很高，对“不可能”的感受也会更加深入。

生：我选2张绿色，2张蓝色，2张红色的卡片。因为只要不放黄色的卡片就不可能摸到黄色的了。

师：那按照他的想法，你觉得选哪些卡片也是可以的呢？

生：2张红色，2张蓝色。

生：2张绿色，2张蓝色。

生：2张绿色。

师：只要怎么放，就能让老师任意抽1张都不可能抽到黄色的卡片？

生：只要不放黄色的卡片就可以了。

从多种“不可能抽到黄色卡片”的方案中，提炼出这类方案的本质——只要不放黄色的卡片，让老师任意抽1张都不可能抽到黄色卡片。从而让学生的思维从多样走向背后的统一。

师：就拿这种选卡方案（指2张绿色、2张蓝色、2张红色的选卡方案）来说，任意抽1张，可能抽到什么颜色的卡片？

通过实验学习，学生认识了“一定”“不可能”。接下来教师并没有另起炉灶地让学生认识“可能”，而是巧妙地利用来自学生的生成资源，通过充满数学思辨气息的实验操作，让学生在观察中，结合教师的实验操作，逐步深入对“可能”的理解和掌握，综合对“一定”“不可能”“可能”的认识。

生：可能抽到红卡，可能抽到蓝卡，可能抽到绿卡。

师：那我拿掉2张呢？（抽走2张红卡）

生：可能抽到蓝卡，也可能抽到绿卡，不可能抽到红卡。

师：说得真好，那我要是再拿走2张（抽走2张绿卡），抽卡结果会怎么样呢？

生：任意抽1张，一定抽到蓝卡，不可能抽到红卡，也不可能是绿卡。

师：只让你放2张卡片，你选哪2张卡片，让老师任意抽1张，可能是黄卡片呢？

第三次实验——体验“可能”。从前两次的实物实验，到这一次的念动实验，学生已经积累了丰富的表象与活动经验，所以这一次“任意抽1张可能是黄色卡片”的设计方案，也可以看作是对之前认识的一种小结或反思。

生：1张黄卡，1张白卡。

生：1张黄卡，1张红卡。

生：1张黄卡，1张绿卡。

师：为什么这些放法都行呢？

生：因为只有放1张黄卡和1张其他颜色的卡片，我们任意抽1张，才有可能抽到黄卡。

进一步追问这些念动实验背后的数学本质，使学生从实验本身走向思维深处，结合具体的问题情境，正确地设计出符合要求的放卡方法，感受“可能性”知识的本质。

评析与思考

对于“一定”“可能”“不可能”的词语理解，学生是有一定的思维模块的，在这些词语的思维模块中增加数学因素，将其转变为数学概念，就是这节课的任务。当学生对“一定”“可能”“不可能”已经有所了解时，邱老师让学生设计实验方案，充分提高了学生的参与度。学生通过积极参与三次设计数学实验方案的活动，巩固提升了之前的认识。在这里，邱老师并不是为了实验而实验，她的智慧不仅在于能把握具体实验中的数学理性，更在于能引领学生洞悉多种多样实验方案背后的统一性，使学生从实质上理解了“一定”“可能”和“不可能”的深刻内涵。

反思与备学

因为“一定”“可能”和“不可能”的情况在生活中经常遇到，所以，学生对此已积累了丰富的生活经验，只是没有上升到理论认识的层面。邱老师教学这一内容时，可以再放手些，通过备学，让课堂的资源更灵动、丰富。

1. 分别用下面的三个词各举生活中的一个例子：“一定”“可能”和“不可能”。

2. 自己准备道具，设计游戏，游戏要与“一定”“可能”和“不可能”三个词有关。

3. 根据以上游戏，提出三个问题，在小组内进行讨论。

学生在备学中，会准备五花八门的道具和方案，教师在课前搜集资料，有可能会搜集到学生喜爱的彩球、雪花片等学具，再加上学生自己的设计方案，这样的属于学生自己的课堂，学生怎能不喜欢？

案例 3　许卫兵教学“可能性的大小”

实录与旁白

师：商场用转盘搞有奖促销活动，在转盘游戏中，大家都想得到一等奖。但可能性只有——

生：（看课件图）$\frac{1}{8}$。

师：如果让你把这个转盘修改一下，让获得一等奖的可能性大一点，怎么修改？

弗赖登塔尔认为，数学的根源在于普通的常识。许老师利用生活中人人想获奖的心理，激发学生对已经成立的方案进行解构，并再次通过念动实验重构方案。学生的实验方案设计就从这里开始。

生：把原来的$\frac{1}{8}$改成比$\frac{1}{8}$大的数，比如，可以把它变成$\frac{3}{8}$，$\frac{4}{8}$，$\frac{5}{8}$，$\frac{6}{8}$，但是还有三等奖和二等奖，所以必须还有两份不能把它变成一等奖。

师：那我现在动一动，好不好？看仔细啦，这样行吗？（教师操作）

生：是$\frac{6}{8}$了。

生：比三等奖获奖机会还大。

师：还有没有不满意的？

重新建构起来的实验方案，是否还有解构—重构的可能，教师没有急于给予学生指示，虽然学生受到平均分成了的8份的思维定式的干扰，但教师还是问了学生一句“还有没有不满意的”，给学生留下空间，让学生进一步思考方案。

生：我还是有点不满意，现在是把这个圆平均分成8份，我们还可以把这个圆平均分成16份，让一等奖占其中的14份，这样子可能性就更大了。

师：哦，你的意思是这个红色区域（表示一等奖所占的份数）还可以扩大，是吧？还可以再大一点，可以吗？

生：可以。

终于有学生在思维上有所突破，但许老师并没有给予评价，而是重复学生的话语，让更多的学生进一步理解同伴提出的新方案，引起学生的相互评价。此外这位学生的想法也为学习的深入提供了契机。

师：我们还可以让一等奖的得奖机会再大一点儿吗？想象一下，我们最大能大到什么程度？

生：这个应该是没有最大的，除非把红色部分只剩下1格，然后再把这一格再平均分平均分平均分，不知道分成多少份，最后只剩下2格小的份数，最后就……

师：你的意思是留一点点的空隙给二等奖和三等奖，其他全部涂成红色，是这个意思吧？那样，一等奖的可能性比现在——

生：更大了。

师：还可以把得一等奖的可能变得更大吗？

生：应该把整个圆全部涂满红色。

（众生笑。）

通过对可能性大小逐层深入的想象实验和理解体悟，教师于无形中向学生渗透了极限思想。通过教师一次次渲染气氛，“我们还可以让一等奖的得奖机会再大一点儿吗？想象一下，我们最大能大到什么程度”，学生的思维也在一点点深入，终于有学生把“二等奖”和“三等奖”的地方给挤没了，说出了“应该把整个圆全部涂满红色”，赢得了全场的大笑，笑声中表达了“茅塞顿开”吧！

师：全部涂满红色，这样，就是说你转到红色的地方你就得一等奖。

（众生笑。）

师：笑什么？

生：肯定得一等奖。

师：那这时得一等奖的可能性是多少？

生：100%。

师：换个数？

生：$\frac{8}{8}$。

生：也就是1。

教师充满智慧地贴近学生心理，一次次充满人性关怀的询问，饱含着对学生课堂行为背后思维层面的关注，学生能够在这样的环境中自在思考，生成智慧。

师：你见过这么跟顾客玩游戏的吗？

生：没有。

师：为什么数学上要研究这种情况？

生：我认为，这样就能知道其他的都是“可能性”，而这个是“一定”。

学生有了自主思考的时空，才能带来课堂的精彩。在充分的念动实验、思考体会中，学生已经感受到了研究的本意。

师：这句话讲得真妙！数学就一定要把所有的可能性怎么样？对啊，都要把它给研究出来，这才是数学。那这种情况在所有情况里面，是什么情况?

生：一定。

师：这个转盘我让你再继续修改，你能把一等奖的可能性变得再大一点吗?

生：不能。

师：说明这种可能性在可能性的大小里边怎么样?

生：最大。

在通往数学的旅途上，一路风景，虽然这里是让学生更深入地体会可能性中的极限思想，感受极值，但也能让学生感受到事物发展到极值后的局限性。

师：对，它其实就是最大的情况，我们不能把它丢掉。生活和数学就是这么有趣地联系在一起的。

学生再一次感受“数学的根源在于普通的常识”。

评析与思考

商场用转盘搞有奖促销活动，是学生经常见到的事情。通过创设生活中的情境，让学生做“设计师”来设计转盘，设计一等奖的可能性无限大，直到整个转盘全是一等奖，即可能性是“1”，就是以前所学习的知识“一定”。这个简单的转盘设计，给课堂带来了阵阵笑声。教师的智慧引领，点燃了学生思维的火花，使课堂充满创造和智慧。

反思与备学

简短的教学片段，折射出许老师的教学理念：简约，却不简单！因为这里蕴含着许老师的优秀教学思想。一方面是对各版本教材的整合使用，大胆地取舍“教材”。这里，许老师实践了他曾在一个讲座里提到的教材的三种研读方法“原样照搬、加工改造、开发重建”中的最高境界——开发重建教材，这是一种何等的教学勇气！另一方面，对学生的纵向学习经验又是一次很好的整合，把学生以前学过的“一定”“可能”“不可能”巧妙地与课堂链接，学生就不难理解概率问题中的极限了。如果课前让学生备学，课堂会有别样的精彩。

1. 假如你是某一商场的老板，用自己的方式设计一个抽奖活动。

2. 说说你这样设计的理由。

3. 在设计过程中有什么困惑与发现，各写三条在班级内交流。

结语

学为主导的课堂中的实验学习方式，倡导学生自己设计实验方案，验证猜想，这是为了把学习置于具体的任务情境中，让学生更多地利用原始数据进行思考，而不是简单地接受结论。在设计方案过程中，更体现出学生的综合性思维。教育心理学表明，学生能否将所学的知识迁移到实际问题中去，在实际生活中广泛而灵活地应用，是建构主义的重要初衷，这要依赖于学生对知识的深刻理解。学生设计的实验方案是否合理，表明了他对所学知识的理解程度。

第三节　欣赏感悟，实验体验数学思想

数学上有许多经典的问题是几代数学家经过多年坚持不懈、反复实验后计算得到的成果。我们的数学课堂应注重学生学习数学的过程与结果的关系，让学生通过实验学习这一自主的学习方式，经历实验过程，感受奇妙的数学现象、精妙的思维过程、美妙的数学思想，从而被数学的魅力深深吸引。

案例 1　刘胜峰教学“有趣的算式”

实录与旁白

师：生活中像这样有趣的算式还有很多，如“虫食算”“数字黑洞 6174”“神奇的数字”等。你们猜猜，神奇的数字是什么？

（学生分别猜 1，9，2，5。）

师：世界上最神奇的数字是 142857，看似平常的数字，却被称为世界上最神奇的数字。它神奇在哪里？这是今天我们要挑战的第三关。观察四个算式及其结果，推算出 142857 乘 5、乘 6 等于多少？（出示课件）你发现了什

么规律？

142857×1=142857；

142857×2=285714；

142857×3=428571；

142857×4=571428；

142857×5=（　　）；

142857×6=（　　）；

……

数学中有许多有趣的现象，教师通过趣味算式这一类引导性材料，引起学生的好奇与猜想，数学经典问题不仅激发了学生的探究欲望，又自然地将学生的注意力转移到实验研究的对象上来。

生：142857乘1、乘2、乘3、乘4的积都是由1，4，2，8，5，7这几个数字组成的，只是顺序被打乱了。

学生一边观察，一边寻找算式中有趣的规律，但是不是所有的算式都是这个规律？还需要继续验证。

生：第一个算式的结果开头数字是1；第二个算式的结果开头数字比前面多1，也就是2；第三个算式的结果开头数字跳过一个3，是4。（学生没说完就坐了下去）

这个学生只是在描述实验的现象，可能是想从等差数列上找最高位的数字的排列规律，但并不完全符合，所以没说完就坐下去了。

师：怎么不再说下去了？等我们推算出所有算式的结果后，你再反思。

当学生通过观察出现思维冲突时，教师并没有给出明确的“对错”评价，而是把自己定位成听后意犹未尽的角色，以一句亲切的“怎么不再说下去了”给予学生关怀，以一句“等我们推算出所有算式的结果后，你再反思”鼓励学生不要丢弃自己此刻的思维成果，争取在反思中有新收获。同时激励全班学生要积极表达，善于学习。

生：每个得数的数字都没有变化。

师：这只是比较简单的规律，更复杂的就是推算了，不用计算器，请打开练习纸，同桌一起完成。

（学生合作完成后，教师播放课件并讲解。）

师：乘4，积的个位是——

生：8。

师：8的前面是57142。

师：乘5，积的个位是——

生：5。

师：确定了最后面的数字，你们能不能推出前面的几个数字呢？

生：5的前面是71428。

师：乘6呢？

生：个位是2，前面是85714。

如果这里少一些教师的提示，而是让学生通过小组实验进行思考，再派代表说说寻找规律的过程，共享从“个位数字”出发得出正确结果的化归过程，学生展示的推理过程会更完整，对蕴含的化归思想的体验会更深刻。有时候，教师的“放”，是更大意义上的“扶”。

师：你们猜猜，乘7的积，这6个数字还在吗？

生：这几个数字不在了，都变成了9。

师：你们猜猜接下来乘8，9，10，11，12，13，这6个数字会回来吗？

教师不仅仅局限于乘到7，而是把视线投向更大的乘数，让学生在猜一猜中，展示数学直觉，为后面实验验证体验做好铺垫。

生：会回来的。

生：不能回来了，因数变大了，积也变大了。

师：都能回来，不过每个算式的结果都有一个数字发生了变化。比如，142857×8=1142856，其中7分成1和6，分别位于首尾。每到了第7个，又是变成9。比如，142857×14=1999998，其中一个9分成了1和8，位于首尾。7个一组，据说，我们一个星期有7天就来源于它的启发。除了这些，142857这个数本身也很神奇。1+4+2+8+5+7=27，2+7=9；14+28+57=99；142+857=999。有科学家说，142857跟9联系得这么密切，也许，它就是宇宙的密码。

在复杂变化的思维情境中，一次次回归到简单问题本身，使学生体验到丰富而美妙的数学思想。

评析与思考

在这个片段中，刘老师通过有趣的算式，激发了学生对数学经典算式的兴趣，从而引入这个片段的主题，关于“142857”的研究。在研究过程中，刘老师放手让学生念动实验，小组合作探究，培养了学生的推理能力。同时，通过前面的学习，包括最后对“142857”的拓展讲述，都使学生体验到美妙的数学化归思想。一切复杂的，最终走向的居然是简约。这就是数学的魅力、数学的吸引力。

反思与备学

这一教学片段，让学生开心快乐地欣赏到神奇的数字、有趣的算式，学生通过自己亲自参与实验感受到数学之神奇。

像这样欣赏经典数学问题，学生可以备学吗？完全可以。

1. 实验用 142857 分别乘 1，2，3，4……观察得到的积有什么特点。

2. 试着写下你得到的规律。

3. 提出三个问题在小组内讨论。

案例 2　刘德武教学“体积的问题”

实录与旁白

师：如果这样剪的话，得到纸盒的展开图大约是什么样呢？我们来看看。（课件动态展示，从长 18 厘米，宽 13 厘米的纸的 4 个角各减去边长分别为 1 厘米、2 厘米、3 厘米、4 厘米、5 厘米、6 厘米的小正方形，然后定格、排列，并按顺序编号如下图）

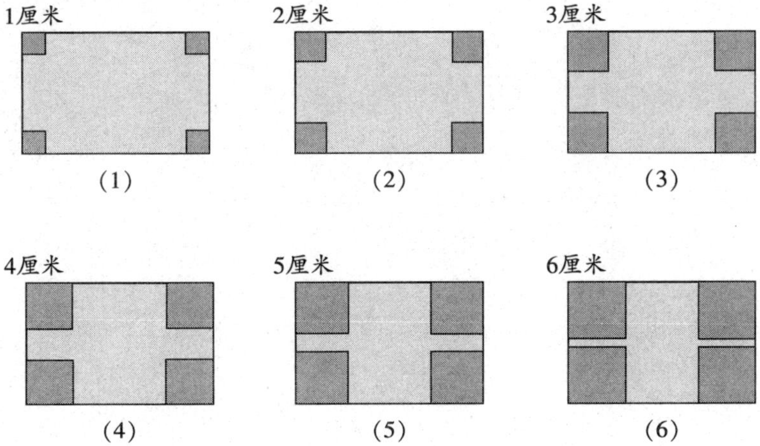

(1)　(2)　(3)　(4)　(5)　(6)

师：谁愿意大胆猜猜看，几号图形围成的长方体体积最大？

为了研究不同裁剪方式下的长方体体积，刘老师利用多媒体，结合学生念动实验操作，动态地将各种可能有序展出，在直观感性的视觉冲击与抽象理性的思维波动中，学生一方面猜测这些具象与它们体积之间的关系，另一方面感受有序的思考方法在解决问题过程中的优势，为本节课渗透极限思想埋下伏笔。

生：3号。

生：1号。

生：4号。

师：猜测是很有用的事情，很有意义。但大家想一想，如果我们的学习、研究工作，仅停留在猜测层面上，行吗？

生：不行。

师：该怎么办呢？

生：算。

五年级的学生已经有了对事物现象的判断能力，他们已经认识到数学思考没有猜想是不行的，但是，仅仅留在猜想阶段也是不行的。

师：咱分组来算，好不好？

（学生分组计算，每组算一种情况；教师出示表格。）

正方形的边长（厘米）	1	2	3	4	5	6
长方体的体积（立方厘米）						

学生兴致勃勃地投入实验验证过程中。在算的过程中，学生不仅巩固了最基础的长方体体积知识，沟通平面图形与立体图形之间的关系，而且每算一步，都能在潜移默化中感受到距离真理又接近了一步，无形中用实验验证本身，让学生享受到数学的精妙，体会到数学的魅力。

师：从剪1厘米开始，依次汇报。

（学生汇报：176，252，252，200，120，36。）

师：6个数据摆在面前，回忆一下我们刚才的猜测，有同学猜3号，有同学猜4号，更多的同学好像猜的是1号，现在事实证明，几号的体积最大？

生：2 号和 3 号。

师：到底是 2 号，还是 3 号呢？2 号和 3 号好像一样大。现在我们好像能看出它们的大小，但不容易看到它们的变化关系和发展趋势。这样，根据这个表格，把这些数据放在一个图象里，大家再看，也许更清楚一些。（出示函数图象）看屏幕，这就是一个图象，横轴上分别写着 1，2，3，4，5，6，代表什么？大家说说。

得出结果后，刘老师并没有到此为止，而是更上一层楼，再次追问："到底是 2 号，还是 3 号呢？"鉴于学生的数学水平或许还不能立刻解决，刘老师适时帮扶，引导学生数形结合进行判断，这里借助函数图象既有助于问题的解决，又丰富学生的数学眼界。

师：横轴写着 1，2，3 等，代表什么？

生：剪的小正方形的边长。

师：纵轴写着 50，100，200 等，代表什么？

生：体积。

师：那么 1 号的 176 在哪儿呢？

生：150 到 200 之间。

(课件演示。)

师：252 呢？

生：比 250 高一点点。

师：3 号的 252 和 2 号的 252 是平的，接下来依次是 200，120，36。看出这些点的变化规律了吗？是什么样的？

生：先上再下。

师：用手比画比画它的趋势。动作大点，看得更清楚点。像什么呀？

生：像山。

把变化的数据通过函数图形进行动态的演示，然后让学生动手比画，感知变化的方向和趋势，渗透了函数的思想。同时，又根据小学生的认知特点，形象地把这种变化的趋势比作山峰，拉近了学生与数学的距离。

师：像一座雄伟的山峰，那哪里是山的最高点呢？是 2 号的 252，还是 3 号的 252 呢？同学们，面对这样的结果——为什么说是结果呢？因为我们已经算出来了，去掉边长是 2 厘米的小正方形时体积是 252，去掉边长是 3 厘米的小正方形时，体积也是 252，这是结果，是事实，我们都承认它是正确的。但是在这样一个结果面前，我们似乎又遇到了新的问题，这座山上的最高点，究竟是哪一个252呢？来，再比画比画这趋势，流畅一点，光滑一点，最高峰是2号还是3号呢？

生：3号。

当学生感觉问题已经解决，通过图象验证了的确是2号和3号的体积最大的时候，新的问题又出现了，“到底体积最大的是2号还是3号呢?”学生似乎进入了思维的盲区。刘老师不断追问，学生“被迫”思考，虽然不一定正确，但却为正确的思路指出了方向。

师：一定是3号吗？谁来说说自己的看法，究竟是2号还是3号呢？

生：我觉得应该是3号。因为两个数差距越小，乘积越大。去掉边长3厘米的正方形时，长方体的长、宽、高比去掉边长2厘米的正方形时更接近一点。

师：嗯，有点道理，但事实证明去掉边长2厘米和3厘米的正方形后体积都是252，这是铁一样的事实。对了，刘老师要提醒大家，刚才我们所研究的都是去掉的边长是整厘米数的情况，那如果不完全是整数的话，会怎么样？体积最大的就不一定是2号和3号了，对不对？那我们猜想一下，那个数应该是什么样的数？

（学生都认为是2.5厘米。）

刘老师引导学生再次猜测：把范围由整数扩大到小数，谁会是最大的？让学生再次迎接挑战，有效地培养了学生面对具体结果继续提问的能力，发展了学生的猜测、直觉思维及合情推理能力。学生根据猜测，继续验证。

师：我们好像在这样一个区间内，又找到2和3的最中间的数——2.5，这又是一个猜测。猜测固然非常有价值，但并不一定正确，如果要验证结果正确与否，我们该怎么办？

生：算。

这次，学生积累了活动经验，他们驾轻就熟地选择了“算”的验证方法，培养了用事实说话的思维。

师：2和3中间有很多的一位小数，其中最小是2.1，依次是2.2，2.3……一直到2.9，我们是只算剪掉的正方形边长是2.5厘米时长方体的体积呢，还是都要算？

生：都算。

师：怎么算呢？这么大的工作量，看来一个人很难完成，怎么办？

生：分组。

（学生分组分别算 2.1，2.2，2.3，2.4，2.5，2.6 的情况，余下的 2.7，2.8，2.9 的情况由教师计算。）

教学无小事，哪怕一个小小的实验验证过程，刘老师都不丢失学为主导的理念，一句“这么大的工作量，看来一个人很难完成，怎么办”让学生自己选择方法。

（学生汇报：第 1 组，255.024；第 2 组，257.312；第 3 组，258.888；第 4 组，259.776；第 6 组，259.584；第 7 组，258.552；第 8 组，256.928；第 9 组，254.736。）

（教师根据学生的回答将结果标在刚才的函数图象中。）

师：还剩哪一组？刚才估的是第 5 组最高。刚才没有让他汇报，先看图，有没有可能是第 5 组最高啊？

生：有可能。

师：大家想不想知道第 5 组汇报的数据是多少？第 5 组汇报，是多少？

生：260。

从暂时地隐藏结果、看图猜想，到展示结果、验证猜想，学生于每一处都感受着数学的美妙。原来看似相同的两个答案，经细化实验研究后，竟然还有那么多的差别。学生科学严谨的学习态度在实验结果与过程中得到培养。

师：果然，这个是最高的，如果我们用线把它们连起来（课件动态展示），像什么？

生：小山坡。

师：我们在整数 2 和 3 之间，又找到了一个体积更大的点，当被剪掉的小正方形边长是几厘米的时候长方体体积最大？

生：2.5 厘米。

师：体积多大？

生：260 立方厘米。

师：比刚才我们说的 252，要高出许多。

把得出的结果再次投放于函数图象中，学生结合前面的图象欣赏学习，感悟在这么一个简单的体积问题中竟包含着丰富的“风景”。数学函数思想，就这样植根于学生数学思想的体系中。

评析与思考

刘老师的课给人留下的深刻印象就是幽默风趣。而“体积的问题”与往常的课例有很大不同，它是一节令学生与教师深思的知识探究课。带着好奇，我认真观摩学习了两次录像，以体会这节挑战“极限”的探究课。

第一，穷追不舍，揭开研究序幕。刘老师在指明算四个角剪去的正方形边长为 4 厘米所折成的长方体的体积后，分别引出在长方形纸的四个角分别剪去小正方形的边长为 1 厘米、2 厘米、3 厘米、4 厘米、5 厘米、6 厘米折出的无盖长方体的体积，由小组分工合作计算。对于练习课，教师本可以就题论题，学生习得解题方法即可，但刘老师并没有就此罢手，而是在层层追问中，拉开了探究之旅的序幕。

第二，顺势而导，培养研究意识。学生算出体积后，刘老师根据回答把数据汇总在表格里，然后根据所得数据制成函数图象，用课件呈现给学生，先让学生徒手连线感受图象像一座山，接着追问，谁是山的最高峰。计算中出现了两个体积都是 252 立方厘米的长方体，学生各执一词。因此刘老师将学生引到小数上。在刘老师的启发下，本已“山重水复疑无路”，却出现了“柳暗花明又一村”的局面，为探究学习觅得一块新天地。在又一次的小组分工合作中，学生逐步得到了去掉边长为 2～3 厘米之间一位小数的正方形后所折成的长方体的体积函数区间图象，学生这时果真有了新发现——发现了比 252 还大的数 260。

第三，猜测验证，体验研究过程。整节课在“猜测—验证”的交替中，让学生明确了研究的方向，体验了研究的过程。比如，在学生汇报 4 个角剪去的小正方形边长为整厘米数的各种情况时，刘老师根据学生的回答，课件先依次动态呈现各种情况的图形，然后把六种情况汇总定格在同一个画面上，再让学生猜猜几号图形围成的长方体体积最大。通过学生的回答，可见他们对答案是拿不准的。这时刘老师灵机一动，引导学生通过计算验证答案。当结果出现了两个“252”时，课堂波澜又起，自然进入了下一轮的猜想“谁是最高的点”“有没有比 252 更大的数出现”，之后进入再验证。正如刘老师课尾总结时所说，这节探究课在“提出问题—解决问题”中螺旋式上升，在不断反复猜测验证中将学生的思维引向深入。我在想，学生若长期受到这样的思维引领，将会从小树立科学探究的思想，形成分析、发现、研究的个人素养，对其终身发展有着重大的意义。

反思与备学

整节课，研究高潮此起彼伏，结合函数图象探究体积问题，不仅渗透了函数思想，还在数形结合的矛盾冲突中，有机渗透了极限思想。那么，课前是否可让学生如此备学呢？

1. 将一张长方形纸的四个角剪去同样大的小正方形，折出一个无盖的长方体，求折成的长方体的体积。

2. 如果剪去的小正方形大小不一样，那么得到的长方形体积大小会有什么变化？试着做一做，算一算。

3. 你发现了什么规律？

学生带着经验与思考进入课堂，这样的课堂会怎样？

案例3　林文权教学“尝试与猜测”

实录与旁白

师：请用自己的话说一说题目的意思。

（课件出示：鸡兔同笼，共有8个头、22条腿，鸡、兔各有多少只？）

看似简答的说一说，其实是将学生的生活经验与数学活动相联系，让学生从自己的角度出发，初步解读数学问题，为引导学生发现问题中的隐含信息做准备。

生：鸡和兔关在一个笼子里，共有8个头、22条腿，求鸡、兔分别有多少只。

师：关于这道题，还有什么要说的吗？

引导学生把条件找全，为顺利解题提供保障。

生：鸡和兔共有8只。

师：你怎么知道的？

生：1只鸡或1只兔都只有1个头，共有8个头说明笼子里鸡和兔共有8只。

生：1只鸡有2条腿，1只兔有4条腿。

师：笼子里的鸡和兔各有多少只？请同学们先独立思考，然后把自己的想法用列表、画图等方法呈现出来。

（学生独立探究，教师巡视并请两个用不同方法列表的生1和生2上台板演。）

鸡/只	兔/只	腿/条
1	7	30
2	6	28
3	5	26
4	4	24
5	3	22

（生1）

鸡/只	兔/只	腿/条
4	4	24
5	3	22

（生2）

教师让学生独立思考，并把研究的过程用自己喜欢的方式表达出来，给予学生创造性学习的机会。

师：请生1说说自己的想法。

生1：我认为笼子里可能有1只鸡、7只兔，算出共30条腿，不符合题意。然后就增加1只鸡，减少1只兔，即按2只鸡、6只兔计算，共有28条腿，也不对。这样依次排下去，5只鸡、3只兔正好22条腿，符合题意，所以笼子里有5只鸡、3只兔。

师：你们觉得他的方法好吗？

生：好。

师：好在哪里？

生：按顺序，有条理。

生：我觉得虽然有条理，但太烦琐。

师：他说得有道理吗？

生：也有道理。

师：这种按顺序依次列表的方法叫作逐一列表法。

教师充分挖掘第一位学生提供的资源，让学生在相互评价中了解逐一列表法，并在思维碰撞中认识这一方法的优势和弱点，培养学生全面思考问题、辩证看待问题的能力。

师：关于这个表格，老师还有两个小问题要与同学们探讨。第一个问题，为什么第一行鸡1只时，兔子不写5只？这样不就刚好22条腿吗？

生：因为鸡、兔共有8只，1只鸡、5只兔子，一共才6只。

师：也就是说鸡和兔相加一定要是 8 只。第二个问题，这 30 条腿是怎么算出来的？

生：1 只鸡 2 条腿，7 只兔子 28 条腿，共 30 条腿。列式 $1\times2+7\times4=30$。

师：谁再来说说这 22 条腿又是怎么算出来的？

生：5 只鸡 10 条腿，加上 3 只兔子 12 条腿，共 22 条腿。

教师用两个关键问题，启发学生对同伴的思考进行再次分析，让学生进一步理解鸡兔同笼问题中信息之间的关系，并引导学生在假设时，要想想这样假设是否符合条件。

师：请生 2 说说他的想法。

生 2：我先假设笼子里有 4 只鸡、4 只兔，算出共有 24 条腿，比实际多了 2 条腿，所以改为 5 只鸡、3 只兔，这样就刚好有 22 条腿。

师：你们认为这个方法如何？

生：好，更加简便。

师：为什么调整时增加鸡的个数，减少兔的个数？

生 2：因为腿多了，每只兔子比鸡多 2 条腿，所以要减少兔的个数，增加鸡的个数。

师：如果腿少了，又该怎么调整？

生：增加兔的个数，减少鸡的个数。

师：我们把这种列表的方法叫作取中列表法。

教师对于生 2 的回答，不加任何评说，而是让其他学生在相互评价中，体会生 2 方法的简便，自然而然地将逐一列表法进行优化。如果教师或学生在生 2 回答第一句话时再追问一句："为什么你把笼子里的鸡和兔都假设成 4 只呢？"让生 2 谈谈想法，学生会更清楚地明白取中列表法的内在含义。

师：还有一个同学用了画图的方法，请他上来一边画图一边讲解。

生：我先假设 8 只都是鸡，共画了 16 条腿，与题目中 22 条腿比较还少 6 条腿，再逐只给鸡添上 2 条腿，添了 3 只后刚好添了 6 条腿。这样一共就有 22 条腿了，所以笼子里是 3 只兔子、5 只鸡。（学生用圈代表头，线段代表脚，边说边板演）

师：你们觉得这种方法好在哪儿？不足在哪儿？

生：很形象，容易理解，但动物只数多了，画起来会很麻烦。

画图是解决问题过程中常用的一种策略。在这里，教师展示第三位同学利用画图策略的解决过程，然后组织学生进行评价赏析。学生的数学感觉都很好，能够体会到这种方法直观形象，但是缺少抽象简洁性，要是只数多了，就会很麻烦。

师：谁还有其他方法？

生：我用算术方法解的，先假设都是鸡，共有16条腿。与原题比较还少了6条腿，因为每只兔比鸡多2条腿，所以兔有6÷2=3（只），鸡有8－3=5（只）。

师：你们觉得这种方法好吗？

生：好，但不够形象。

课堂上的例题是教师把原例题数值改小后的例题，以降低列表难度，减少尝试次数。第四位同学的抽象思维能力很强，可以在脑中进行画图、假设，不借助实际的图表就可以用算术方法求出结果，教师依然不加评判，还是让学生进行评价。每个人的思维方式不同，有些学生的思维能力比较强，像这种并不复杂的鸡兔同笼问题，他们可以直接在脑中进行画图、列表分析，比之将图表画在纸上的，他们这种思维属于高级思维。教师在这里应该再次肯定这位同学脑中思考过程的清晰明了，让学生明白数学是人人学习适合自己的数学。

评析与思考

这个片段围绕一道鸡兔同笼问题展开，林老师从问题出示的开始便引导学生用自己的话解读题目，感受问题中的关键信息，为解决问题提供了保障。接下来的学习之旅，充分体现了学生自主学习—展示自我—同伴互评—各有所获的过程。当学生中出现不同的解决方法时，教师并没有加以评判，而是站在一个旁观者的角度，及时捕捉课堂中的学生信息；当学生有富有个性的想法时，教师适时展示不同学生的不同解决方法，实现了分享式学习。教师还让学生对照自己的实验经验，客观评价同伴的方法的长处和短处，使生在互评互学的过程中，感悟了数学解决问题的多样性。

反思与备学

我国著名数学家华罗庚曾说过：“数形结合百般好，隔离分家万事休。”做数学时，可以“以形助数”或“以数解形”，即通过抽象思维与形象思维的结合，化难为简，变抽象为具体，从而优化解题途径。在此教学片段中，学生也提到了当数很多时画图就不方便了，所以有学生想到了一种纯思维的方法——假设。其实，数形结合，并非是说鸡画鸡，说兔画兔，实物图难画，我们可以借助几何图的抽象概括功能。我们可以引导学生这样备学。

1.5 元钱和 10 元钱共 8 张，一共有多少元？你有多少种不同的取法？记录下来。

2.5 元钱和 10 元钱共 6 张，一共是 40 元，5 元和 10 元各几张？写下你的想法。

3. 类似这样的例子你想到了哪些？

结语

数学新课标很重视在教学中渗透数学思想。其实，数学思想、数学方法和数学思想方法是一组概念。在现实的小学数学教学实践中，为了避免过多地纠缠于概念的表达形式而忽视其内在的精神实质，江苏教研室的王林老师解读时这样强调，通过结合具体内容渗透数学思想方法，使学生更好地理解和掌握相关内容，更好地感受数学的精神和精髓，学会用数学的眼光看世界，学会数学地思考，发展数学素养。一般来说，小学阶段的数学思想方法主要是渗透。本节的三个案例都是以数学知识为载体，数学思想方法通过数学知识得以“显化”。在数学课的合适时机呈现相关的内容，学生会在欣赏的同时，找到了解外界的一扇扇窗，把这些思想方法扎根于头脑之中，逐步成长为一种意识、观念、素质，学生将会终身受益。

第六章 故事备学

文学有意境，数学同样有意境。数学源于生活有物境，数学问题有情境，数学思想、数学观念有意境。

小学生都喜欢听故事，根据这一特点，教学时把数学知识镶嵌在有趣的故事里，可以营造一种“情境”；或者引导学生自编故事情境，在编故事中深化学生对知识的理解；还可以教师创编故事情境，把难点分解在一个个故事情节中。这些故事，可以把数学的教学目标包含进去，产生数学的“意境”。将故事与数学相结合，有效实现了语数“联姻”，让学生爱上冰冷的数学。数学故事，成了跃动在学生学习中的快乐音符。

第一节　投入情感，有趣有情学习数学

一位著名的教育家说过，在课堂教学范围里对教师最有意义的是学生学习动机的激发。故事学习这一学习方式就是根据小学生喜欢听故事，容易沉醉于故事中的年龄特征和心理特点，在学习中插入数学小故事，让学生在故事情境中，调动学习动机，不自觉地投入对数学问题的思考中。故事学习，除了对学生学习兴趣方面给予了强有力的保障，还能以生动活泼的情节，把数学信息直观化，使学生更容易理清信息之间的联系，有利于学生从逻辑思维的角度去分析故事中的数学问题。

案例 1　王俊教学“平面图形的周长和面积的关系”

实录与旁白

师：刚才我们研究了同一种图形的周长和面积的变化关系。那么，如果我们把六种图形集中在一起，又有哪些发现呢？要研究这个问题，咱们先来听一则故事。

从前，有一个老人，他有六个儿子。一天，他把六个儿子叫到跟前说：“孩子们，我已经老了。我没有多少家产留给你们，只有这个园子，就分给你们吧。”说着，老人拿出六根同样长的绳子，“你们每人拿一根绳子到园子里去圈地，谁圈到多大的地，这块地就属于谁。你们圈剩下的就还留给我种吧。”

师：想不想看看这六个儿子到底围成了什么样的图形？（课件分别出示：长方形、正方形、三角形、平行四边形、梯形、圆，周长均为 120 米）

将老人分地的故事与学生所学的六种平面图形联系起来，其中会有什么蹊跷呢？学生快速地从大脑中搜索与平面图形相关的信息，激活相应的思维模块。

师：你们从中有哪些发现呢？

生：六个儿子，每人拿到的绳子都是同样长的，都是 120 米。

师：老人还是很公平的，“老爹给根绳，圈地在个人”。

王老师风趣地说了句“老爹给根绳，圈地在个人”，赢得会场与会教师的掌声。

生：我发现在这些图形中圆的面积最大。

师：如果你是老人的儿子，你会圈成什么样的图形呢？为什么？

生：圆。因为圆的面积最大。

学生用数学知识捍卫着自己的权利，以获得最大的利益，这本无错。

师：在一定的条件下，我们每个人都会为自己追求最大的利益，这本身没有错。但是如果我们回过头来重新读一读这个故事，也许你的选择会有所改变。（回放老人的话：你们圈剩下的就还留给我种吧）

师：我们想象一下，如果六个儿子都圈成了圆形的话，会怎样？

生：就都剩边脚料了，老人的地不好种了。

生：我会选正方形。

师：你真是一个既善待自己又体谅他人的孩子。学数学就是要从不同的角度去思考问题。如果知道圆的面积最大，说明你拥有了聪明；如果选择了正方形，说明你拥有了善良。

“利己”的同时，也不要“损人”。王老师巧妙地引导，使学生很快又回到现实，根据具体情况调整了自己的方案。看上去不起眼的小细节，却渗透着对学生爱的教育：爱自己的同时，也要爱别人！

评析与思考

王老师的这则小故事，不仅讲出了数学的道理，更讲出了做人的道理：去关爱别人！为这节课掀起了高潮。在教学中，他风趣地说了一句“老爹给根绳，圈地在个人”，给学生和与会教师带来了笑声，而一根绳子又给同学们带来了开放性的思考：在周长一样的情况下，圈什么图形面积最大？根据学生的学习经验和生活经验，大家都知道在周长相等的情况下，圆的面积是最大的。可是教师又让学生重温故事，巧妙地说：“在一定的条件下，我们每个人都会为自己追求最大的利益，这本身没有错。但是如果我们回过头来重新读一读这个故事，也许你的选择会有所改变。”引导学生换位思考“如果六个儿子都圈成了圆形的话，会怎样”，学生由此看到了老人剩下的地“不好种了”，进而选择了面积稍小的正方形，这样不仅自己能得到尽可能大的土地，更为老人留下便于耕种的土地，而不再是圈出圆形后所剩下的零星的“边脚料”，把关爱他人的情感教育天衣无缝地渗透在教学中，使课堂焕发出奕奕光彩。教师的良苦用心让小小的课堂里充满了人性的关怀，数学课不再仅仅是学习“解题的课”，也不再是枯燥无味的抽象课，原来数学课还可以这么“讲道理”。我们可以用数学的头脑分析问题，既关爱自己，又关爱别人。这样的教学内容，可能正是现行独生子女或缺的一个方面，王老师为学生的全面发展补上这一课，我真为王老师的这一举措叫好！

反思与备学

王老师课中引用的这个故事，赋予冰冷的数学知识以温馨的情感色彩。数学知识可以让你捍卫自己的利益，但人与人之间还有比利益更重要的东西，那就是关爱。学生对案例中提到的六种图形的周长和面积都很熟悉，可以引导学生进行如下备学。

1. 从前，有一个老人，他有六个儿子。一天，他把他们叫到跟前说：“孩子们，我已经老了，没有多少家产留给你们，只有这个园子，就分给你们吧。”说着，老人拿出六根绳子，每人拿到的绳子都是同样长的，都是120米。“你们每人拿一根绳子到园子里去圈地，谁圈到多大的地，这块地就属于谁。你们圈剩下来的地就还留给我种吧。”回顾一下已学过的所有图形，试试画一画、分一分。

2. 说说你的最佳分配方案。

3. 提出三个问题在课堂上讨论。

通过备学，可以让学生有独立的思考与感悟，而且，学生通过备学可能会提出很多问题：原来的地有多大？是什么形状的？兄弟六个够分吗？圈好了地可以同面积置换吗？等等。这样就可以把这个小故事演绎得更引人入胜。

案例2 陈淑娟教学“体积和体积单位”

实录与旁白

师：同学们，听过乌鸦喝水的故事吗？乌鸦刚开始喝不着水，后来想到一个什么好办法喝到水的呢？我们一起来看看。

（课件呈现乌鸦喝水的故事。）

学生在熟悉的故事中，可能会从另一个角度发现没有想到的“情节”。

生：乌鸦往瓶子里加了石子后，水位就升高了，乌鸦就喝到水了。

师：这里有两个一样大的杯子，里面装着同样多的水。把一个石子放进杯子里，杯子里的水有什么变化？

生：杯子里的水位升高了。

师：为什么水位会升高？

生：因为石头占了杯子下面的空间，把水挤上来了，所以水就往上“跑”了。

师：这里还有一个石子，我们再放进另一个杯子里看看。水怎么溢出来了呢？

生：这个石子大，水就溢出来了。

原来的故事只到乌鸦喝到水就结束了，而教师讲的故事的发展出乎学生的意料，但没有超出学生的理解范围。

师：你是说这个石子占的空间大，那个石子占的空间小，是吗？我们把物体所占空间的大小叫作物体的体积。（板书：物体的体积）比一比，我和这个同学（指一名同学），谁的体积大？

生：你的体积大。

师：比一比这根粉笔和文具盒，谁的体积大？

生：文具盒的体积比粉笔的体积大。

把不同的石块放进同样大小且装有同样多水的杯子中，使学生通过对比，获得了体积大小的初步认识。从故事到身边的实物，学生开始用建立起来的体积概念观察生活、表达生活中的数学现象。

评析与思考

体积是一个比较抽象的概念，学生难以从教师的讲述中真正理解。在这一教学片段中，陈老师选取了一个与体积密切相关的乌鸦喝水的故事，并配以实物演示，让学生直观感受到石子有大有小，石子的大小代表着它们所占空间的大小。大石子占的空间大，小石子占的空间小。当学生有了这些感性认识后，陈老师引出了体积的概念，让学生在原有的知识基础上，结合教师的点拨引导，主动建构体积概念。

反思与备学

陈老师通过故事引导学生从看得见、摸得着的石子引起了杯中水面的不同变化，抽象出体积的概念。如果让学生进行备学，学生会获得更多的感性认识，更有利于对体积概念的理解。

1. 举例说明，你认为什么叫体积，体积与表面积有何区别，写出你的发现。

2. 编一则关于体积的童话故事与大家分享。

3. 提出三个关于体积的问题在班级中进行讨论。

结语

将故事运用到课堂中，能大大激发学生学习的积极性，提高课堂效率。所以，教师可根据教学需要，在课前引入故事，适时营造问题情境，或在课中新知学习时通过故事情境分解难点，或在课尾穿插故事拓展学生的知识面。这样学生就会带着愉快的心情学习数学，从而喜欢上数学。

第二节　展开想象，故事里的数学知识

数学故事常将数学中的抽象之“理”，与学习过程中的“趣”有机结合，故事的生动情节，让学生在数学学习中乐此不疲、流连忘返。数学故事对小学生来说有着独特的魅力，学生喜欢故事，也喜欢数学故事，而数学童话是数学故事中的一种，为学生编写数学童话，关注教材中童话情境的创设与开发，鼓励学生自己创编数学童话，是数学教师课程开发的重要工作之一。

案例 1　单广红教学“24 时计时法”

实录与旁白

师：在这个星期天，喜羊羊与美羊羊闹了场误会。你们想不想知道是怎么回事？

俗话说：“良好的开始是成功的一半！”用童话引入是学生喜闻乐见的一种方式。特别是在小学阶段，学生以形象思维为主，童话的作用是不可小看。学生很想知道他们喜欢的两只小羊到底闹了什么样的误会，故事激起了学生的学习动机。

（课件呈现以下内容。）

喜羊羊想约美羊羊星期天去看望村长慢羊羊，于是留给美羊羊一张纸条：

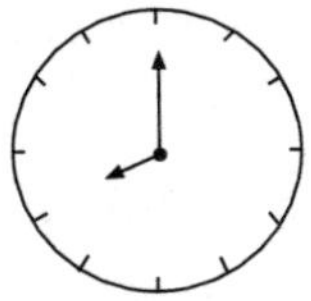

美羊羊：周日去看望村长，时间如图。

星期天一大早，美羊羊 8 时准时到了村长家，左等右等，也不见喜羊羊。到了中午 12 时，村长做了许多好吃的饭菜招待美羊羊。吃饭时，美羊羊不开心地和村长说：“喜羊羊说话真不算数。”晚上，喜羊羊 8 时也准时来到了村长家，可是，没有见着美羊羊，喜羊羊有些不高兴了，说：“美羊羊这家伙，说话不算数！”

有趣的小故事，激活了学生脑中关于时间的思维模块。随着故事情节的发展，学生把小手举得高高的，争着表达自己的想法，早上 8 时和晚上 8 时的两个画面浮现于学生的眼前。这些经验为新知的学习找到了固着点。

师：他俩都是 8 时去的村长家，为什么都说对方说话不算数呢？

生：喜羊羊应该说清楚是早上 8 时还是晚上 8 时。

（教师板书：早上 8 时、晚上 8 时、中午 12 时。）

生：一天有两个 8 时。

师：为了区分这两个不同的时间，我们都要加上“早上”和“晚上”，像这样的计时方法，在我们的日常生活中是经常用到的，我们把这种计时方法叫——

生：12 时计时法。因为钟面上一圈只有 12 个小时。

生：普通计时法。

（教师板书：普通计时法。）

凭着生活经验，学生联想到钟面上的 12 个数字，所以自然地想到了这样的计时方法叫“12 时计时法”，只有少部分学生说出是“普通计时法”。不过没关系，教师应该尊重学生，只要告诉他们“普通计时法”就是“12 时计时法”就可以了，从而为学生排除无关因素的干扰。

师：这样的计时法，如果一不小心忘了带上“早上”“晚上”等表示时间段的词，就会造成误会。有没有一种计时方法，不用带上“早上”“晚上”这样的时间词，也能把时间表示清楚呢？

由于生活的需要，必须使用一种新的计时方法，新知的学习有了明确的方向。这是一种任务驱动，能使学生产生探究的冲动。

生：24 时计时法。

（教师板书：24 时计时法。）

师：真棒。广播、车站、邮电等部门采用的都是 24 时计时法。（课件出示节目预报）这儿的节目预报，就是用 24 时计时法表示的。你会读吗？先选一个你喜欢的时间读一读。

节目预报	
8:10	金色童年
8:40	儿童英语
……	
14:00	六一剧场
16:00	美术星空
16:40	七巧板
……	
18:30	大风车
19:00	新闻联播

（学生读图，教师指导。）

师：关于这两种计时法，你已经知道了些什么？你还想知道些什么呢？

以两种计时法为主线，将许多知识点如颗颗珍珠镶嵌在知识链上。

评析与思考

在大力提倡幸福教育的今天，教师都在争做幸福的教师，学生都在争做幸福的学生。童年，是多么美好的字眼，学生的童年应该是快乐的、幸福的。要想让学生在数学学习中也很快乐，那么，数学教学中不能没有童话。儿童的思维方式带有“童话”的特点——富于幻想、喜爱新奇，因此，许多学科的教师都喜欢用童话激发学生的学习兴趣。教师可以根据教学实际灵活地编写数学童话，将其应用在枯燥的数学学习中，使数学问题变得灵动、有趣起来。数学童话为数学插上了美丽的翅膀，能最大限度地引发学生的学习兴趣。这节课通过数学童话，激发了学生对所学内容的浓厚兴趣，激活了学生的生活经验，为新知的学习找到了源头。教师的一句“这样的计时法，如果一不小心忘了带上‘早上’‘晚上’等表示时间段的词，就会造成误会。有没有一种计时方法，不用带上‘早上’‘晚上’这样的时间词，也能把时间表示清楚呢”，将课堂自然过渡到新知的学习之旅——24 时计时法。

反思与备学

从“普通计时法”到“24 时计时法”，低年级的学生已经有了一些了解，但都处于表面，所以本节课的关键是让学生回忆一些见过的时间，难点是“普通计时法”与“24 时计时法”的互换。学习前，可以这样引导学生进行备学。

1. 从电视、报纸等地方收集关于时间的数据，并记录下来。
2. 仔细观察钟面，与收集的时间进行对比，你发现了什么？
3. 关于时间，写出你的发现，提出三个有价值的问题在班级进行交流。

案例 2　许贻亮教学“可能性的大小”

实录与旁白

师：关于可能性大小的知识，在很久很久以前，古人就会利用了。有一个国王，定下了一条规矩，如果大臣冒犯了他的话，他就给大臣两张签，一张签上写着“生”，一张签上写着“死”。如果抽到“生”，大臣就可以退休回家去；但如果不幸抽到“死”，就会马上被拉出去砍头。这样的情况，抽到“死”签的可能性是多少？

生：可能性为50%。

生：可能性是$\frac{1}{2}$。

一则古时关乎“生死”的故事，吸引着学生。学生结合自己的生活经验，很快想到“生”“死”两张签，大臣抽到的可能性各是$\frac{1}{2}$，看上去好像是公平的。

师：有一次，一位大臣冒犯了国王，国王很生气，想要杀死这个大臣。国王有什么办法吗？

生：有，可以把那张“生”签也换成“死”签。

师：不错。国王也是这样想的。这时抽中“死”签的可能性是——

生：一定。

改一个字，却让“生”“死”的可能性发生了根本性的变化，“生”成了不可能，“死”成了一定。国王想运用数学知识来实现自己的想法。

师：抽哪张都是“死”，看来这个大臣是必死无疑了。有个好心人知道了这一情况，偷偷地告诉了这个大臣，让大臣想办法自救。大臣还有办法吗？

生：可以把两张签都换成“生”。

师：现在签在国王手中，换不了。

生：可以让别人抽，如果别人抽到“死”，就说自己抽到的是“生”。

师：这也是一个办法。不过，国王就让他一个人抽。怎么办？

面对“必死无疑”的状况，是否有办法改变命运呢？学生随着故事情节的发展，都在努力地想办法。

生：可以随便抽一张，然后把它吃下去，剩下的那张是“死”，就说自己抽中的是“生”。

师：你是自己想到的，还是以前看过这个故事？

生：以前在书上看到过。

师：你们瞧，多读书真好！读书长智慧！这个大臣真的是这样做的。

学生能说出故事中的答案，超出了教师的预设，但教师并没有感到意外，而是及时地给予肯定，抓住契机对学生进行思想教育，鼓励学生多读书长见识。

师：大臣快速地抽了一张，一口把它吞下去，对国王说，吓死他了，这么可怕的签他不敢看，让国王帮他看。国王只好把剩下的那张签打开，大家看到是个“死”字，都以为大臣抽到的是个“生”字。就这样，大臣死里逃生了。

（学生舒心地笑了。）

师：这个故事告诉我们，其实有的时候，“不可能”“可能”“一定”三者之间，只要改变一些条件，是可以互相转化的。

“死里逃生”的结局，是急中生智的结果；学生舒心的笑容，是天生向善的自然流露。数学知识可以改变命运，进一步说明学习数学知识的重要性。如果情况突然发生变化，国王手中的是“生”，那怎么办？如果追加一问，肯定会激发学生更多的思考。

评析与思考

爱因斯坦说过：“教育应当使所提供的东西，让学生作为一种宝贵的礼物来接受，而不是作为一个艰巨的任务要他去负担。”分析教材和学生时，我们不仅要分析学生为什么会觉得难？难在哪里？还要思考怎样教才会使学生乐于思考和接受？作为教师，我们身负重任，不仅要读懂自己、读懂教材，还要读懂学生。许老师选取的这则古老的趣味故事，情节一波三折，让学生感受到原来规则中“生”“死”的可能性。经国王动了手脚后，“生”变成了“不可能”，再后来，大臣的智慧一吞，使“生”变成了“一定”。学生听完故事后，深刻体会到数学知识与生活的联系，同时还积累了丰富的知识经验：不确定的随机事件，通过改变条件后，可以相互转化。

反思与备学

学生在生活中对随机事件有着丰富的经验，只是还没有上升到数学认识的高度，或不会用规范的数学语言进行表达。如果这时教师充分挖掘学生的潜在资源，便能使学生的潜力最大化。那个知情人的消息可靠吗？如果不可靠还有什么可能性？大臣还有什么办法？故事的目的不是得到结论，最重要的是让学生从中学会思维方法。这节课也可以这样引导学生进行备学。

1. 收集生活中“可能”“不可能”“一定”的事件，举三个例子。

2. 你会改变其中的条件，让“可能”“不可能”“一定”进行转化吗？举例说明。

3. 关于“可能”“不可能”“一定”，写出你的发现，并提出三个有价值的问题在班级中讨论。

结语

数学知识的抽象性会造成一部分学生很难理解某些问题。如果教师用“直接告诉”的方法，也不一定能使学生悟透，这时就可以将数学童话或数学故事作为载体，把知识融进有趣的故事里，学生是很乐于接受的。就如同样的菜，用不同的调料、不同的烹饪技术，就会做出不同口味的菜肴。

第三节　语数结合，自创剧本应用数学

一些被引用到数学课堂教学中的经典故事情节，属于“再创造”的教学资源。其实，课堂教学资源的开发有其广阔的天地，就以故事类学习方式为例，可从两个途径进行开发：一是语数结合；二是自创剧本。其中自创剧本包括两个层面：学生层面——根据学习的体会自创出数学作品；教师层面——根据学生的学习需要自创剧本贯穿教学过程。

案例 1　许卫兵教学“李白喝酒”

实录与旁白

师：“李白喝酒”是我国唐代天文学家张遂根据李白喜欢喝酒这件事情编出来的一道古典名题。

（课件出示下面内容。）

李白喝酒

李白街上走，提壶去打酒。

遇店加一倍，见花喝一斗。

三遇店和花，喝光壶中酒。

试问酒壶中，原有多少酒？

学生通过语文课的学习，对李白的了解很多。一首《李白喝酒》的诗歌，让学生读起来倍感亲切。诗中，散发着数学的味道，语数结合之巧，让学生处于享受的氛围之中：享受古诗之韵美，享受数学之奥妙！

师：我们来自由读一读。“遇店加一倍”是什么意思？

生：原来的乘2，就是加一倍。

（教师板书：——店$\xrightarrow{\times 2}$。）

师：遇见花呢？

生：遇到花就喝一斗酒，酒壶里的酒就要减一斗。

（教师板书：——花$\xrightarrow{-1}$。）

师：这个“斗”是我们古代盛酒的一种器具，在这里我们可以把它看成是酒的容量单位。“三遇店和花，喝光壶中酒”是什么意思？

将诗中的酒具“斗”看成酒的容量单位，也赋予了其数学的色彩。学生想象着诗的意境，思索着数学的道理。

生：店和花各遇到了三次。

师：各遇到了三次，总共是多少次？总共是六次吧，“喝光酒壶酒”意味着最后是“0”了吧。现在许老师用一个图示把李白喝酒的情况表示出来。［出示：（　　）→（　　）→（　　）→（　　）→（　　）→（　　）→“0”］

师：最后这个“0”引发了你什么想法？

生：我觉得他最后遇到的肯定是“花”。

师：为什么最后遇到的不是“店”？

生：因为遇到“花”的时候才喝酒，只有喝了最后一次才没有酒了。

一首诗，演绎了一道数学推理问题。喝光了壶中酒，意味着最后的结果为“0”。教师的引导与追问，使学生一步步进入深刻的数学思考之中。

师：最后要我们算什么？（课件出示“原有多少酒”）这个问题跟我们刚才解决小猫钓鱼问题的哪一种思路是相似的？

生：反向思考。

师：倒过去想，没错，不过这个问题要比刚才小猫钓鱼的问题复杂多了。我们先把李白走的这一段路整理一下，原来用“?”表示，遇到了店，就写一个“店”字，遇到了花，就写一个“花”字，然后再倒过去推算，试试能不能把原来的酒算出来？（完整出示：? →（　　）→（　　）→（　　）→（　　）→（　　）→花→0）

（学生自我尝试，教师巡视指导。）

师：哪位同学先来介绍下你排的李白走的路径是怎样的？

生：我是这样想的，李白先遇到一次店，又遇到一次花，然后又遇到一次店、一次花，再遇一次店、一次花。

学生介绍李白走的路径，其实是在为自己的思维找路径与方向。倒推的学习之旅就从这里开始了。学生用语言把思考的结果进行表达，把隐性的思维进行外化呈现。

师：好的，同学们请看。这位同学的意思是这样的，（出示：店→花→店→花→店→花）你推出原来的结果了吗？是多少？

生：推出来是 0.875。

师：你能告诉大家你是怎么推算的吗？

生：结果是 0，最后遇到的是花，要喝 1 斗就是减 1，倒过来就是要加 1。遇店是乘 2，反过来就要除以 2。也就是 $1 \div 2 = 0.5$，再倒过去又是花，要加 1，得 1.5，遇到店倒过去要除以 2，1.5 除以 2 是 0.75，后面是花，要加 1，得 1.75，后面是店要除以 2，得 0.875。

原来	$\xrightarrow{\times 2}$	$\xrightarrow{-1}$	$\xrightarrow{\times 2}$	$\xrightarrow{-1}$	$\xrightarrow{\times 2}$	$\xrightarrow{-1}$	现在
	店	花	店	花	店	花	0
(0.875)	$\xleftarrow[\div 2]{}$	$\xleftarrow[+1]{}$	$\xleftarrow[\div 2]{}$	$\xleftarrow[+1]{}$	$\xleftarrow[\div 2]{}$	$\xleftarrow[+1]{}$	0

师：这里实际上就是表示“一个数乘 2，减 1，再乘 2，减 1，最后再乘 2，减 1 得 0，求原来的数是多少”。大家还有其他的排列路径吗？

（学生汇报。）

运用多媒体，进一步表达出学生的思路，由结果推倒出最初的条件，一目了然地给其他学生提供了学习与借鉴的平台。

评析与思考

这是学生学习了用倒过来推想解决问题之后的一个拓展性内容，是一道也用倒过来推想来解决的古典名题。教材在这一部分安排这样的内容，其目的一是激发学生的学习兴趣，二是让学生了解我国古代的数学文化，培养学生积极的数学情感。全诗仅 40 个字，一般教师的处理方式是在学完了策略以后，仅花少许时间介绍一下这道题，或者带领学生分析一下这道题的意思，并引导学生用倒过来推想来解决这道题。

许老师并不是这样做的，而是深入挖掘这一内容的内涵，并进行了有机的整合和补充，设计出了一节精妙的数学活动课，其目标定位不仅是引导学生通过分析来解决这道古典名题，还把倒过来推想和排列中的规律、换个角度来想的思考方式进行整合，全方位、立体式建构学生的思维模型，提升学生的思维品质，同时也提升这道古典名题的文化价值、思维价值、人文价值。整节课内容丰满，思维含量丰富。

反思与备学

课堂的主人不是学生吗？如果课堂上的进度是由学生的学习需要决定的，教师的教学行为随着学生的学习活动而选择决定，那该多好！听课后，我原想，一个星期后到学生中调查一下，看听课后有没有学生还在思考这个数学问题，估计没有，因为教师在课上已经权威地教给了学生问题的答案！教师需要把课堂还给学生，让学生带着问题走出课堂，就像章回小说的“且听下回分解”一样留下悬念，课后学生还在“热议”备学，那才是真正的创造性的课堂教学！

倒推对学生来说并不陌生，只是通过语数结合的方式来学习倒推的思想并不多见。这节课不妨引导学生这样进行备学。

1. 举三个生活中倒推的例子。

2. 说一说数学中有倒推的现象吗？举例说明。

3. 关于倒推的策略，编一则你满意的小故事，与大家分享。

学生或许会举出游戏中小猫钓鱼的例子，也有可能提到购买物品后，回想购物所花的钱等。这些经验的激活，能为学生的新知学习奠定坚实的基础。

案例 2　单广红教学“长方体与正方体的展开图”

实录与旁白

师：为了让我们的课堂有更多时间来交流探讨问题，老师让你们在课前把自己做好的正方体剪开，做出了展开图。现在请大家拿出来，准备进行小组活动。

小组活动：

1. 请在小组内打开展开图，然后再慢慢折叠，边折叠边想象。

2. 将课前准备的各种正方体展开图拿出来与小组成员分享。

3. 统计小组里共有几种正方体的展开图（重复的不算），评选出优秀作品。

4. 总结什么样的情况下可以折成正方体。

课前备学，为课堂学习带来了丰富的资源。有的学生用教材后面给出的图形做成正方体后，再剪成展开图；有的学生自己动手用彩色硬纸板做成了正方体，并在相对的面贴上了同颜色的彩纸；有的学生把家里的药盒等进行改造，做成自己需要的学具。因为有了准备，每个人都有想表达的冲动，课堂气氛很热烈。

生：（相对的面分别涂上了红、黄、蓝三种颜色）我发现展开后的图形中，相对的面中间总是隔着一个正方形。

生：我发现不同的剪法，展开图的形状不一样。

生：我发现“十字形”和“丁字形”的一定能折成正方体。

生：这些展形图好像有规律。

师：到底有什么规律呢？

生：我说不好。

学生用自己的语言发表了自己的看法，虽然不太准确，认识也有些模糊，但这是学生原生态的发现，作为教师要呵护学生的认识成果，给予学生肯定，引导学生有更多的发现。

师：老师这里还有两个作品，跟大家的这些都不同，也放到这里吧。

（增添两个错例，不做提示。学生一眼认出。）

师：本想滥竽充数一下，没想到逃不过你们的火眼金睛。（拿掉错误作品，并有选择地把优秀作品展示在黑板上）

教师“使坏”，混进两个错例让学生进行辨别，但没有“得逞”，可见学生通过动手操作后，获得的经验是真实的、印象深刻的。事实说明，学生主动参与学习研究，是高效课堂的重要保证。

师：看着同学们这么多的优秀作品，老师很高兴，同时也产生了一个问题。这些正方体的展开图中，到底存在什么规律呢？

（学生思考后回答。）

判别展开图能否折成正方体的规律，看上去对学生的要求有些高，但经过备学的学生，因为有了第一手资料，是最有发言权的。

生：我发现中间连起来 4 个正方形时，正好可以四周围起来，左右各 1 个正方形时，就可以分别做两头了。

师：他的意思是说，4 个一连串、两边各 1 个时，能折成正方体。

生：2 个 2 个错开来，成三排，也能折成正方体。

师：好眼力！

生：3 个一排，6 个面正好分成两排，但中间只能有一个相连，这时也能折成正方体。

生：我的这个是分成三排，第一排 2 个正方形，第二排 3 个，第三排 1 个。（展示自己的作品）

生：我的和他的一样，就是第三排 1 个的位置与他放的不一样！（展示自己的作品）

瞧，学生说得多精彩呀！这些总结与发现，让学习从无序走向有序。学生对所学习的新知进行了结构化处理，更有利于建立对应的思维模块。

师：同学们真爱动脑筋，发现了正方体展开图的许多秘密。闭上眼睛想象实物展开或折叠的过程，根据今天的学习，你能编一个关于正长方体展开图方面的童话故事吗？

生：能！

附：学生作品

神秘的魔术

赛克接到木星人的挑战——想去木星探险，必须在两天之内准备一个魔术。

赛克左思右想，突然想到最近学习的正方体知识——正方体展开图的秘密。第二天，赛克连线木星人达森。

赛克神气地说："你随便挑一张卡片，我都能快速地告诉你这张是否能折成正方体。"达森不信，就随手挑了几张。

达森拿出：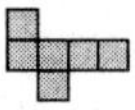。

赛克毫不犹豫地答道："能！不信你折折看。"

达森一试果真能。

达森怀疑是巧合，又拿出一张：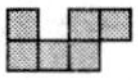。

赛克说："这个不能！"

达森又一折，神了，又猜对了。后来连试几个都没能难倒赛克。

达森百思不得其解，疑惑地问："这些图让我折当然能判断出能否折成正方体，可你怎么一眼就能看出呢？"

赛克说："这当然是动脑筋总结出来的啦。我把 6 个同样大的小正方形拼一拼，可以拼成 35 种图形，动手折一折，发现只有 11 种可以折成正方形。"

达森仔细观察了一会儿，惊喜地叫了起来："原来图排列是有规律的！"

赛克竖起了大拇指，对达森说："是有规律的哦，这 11 种图我们可以分成 4 类。

"第一类：141 型—6 种。

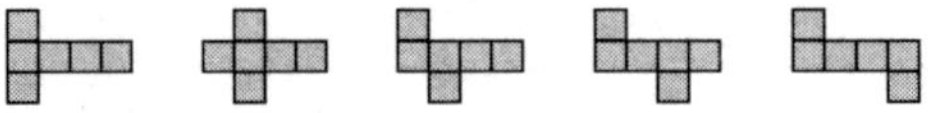

"第二类：231 型—3 种。

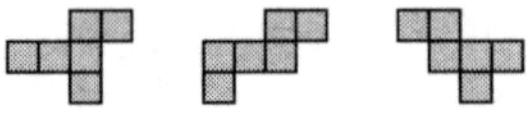

"第三类：222 型—1 种。

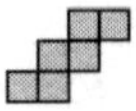

"第四类：33 型—1 种。

"你只要记住这些就能很快回答上来了。"

达森佩服地对赛克说："你可以随时进出木星，不过你得把这招教给我。"

赛克说："记住这几句顺口溜就行了。中间四个一连串，两边各一随便放。二三紧连错一个，三一相连一随便。两两相连各错一，三个两排一对齐。要找两个相对面，切记相隔一个面。"

评析与思考

这部分内容对学生的空间观念要求比较高，开始时学生会感到有些困难。单老师让学生课前自己动手做正方体的纸盒，然后再剪一剪，就有了现成的正方体展开图。学生动手剪，逐渐体会展开图由"体"过渡到"形"，之后再折叠，又由“形”过渡到“体”，逐步建立了空间观念。由于剪的方法不同，展开的形状也可能是不同的。在小组中分享这些展开图，实现了资源共享，同时体现了剪法的多样化。在学生剪、折盒子过程中，单老师引导学生闭上眼睛想象实物展开或折叠的过程，促进学生建立表象，帮助学生理解并发展空间观念。课堂中，单老师根据学生提供的资源，有意识地贴出了11种展开图。学生可以根据自己的操作实践进行理解性记忆。课末安排学生写数学童话，有着特殊的意义，这里安排写数学童话不是为了培养作家，而是为了让学生在写作的过程中，进一步去理解知识，把对知识的理解融合在有趣的童话故事里，从而获得成功的体验。

反思与备学

学生初步尝试备学，一些准备工作做得有些浮于表面，还有少数学生不能自觉地完成备学这样的弹性作业，所以，我们对这样的现象要做强制要求。当学生形成了备学的习惯后，思考会更有深度，将会终身受益。单老师这节课前是这样引导备学的。

1. 做一个长方体和三个正方体。

2. 把相对的面贴上相同颜色的纸片，也可画上相同的图形。沿着棱剪开长方体和正方体，观察展开图的特点。

3. 把以上过程编在一个童话故事里，在故事中提出三个有价值的问题让读者思考。

学生在备学过程中，剪剪折折、贴贴画画，长方体和正方体的模型渐渐印在脑海中，空间观念的培养有效地得到了落实，并为后续学习长方体与正方体的表面积打下基础。

案例3　吴汝萍教学“时、分的认识”

实录与旁白

师：龟兔赛跑的故事听过吗？谁赢了？

生：乌龟赢了。

师：长腿的兔子为什么输给了短腿的乌龟？

生：长腿兔子太骄傲了，在途中睡大觉。

学生一听吴老师提到熟悉的《龟兔赛跑》的故事，一下子来了精神，说得头头是道。新知的学习开始了。

师：对，长腿兔子睡大觉，把时间给耽误了。今天，短腿乌龟和长腿兔子又要进行一场比赛，它们就沿着这个圆形的大操场跑。

（播放新《龟兔赛跑》动画。）

吴老师创编了一个新《龟兔赛跑》的故事，学生还是第一次听说。吴老师抓住学生好奇、好问的天性，把时、分的教学内容融入一个趣味十足的童话故事里，自创剧本，为学生营造学习的氛围。学生心里带着疑问：到底会是什么结果呢？于是全神贯注地观看动画。

师：这次谁赢了？

生：兔子赢了。

师：吃一堑，长一智，这次兔子再也不敢浪费时间了。在同样的时间里，兔子跑完了一大圈，乌龟才跑了一个树距。兔子共跑了多少个树距呢？我们数数看。

生：1，2，3……12。

师：给长腿兔子和短腿乌龟施点魔法，看，（课件出示）摇身一变，长腿兔子变成了长针，短腿乌龟变成了短针。现在的画面像什么？

生：钟表。

在这一环节，吴老师智慧地用动画进行了处理：圆形的操场变成了一个钟面，长腿兔子变成了长针（分针），短腿乌龟变成了短针（时针）。低年级学生的具体形象思维占主导地位，在观看动画的过程中，教师利用多媒体形象地帮助学生从具体实物中抽象出图形，为学生搭好了学习的脚手架。

师：这节课，我们先来认识时针和分针。刚刚长腿兔子和短腿乌龟赛跑后，短腿乌龟变成了什么针？长腿兔子呢？

生：短腿乌龟变成了时针，长腿兔子变成了分针。

师：我们先来看由短腿乌龟变成的时针。时针从1走到2，走了几大格？

生：1大格。

师：谁知道时针走1大格是多长时间？

生：时针走1大格是1小时。

师：对，时针走1大格就是1小时。

师：想一想，时针从2走到几也是1小时？

生：从 2 走到 3 也是 1 小时。

师：注意看，时针从 3 走到了 6，走了几大格，是几小时？

生：走了 3 大格，是 3 小时。

师：时针在钟面上走一圈是多少小时？

生：12 小时。

师：谁知道一天一夜有多少小时？

生：24 小时。

师：那一天一夜，时针在钟面上正好走几圈？

生：两圈。

剧本还原了现实生活。短腿乌龟跑得慢，1 小时走了 1 大格，一天一夜走了两圈。学生借助乌龟跑的路程和速度，形象地认识了时针和时，从而使数学认知与生活现实相吻合。

师：我们再来单独看看长腿兔子变成的分针。看，分针在钟面上走了 1 小格。谁知道分针在钟面上走 1 小格的时间是多少分？

生：分针在钟面上走 1 小格是 1 分钟。

师：对，分针走 1 小格的时间是 1 分。

师：想一想，分针在钟面上走 1 大格是几分钟？为什么？

生：分针走 1 大格是 5 分钟，因为 1 大格里有 5 个小格。

师：那分针从 12 走到 2，走了多少小格，是多少分呢？

生：走了 10 小格，是 10 分钟。

师：那分针从 12 走到 4，是多少分钟？

生：20 分钟。

师：这么快呀！告诉大家，你是怎么算的？

生：想 5 的乘法口诀。

师：你真棒！请同学们一边观察一边思考，分针从 12 走到了几，走了多少分。自己轻声说一说。

（教师演示，学生回答。）

师：分针走一圈的时间是多少分钟？

生：60 分钟。

利用长腿兔子跑的路程和速度，认识了分针和分。短腿乌龟跑了 1 大格的时间，长腿兔跑了 1 大圈，学生在愉快的情境中，结合钟面，在脑中逐步建立时针走 1 大格的时间与分针走 1 大圈的时间是相同的，为时、分之间关系的建立找到了模型依托。

师：现在时针和分针都回到钟面上来了，它们在钟面上同时走会是什么样子呢？我们让时针和分针都从12开始走。

生：钟面上时针和分针同时走，时针走到1，分针又回到了12。

师：你们发现了什么？先将自己的发现告诉同桌。

（同桌交流。）

师：谁来告诉大家，你发现了什么？

生：分针快，时针慢。

师：对，分针快，时针慢。它们都是按什么方向跑的？

（学生做顺时针方向的手势。）

师：对，分针、时针都是按这个方向跑的。所以，人们把这个方向规定为——

生：顺时针方向。

生：分针就像长腿兔子，短针就像短腿乌龟。乌龟跑1个大格，兔子已经跑1圈了。

生：我发现时针走了1大格，分针跑了1大圈。

师：时针、分针是不是永远这样呢？我们让时针再走1大格，看分针是不是还走1大圈？

教师通过演示钟面，进一步验证学生的猜想。在钟面上，只要时针走1大格，分钟就是走1大圈。

评析与思考

一般来说，低年级的学生会感到时间这一概念比较抽象，学习时有一定的难度。吴老师根据学生熟悉的《龟兔赛跑》的故事，创编了剧本，以动画的形式将抽象的内容形象地呈现于学生面前，把静态的时针、分针赋予了鲜活的生命，一个变成了短腿乌龟，一个变成了长腿兔子。学生在这样的情境中学习，轻松快乐地获得了时间的概念。时与分的关系、顺时针方向等知识都生动形象地印刻在学生的脑海中。学生不仅享受着视觉“盛宴”，同时也品味到思维的“快餐”。

反思与备学

这节课从教师层面上来看，吴老师确实很为学生着想，也做了大量工作。如果从学为主导的课堂来审视，还可以进一步挖掘学生方面的素材，最大限度地发挥学生的潜能，可以这样引导学生进行备学。

1. 观察家中的钟面：从分针指着 12 开始，记着时针指着几，时针走了 1 大格时，分针是怎么走的。请记录下来。

2. 自制一个钟面。用手拨一拨，数一数时针走的格数与分针走的格数。

3. 你觉得时与分之间有什么关系呢？猜一猜、写一写。

如果学生把自己能做的事情主动做出来，就完成了力所能及的探究活动，有利于学生自我学习能力和自我监控能力的培养。那么，课后不妨让学生根据学习内容编一则故事，说不准学生就能编出教师所创编的这个情节来，对学生来说，这不是更大的发现与创造吗？

结语

创编故事是故事学习的最高境界，包括三层意思：首先，教师自己为学习的需要，创编出一个合适的故事作为新知学习的载体，满足学生学习的需要；其次，为了巩固学习内容，引导学生创编小故事，深化学生对知识的理解；最后，创编剧本，把知识难点分解在剧本的各个情节里，让学生在快乐的情境中无意地突破难点。当然，对故事的创编要求不能太高，这既不是考验教师的文学水平，也不是培养学生成为作家，其目的主要是以故事为依托，增进学生学习的兴趣，使之在快乐的心态下学习数学知识。

影视备学

第七章

随着科技的发展和生活节奏的加快，电影、电视、录像、网络中的图像或视频等让人目不暇接，这在以前科技落后时期是不可想象的。虽然，科技进步是一把双刃剑，并不意味着全是优点。但将其引入教育，我们需要充分发挥其优越性。

在课堂教学中，随着网络的运用及多媒体技术的引入，影视学习方式成为现实。名师教学时的影视光盘，使任何学校的学生都可以观摩名师的风采；如果教学光盘资源的利用不能表达出教师认为必要的意思，教师可以自己动手做动画，图像浅显易懂，加上配乐、解说，使理解的难度大大降低；学生平时接触大量的影视，其中不乏数学现象，将其引入课堂，课堂将更受学生欢迎。

第一节　观摩名课，走进名师数学课堂

数学，不仅是一个个冰冷、纯粹、理性的结论结果，更是包罗着万千动态的美妙过程。数学学习中，当受到小学生的认知规律和动手限制，无法实现数学教育动态过程的时候，现代信息技术可以辅助教师将数学动态过程直观地呈现在学生面前，形象具体地支持学生的思考过程，促进学生思维的发展。名师课堂教学中，更是注重这一点。一方面基于名师对信息技术在课堂上的影响的重视；另一方面因为名师课堂有一个团队的协助，包括专门信息技术教师的全程协助，能给予技术上充分的保障。

案例　郜晓定教学“圆柱和圆锥的认识”

实录与旁白

一、想象引入

（出示一根绳子，绳子一端系着一个小球。）

师：我们把这根绳子看作一条直线段，把这个小球看作一个点。（固定绳子一端旋转小球）小球走过的轨迹可以看成什么图形？

生：圆。

（出示一面长方形小旗。）

师：这是一个长方形，长方形如果绕一条边所在的直线旋转，想象一下，会形成什么形体？

生：圆柱。

课的开始，教师按照学生的认知发展规律，先从具体的实物操作中回顾“固定绳子一端旋转小球”形成一个圆，让学生边想象边感受图形变化的过程，然后引导学生进行念动操作“长方形如果绕一条边所在的直线旋转”会形成圆柱，最终使学生想象的丝线落到了“圆柱”这一对象上，使学生经历“点连成线，线连成面，面动成体”的抽象过程。

师：我们在低年级已经初步认识了圆柱，（多媒体出示生活中的一些实物，如热水器、火箭、方形药盒、圆筒蚊香盒等）找一找，这些物品中哪些是圆柱形的？想一想，生活中还有哪些物体是圆柱形的？

教师利用多媒体将鲜活的实物引入课堂，展现在学生眼前，为学生提供了有现场感的数学活动线索。实物包含多个方面，有宇宙中的火箭，有生活中的热水器，学生从形象的实物中寻找刚才脑中的圆柱体，将抽象出的物体与实物链接，从而初步认识圆柱。

师：我们把圆柱画下来，一般是这样的。

（演示圆柱透视图。）

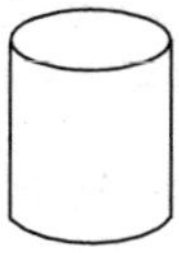

演示画圆柱的过程，由认识实物圆柱抽象到图形圆柱，学生经历了从"物"到"图"的数学抽象过程。

师：今天我们就进一步来研究圆柱。（板书：圆柱）

二、认识圆柱的特征

（一）直观感知圆柱的特征

师：请同学们拿起桌上的圆柱，看一看、摸一摸、滚一滚、比一比或量一量，你能发现圆柱有什么特征？

生：我发现圆柱上下都是直直的。

（教师带领学生从上到下摸一摸圆柱，感受圆柱上下是一样粗的。）

生：我发现圆柱的上面和下面都是圆形的。

师：这两个圆形的面叫作圆柱的底面。（板书：底面）我们一起摸一摸圆柱的上底面和下底面，可以感受到这是两个平平的面，而且都是圆形。

生：我发现圆柱容易滚。

师：将圆柱怎样放容易滚？

生：倒着放容易滚。

师：（指侧面介绍）这个面叫圆柱的侧面，（板书：侧面）将圆柱的侧面放在桌上容易滚动，看来，侧面是一个特殊的面，你觉得它是一个怎样的面呢？

（学生交流汇报。）

师：（出示一张长方形纸）请看，这是一张纸，我们把它看作一个面，这个面是平平的，（将纸弯曲）如果这样，这个面还是平平的吗？它变得怎样了？

生：弯曲了。

师：对！变得弯曲了，现在它是曲面。

数学新课标要求在课堂中教师要引导不同层次的学生从不同角度进行思考。在这一环节学生都说出了自己直观的感受："直直的""平平的""容易滚"等，教师随机地对资源加以开发、利用、挖掘、深化，联系圆柱的本质特征，引导学生初步认识圆柱各部分名称。特别是学生发现圆柱容易滚后，教师即时追问了一句："将圆柱怎样放容易滚？"然后用一张长方形的纸通过弯曲得到圆柱的侧面，让学生体会并深刻理解圆柱的侧面是曲面。这种细节的处理为圆柱表面积的学习奠定了经验基础。

生：我发现圆柱的上下两个圆完全相同。

师：圆柱的上下两个底面看起来确实差不多，但这仅仅是我们的感觉，只是猜测，还需要经过验证。请同学们动手验证一下圆柱的两个底面是不是完全相同。

（学生动手验证。）

师：说说你们是怎样验证的。

生：将圆柱的一个底面描下来和另一个底面比较是否能完全重合。

生：量两个底面的直径，比较直径是否相同。

生：用绳子绕上底面一周，再用绳子绕下底面一周，比较两个底面的周长是否相同。

生：将圆柱横放在平面上向前滚动，如果圆柱沿直线方向滚动，那么两个底面完全相同。

师：我们在研究圆柱的两个底面时，只要发现这两个底面的半径、直径、周长中的一个方面相等就说明它们之间的其他方面处处相等，就是完全相同。

从表面上看，圆柱上下两个圆完全相同，那么怎样验证两个底面到底是否完全相同呢？学生又一次从不同的视角展开了思考。

（二）通过旋转深入探究圆柱特征

1. 整体感知旋转。

师：刚才我们认识圆柱是通过认真观察配合动手操作进行的，现在我们还要展开想象。我们已经能想象出一个长方形通过旋转能形成圆柱。那么，

屏幕上的这个圆柱我们能不能把它想象成是一个长方形通过旋转而形成的呢？（课件出示圆柱）

师：闭上眼睛，我们一起想象，首先在头脑中想象一个长方形，然后绕长方形一条边所在的直线开始旋转——好！睁开眼睛，看屏幕。（课件动态演示一个长方形绕一条边所在的直线旋转形成圆柱）是这样想象的吗？

教师先让学生进行念动想象，然后利用多媒体动态展示，将动手操作不易呈现的过程通过多媒体生动地呈现出来，使学生的思维有了停靠点，脑中有了长方形旋转成圆柱的表象物质基础。

2. 通过旋转分析圆柱的特征。

师：我们具体研究刚才旋转的过程。长方形上下两条边旋转后形成圆柱的什么呢？

（课件动态演示上下两条边绕轴旋转形成两个底面。）

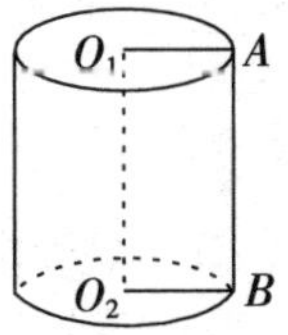

通过课件动态呈现过程，形象地实现了从面到体的过渡，依托长方形，将圆柱的各部分与长方形的特征进行了连接，圆柱的三个面各由长方形的除绕着旋转的那条边以外的另三条边旋转而成，圆柱各部分的特征在长方形特征的基础上，得以凸显。

师：上面的一条边旋转后形成了圆柱的哪个部分？下面的一条边旋转后形成了圆柱的哪个部分？

生：上面的一条边旋转后形成了圆柱的上底，下面的一条边旋转后形成了圆柱的下底。

师：刚才我们已经知道了两个底面是完全相同的。现在我们不动手，只用眼睛观察这个旋转图，你能再次证明上下两个底面是完全相同的吗？

生：长方形的两条宽的长度相等，也就是上下两个底的半径相等，所以两个底面是完全相同的。

在这里，多媒体动态呈现旋转过程，并非只是直白地表达给学生看，更是让学生在此基础上进行想象思考、推理证明，从而培养学生的推理能力和想象能力。同时，利用长方形的宽相等，也就是圆柱的底面半径相等，解读了圆柱两个底面完全相同的特征，深化了对圆柱底面的认识。

师：圆柱的侧面是哪一条边旋转形成的呢？

（动态演示 AB 边旋转形成侧面。）

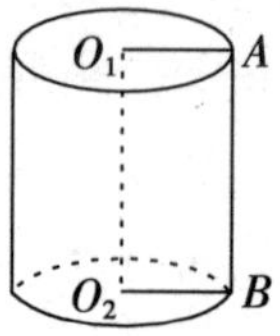

师：从旋转的过程中我们可以看出，圆柱的侧面是一个什么面？

生：是一个弯曲的面。

师：我们把整个长方形作为观察对象，按原来的方式旋转后就会得到一个圆柱体。

利用多媒体，动态演示长方形中长的旋转过程，让学生观察想象侧面的形成过程，深化学生对圆柱侧面是一个曲面的认识。

（三）认识圆柱的高

（课件出示三个长方形，说明它们的宽相同、长不同。）

师：如果绕各自竖着的一条边所在的直线旋转，想象一下，形成的三个圆柱有什么不同？

生：高度不同。

（动态演示三个长方形旋转形成圆柱。）

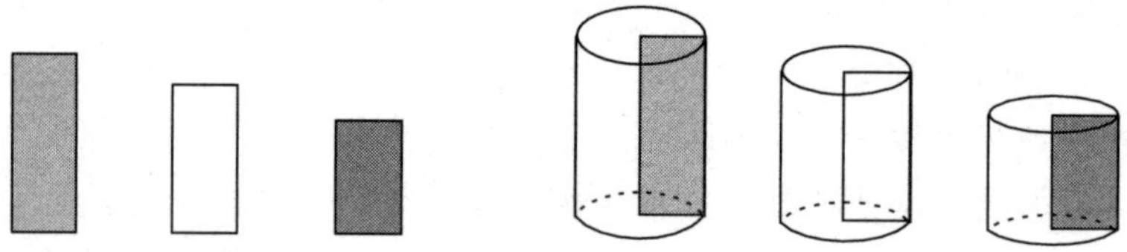

从多媒体展示的不同长方形的旋转运动中，带来不同的圆柱体，让学生思考圆柱体的不同，使学生在对比中，初步认识圆柱的高，对高加深了印象。

师：我们可以明显看出，它们的高度确实不同。（举起圆柱教具）那什么是圆柱的高呢？圆柱的高指的是从哪儿到哪儿的距离？

生：两底之间。

师：对！两个底面之间的距离就是圆柱的高。

（课件出示。）

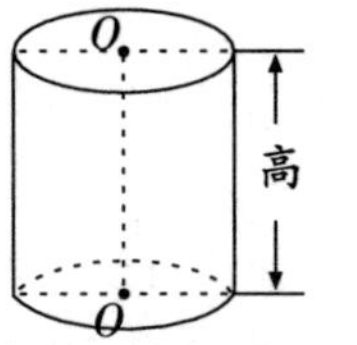

师：（出示教具）谁能指出这个圆柱的高？你能换个地方指指吗？

（学生指。）

师：每个同学桌上都有一张长方形的纸，这张纸长 30 厘米，宽 20 厘米，请同学们用这张纸做一个圆柱形的纸筒。

（学生操作。）

师：请每个同学举起你的纸筒，指一指它的高。

（学生指高。）

师：（从学生手中选择两种不同的圆柱形纸筒，一种是沿长卷的，一种是沿宽卷的）这两种圆柱形纸筒的高相同吗？分别是多少厘米？你是怎么知道的？

（学生回答。）

师：我们桌面上的圆柱学具的高是多少呢？请同学们用尺量一量。

（学生测量。）

师：是多少厘米？你是将圆柱横放着量的还是竖放着量的？

（学生汇报。）

将学生个体充满独特个性的学习活动过程，动态展示，全班分享，实现了全员参与、产生共鸣的数学学习活动。“量一量”活动，为后面学习圆柱表面积、体积的相关知识提供了表象经验。

师：将圆柱横着放量高需要注意什么？怎样才能量得准确？

（学生回答。）

师：圆柱竖放在桌上量高需要注意什么？

（学生回答。）

师：圆柱的高在生活里还有另外的名称。一个硬币我们可以把它看作一个扁扁的圆柱，不过，一个硬币的高一般不叫高，叫什么？

生：厚。

师：一段长长的钢材也是圆柱形的，钢材的高一般也不叫高，叫什么？

生：长。

师：圆柱形水井的高叫什么？

生：深。

（课件出示相应图片。）

课堂上，教师抓住关键点，及时拓展学生对“高”的认识，丰富“高”的内涵，并出示图片，让学生直观感受原来高也被称为“厚”“长”“深”，是有着现实意义的，将数学知识与生活现实做了一个很好的连接。

（四）运用特征判断

师：刚才我们研究了圆柱。（课件出示实物图片）这些是生活中的一些物体，大家把它们的形状画下来，看看这些立体图形，哪些是圆柱？哪些不是，为什么不是？

（学生活动。）

学生认识了圆柱后，再次回到实物中，并从中抽象出立体图形，进行判断。在这里，每个学生都要经历数学思考的过程，体验从感性物体到理性图形的思维过程。

三、认识圆锥

（一）由圆柱过渡到圆锥

师：我们已经知道，长方形绕一条边所在的直线旋转能形成圆柱，如果把长方形上面一条边缩短一些，旋转一周，还是圆柱吗？

（课件动态演示直角梯形旋转成圆台。）

既然长方形可以旋转，那么其他平面图形呢？教师善于拓展学生思路，将信息加以变化，生成新资源。教师借助多媒体，把长方形的一条宽变短，成为一个梯形，然后将梯形旋转，动态展示过程，得到了一个新的物体——圆台。

师：把长方形上面一条边继续缩短，变成了什么图形？

生：直角三角形。

师：直角三角形绕直角边所在的直线旋转一周，形成了什么立体图形？

（课件动态演示直角三角形旋转成圆锥。）

旋转的形状在逐渐变化，从长方形变化成直角梯形，最后变化成直角三角形。最终，将直角三角形旋转成的图形，呈现在学生面前，就是即将要学习的圆锥。学生经历从面到体的变化过程，在动态变化的体系中认识圆锥。多媒体课件的动态呈现，又一次让学生经历了知识抽象的过程。

师：生活中，我们每个人都见过圆锥形状的物品。例如，铅笔尖、蛋筒、圣诞帽、漏斗等，这些物体的形状都是圆锥形。我们把圆锥画下来，一般是这样的。

（出示圆锥图形。）

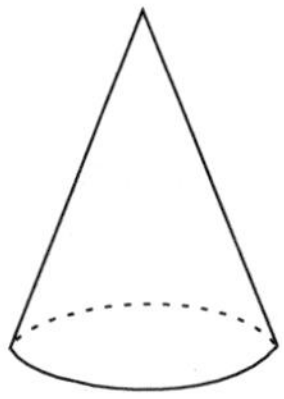

及时呈现圆锥的视图，将圆锥从感性“物”中抽象出“图”。

（二）自主探究圆锥的特征

师：有了研究圆柱的基础，相信大家一定能够自己认识圆锥，屏幕上有几点导学提示，你想用什么方法来研究？你发现了什么？

（学生自主交流。）

师：我们每个人都有圆锥学具，可以观察，也有直角三角形纸板，可以旋转、想象。请同学们试着研究圆锥的特征。

（学生自主探究。）

教师重视对学生活动经验的培养，当学生经历了与教师共同探索圆柱特征的过程后，在圆锥特征的探索过程中，教师选择放手，让学生凭着刚才的经验进行自主学习，充分调动学生的学习积极性。

师：研究圆锥面的同学请举手，谁先说说自己的发现？

生：我发现圆锥有两个面，一个面是圆形，一个面是曲面。

师：圆形的面应该叫作圆锥的什么面？（板书：底面）这个曲面应该叫作圆锥的什么面？（板书：侧面）我们一起摸一摸圆锥的底面和侧面，感受一下圆锥的侧面是一个曲面。研究圆锥顶点的同学举手，请说说你的发现。

生：我发现圆锥有一个顶点。

师：请指给大家看一看。

（学生指顶点。）

师：我们一起用手指摸一摸圆锥的顶点，有什么感觉？

（学生回答。）

师：谁研究的是圆锥的高？谁来说说你对圆锥的高的理解？

生：从顶点到底面圆心的距离是圆锥的高。

师：你能用两个手指夹住圆锥表示高吗？一个手指在顶点，另一个手指在哪里?

(学生操作。)

师:对于圆锥的高的理解,谁还有补充?当我们把直角三角形纸板绕一条直角边旋转后,形成一个圆锥,圆锥的高和直角三角形有关系吗?

生:所绕的那条直角边就是圆锥的高。

师:(演示直角三角形旋转形成圆锥)如果用一条线段来表示圆锥的高,它是在圆锥的里面还是外面?

(学生回答。)

师:我们应该怎样测量圆锥的高呢?请看屏幕(课件出示如下示意图),一般要这样测量,为了测量准确,直条和尺相交的角要是直角。

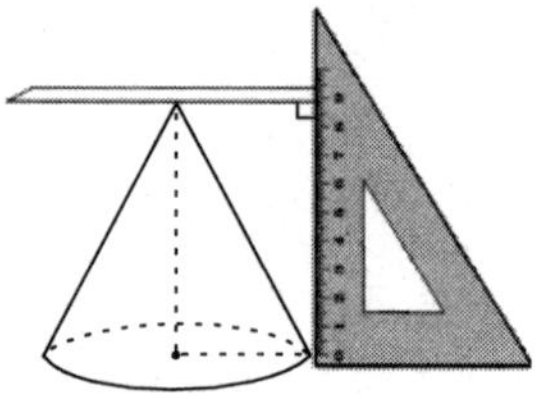

师:不过,老师有个疑问,圆锥的高在里面,为什么我们能在外面测量出圆锥的高呢?

(学生交流汇报。)

师:我们学习数学就要像这样,不但知其然,还要知其所以然。请同桌合作量一量手中圆锥的高。

对学生数学学习的过程,并不是一种简单的告诉。教师带着学生学习圆锥的高,让学生经历合作实践、思考探索、互动交流的过程,从而获得测量圆锥高的基本技能和基本活动经验,使学生在主动学习的过程中,不断提高分析问题和解决问题的能力。

四、对比小结

师:今天我们学习的是"圆柱和圆锥的认识",我们认识了圆柱和圆锥各自的特征,但圆柱和圆锥也有相同之处,它们都可以通过旋转得到,所以圆柱和圆锥都是旋转体。

及时小结,对比深化,梳理的同时,将知识牢固地归纳成体系。

五、拓展练习

(一)多角度观察,培养学生的空间观念

师:我们知道,阳光照射一个物体,会在地面上留下阴影(课件出示相应的图)。看！这是一个巨大的光源，能够发射若干条平行的光线，从侧面照射圆柱，屏幕上留下的图形会是下面的几号？将圆柱转动 90 度，屏幕上留下的图形会是几号？如果从正上方照射圆柱，屏幕上留下的图形会是几号？从正上方照射圆锥，屏幕上留下的图形会是几号？从侧面照射圆锥，上留下的图形会是几号？将圆锥转动 90 度，屏幕上留下的图形会是几号？

多媒体展示的图像，逼真地将投射过程动态呈现，学生依此进行思考，从而获得思维的发展。这里，教师根据投射原理，在学生观察、想象的同时，培养了学生的空间观念。

(二) 对比发现

师：我们见到的圆柱都是有大有小的。仔细观察，这两个圆柱的大小和什么有关？

(动态演示两个等宽的长方形旋转形成两个圆柱。)

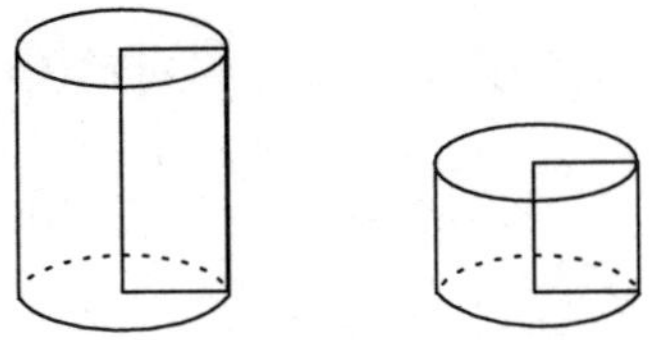

(学生回答。)

师：对！底面相等时，圆柱的大小和高有关。再看，这两个圆柱的大小和什么有关？

(动态演示两个等长的长方形旋转形成两个圆柱。)

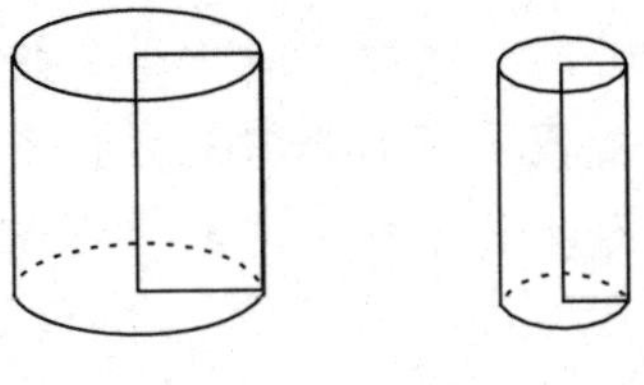

(学生回答。)

师：对！高相等时，圆柱的大小和底面半径有关。

师：(将两幅图合在一起) 现在，你觉得圆柱大小和什么有关？

(学生回答。)

师：想一想，圆锥的大小会和什么有关？

(学生回答。)

与之前利用旋转认识圆柱的特征相联系，深化学生对圆柱动态形成过程的理解，培养学生分析问题的能力和想象能力。让学生由圆柱知识来推理圆锥的相关知识，培养了学生的推理能力。

（三）超级想象

师：两个相同的长方形，一个绕长边所在的直线旋转，一个绕短边所在的直线旋转，想象一下，形成的两个圆柱相同吗？为什么？

（课件动态演示。）

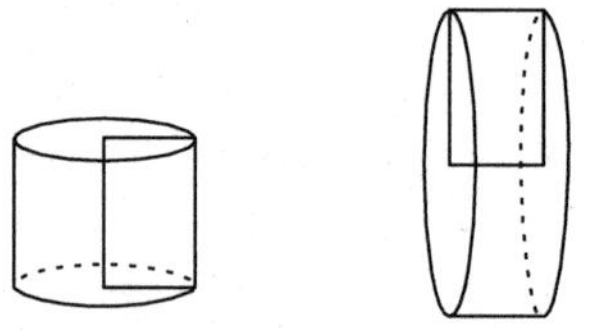

（学生讨论汇报。）

师：两个相同的直角三角形，如果绕不同的直角边旋转，想象一下，形成的两个圆锥有什么不同？

（课件动态演示。）

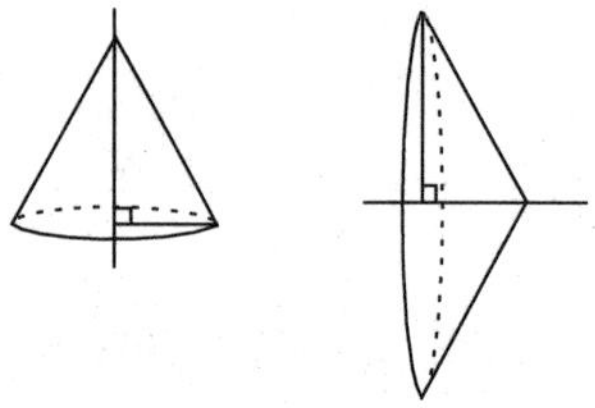

这个练习再次连接学生学习过程中对于面旋转成体的想象体验，不过这里更深入了一步，需要学生更丰富的想象能力。多媒体的动态呈现，帮助学生仔细查看想象过程是否合理，帮扶了学习有困难的学生，培养了学生的空间想象力。

六、总结全课

师：这节课我们通过多种方式认识了圆柱和圆锥，从本节课的学习过程中我们深深体会到动手实践的重要性，也体会到仔细观察、大胆想象是多么重要。只要我们多动手、多积极思考就会感受到学习数学的乐趣。

评析与思考

本节课认识圆柱和圆锥，教师并没有仅仅让学生看一看、摸一摸，在认识圆柱、圆锥的特征后，再做做练习，就算完成任务了，而是创造性地使用教材，利用学生原有知识经验和活动经验，积极开发，为学生提供了丰富多彩的学习素材。从实物到图形，从操作活动到想象活动，尤其是教师充分抓住让学生在活动中想象这个关键点，一次次创造机会让学生进行想象。教师利用长方形旋转这一主要活动，让学生在想象中探索圆柱和圆锥的特征，利用学生已有经验解读圆柱和圆锥的特征，一步步沟通圆柱、圆锥与原有知识之间、圆柱与圆锥之间的联系。

在学生一系列想象过程中，多媒体发挥着不可忽视的作用。教师合理地运用现代信息技术，把学生想象圆柱形成过程、圆锥形成过程等给予动态呈现，使学生的思维在想象的基础上，结合多媒体的呈现，有了停靠点，更能把原有的知识经验应用到现在的学习中来。比如，深入认识圆柱特征时，教师巧妙地开展长方形旋转这一活动，学生想象后，教师多媒体呈现了其形成的动态过程。学生以长方形各部分的特征进一步思考探索，从而深入解读了圆柱底面与高的特征，对此有了独特而丰富多彩的发现。

反思与备学

此课属于“图形与几何”领域，教者并不是单纯地进行知识介绍，学生也不是单纯地模仿、练习和记忆，而是在一个模拟现实情境的氛围中，通过多媒体动态演示实验操作完成不了的效果。学生在观察、实验、猜测、推理、交流、反思中，感悟圆柱和圆锥的形成过程，从而深刻地理解圆柱和圆锥的典型特征。特别是透过光源透视得到的平面视图，把学生脑中的思维模块进行了显化的表达，使学生积累了“观察物体”的思维经验。这节课还可以这样引导学生进行备学。

1. 你对哪部影视片中的圆柱造型印象最深？举出三个例子。
2. 你对哪部影视片中的圆锥造型印象最深？举出三个例子。
3. 圆柱造型与圆锥造型有什么区别？提出三个问题在小组内讨论。

结语

部晓定老师执教的“圆柱和圆锥的认识”在2011年江苏省小学青年教师优课评比中荣获一等奖。部老师在设计新知识的学习活动时，通过“展现知识情景—知识形成—揭示联系”的过程，让学生理解数学实质，发展思考能力；在多媒体的动态演示中，让学生了解圆柱与圆锥相关知识之间的联系。她很有前瞻意识，率先践行新课标新理念，展示了“学为主导”的新课堂。

第二节　赏析动漫，品味教师精彩课件

在学生生活情境中，有许多丰富的数学资源，动漫故事就是深受学生欢迎的其中一项。生动的人物、鲜明的画面，带来一股活泼气息，所以，许多课堂上出现了喜羊羊、蓝精灵、史努比等动漫人物。但是，我们的数学课堂，并不是为了动漫而带请来动漫人物，而是请动漫人物来制造气氛。高明的教者，会从动漫故事中，发现其中隐藏的数学资源，将包含数学信息资源的动漫故事纳入课堂，而不是请来一个完全与学习内容不相关的动漫人物来营造氛围。这样，学习才寓教于乐。一方面，学生兴趣盎然，不知不觉地从动漫故事的呈现中思考数学问题、探索数学知识、培养数学才能、锻炼思考能力；另一方面，从动漫故事中感受数学与生活息息相关，培养对数学的兴趣与感情。

案例　贲友林教学“7的乘法口诀”

实录与旁白

一、导入

(课件动态出示白雪公主和七个小矮人。)

师：这个漂亮的公主是谁呢？她还有几个好朋友，它们又是谁呢？

（师生一起数小矮人，教师随学生数数给小矮人标出 1～7 的序号）

师：七个小矮人每人手中还拿了一个气球，大家看看前面三个小矮人手里的气球上的数是怎么排的？（前面三个小矮人的气球上分别为数字 7，14，21）

生：依次加七。

师：说一说后面的几只气球上应该填哪些数？第一个数是几？接下去是几？你会接着排吗？

（学生回答，教师在屏幕上动态出示。）

师：这些数都与几有关系？（揭示课题：7 的乘法口诀）

低年级的学生对于童话故事总是特别喜欢的，贲老师不仅投其所好，更从《白雪公主和七个小矮人》的童话故事中挖掘资源本身包含的数学信息，巧妙地将“七个小矮人”中“七”的资源，与“7 的乘法口诀”学习内容联系起来，把单纯的童话故事上升为数学问题。一方面，让学生在喜欢的情境中学习数学，激发学生学习的积极性；另一方面，让学生感受数学就在我们身边。

二、展开

（一）试编

师：大家能编 7 的乘法口诀吗？我们大家先想一想，再在小组里说一说，然后每个小组请一位同学把大家编的乘法口诀写下来，能编几句就编几句。如果有困难，可以看一看屏幕上的这一列数，再编口诀。

（学生以小组为单位，试编 7 的乘法口诀，并写下来。）

（二）汇报

师：现在请各小组汇报你们编写了几句乘法口诀。

（在各小组汇报编写了几句乘法口诀的基础上，请其中一至两个小组汇报并用大屏幕展示他们所编的口诀。其他学生辨析：所编的口诀是否正确？若不正确，如何改正。）

师：编口诀时你是怎样想的？

（根据学生的汇报，教师在黑板上出示口诀卡片。）

在探索小矮人气球上 7，14，21……这一组隐藏 7 的口诀的数字规律基础上，让学生试编口诀，交流口诀编写是否正确，将编写口诀本身与寻找规律过程，以及七个小矮人包含的“7 的乘法口诀”等都结合起来，使学生在愉快的氛围中学习。学生已有了前面学习的 6 以内的乘法口诀的知识经验基础，创编 7 的乘法口诀的活动，使学生得到了一次展示想法、体验成功的机会。

（三）排序

（教师组织学生将黑板上的口诀卡片按序排列、观察。）

师："7 的乘法口诀"有什么特点?

（引导学生发现并说出每句口诀的前一个字依次是"一、二、三、四、五、六、七"；第二个字都是"七"；从上往下看，得数依次多了 7；从下往上看，得数依次少了 7。）

排序、比较，借助有序的板书，从视觉上获得结构化的信息，并让"7 的乘法口诀"中隐藏的信息浮出水面，与之前学习的乘法口诀规律相连接，间接唤醒学生之前的学习经验，降低记忆难度。

（四）交流

（学生试背"7 的乘法口诀"，体会并交流："7 的乘法口诀"哪几句容易记？哪几句难记一些？有什么好办法把它记住?）

（结合学生交流如何记"三七二十一"时，教师指出"不管三七二十一"这句话在生活中说得比较多。）

（屏幕出示《西游记》图片和相关文字：孙悟空在炼丹炉中炼了七七四十九天，炼成火眼金睛。取经路上遇到妖怪，不管三七二十一，举起金箍棒就打……）

"不管三七二十一"是人们生活中的口头语，贲老师巧妙地把这一句口头语放在口诀的识记中，增强了趣味性。贲老师还引导学生从《西游记》中，发现包含 7 的口诀，并用多媒体呈现，一下子抓住了学生的眼球，不仅拓展了学生对这两句口诀的认识，而且沟通了"7 的乘法口诀"与学生生活的联系，给看似枯燥的口诀记忆注入了一道活力。

师：这段文字中有两句乘法口诀，你发现了吗?

（根据学生的回答，屏幕文字中的"七七四十九""三七二十一"闪烁后由黑色变红色。）

闪烁，在多媒体技术中只是一小步操作，但是，这一步对于学生的记忆来说，却有着加深印象的作用。在这里，信息技术帮助学生加深了印象，加速了记忆。在欣赏动漫中学习数学，是多么开心的一件事呀！

（五）记忆

（教师运用多种形式帮助学生记"7 的乘法口诀"。）

1. 学生看着屏幕上气球中的数，一起说口诀；教师随机指屏幕上气球中的数，学生根据得数说口诀。

2. 教师与学生、学生与学生对口诀。

3. 学生填写课本例题中的口诀。

情感对于记忆有着直接影响，贲老师深谙学生学习心理，在这一环节，采取形式多样的活动帮助学生记忆，让学生在活泼、变换的氛围中看一看、说一说、对一对、写一写，使学生乐于记忆、轻松记忆。

三、应用

（一）游戏

1. 送算式“回家”。

师：学习了“7的乘法口诀”有什么用呢？根据口诀能算出哪些乘法算式的积呢？我们来做一个游戏——送算式“回家”。

（教师将1×7，2×7……7×7，7×1，7×2……7×6等13张算式卡片分别发给各小组，学生把它们贴到相应的乘法口诀后面。）

一七得七	1×7	7×1
二七十四	2×7	7×2
三七二十一	3×7	7×3
四七二十八	4×7	7×4
五七三十五	5×7	7×5
六七四十二	6×7	7×6
七七四十九	7×7	

（教师组织学生检查：是否有算式送错了家？并引导学生发现：根据“七七四十九”只能算出一道乘法算式，根据其他几句口诀，都分别能算两道乘法算式。）

拟人的情境设计，符合低年级学生的认知规律和情感特征。学生积极性很高，思维与兴趣共生，很快完成了任务，并从中发现一般情况下，一句口诀可以对应两道乘法算式，但当两个数一样时，一句口诀只能对应一道乘法算式。

2. “转转盘”抢答。

师：我们再参加一个挑战自己的游戏——转转盘。算对了，转盘才能转动。我们用抢答的方式进行。算式出示后，大家算好了就站起来说，直接说得数。

只有算对了转盘才会转哟！

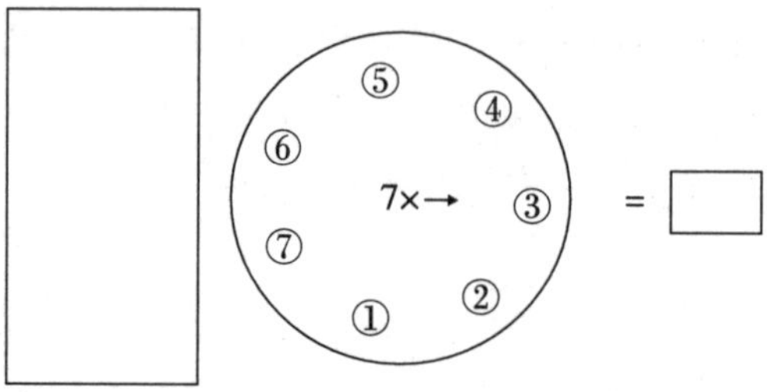

（学生游戏。）

师：4 个 7 比 3 个 7 多几？5 个 7 比 6 个 7 少几呢？

（学生回答。）

在巩固口诀环节，用游戏工具转盘来激发学生进行抢答比赛，学生对此充满新鲜感，在积极情感刺激下，学生的学习积极性被充分调动起来。课件随机地出示 7 与一个数相乘，学生快速地回答出相应的得数，熟练口诀的运用，从而形成技能。

（二）欣赏

1. 屏幕出示唐诗《枫桥夜泊》，并配乐朗诵。

师：大家看到的是唐代张继写的一首诗，是我们三年级即将学习的一篇课文。你能用一句口诀算出这首诗共有多少字吗？

（学生说出口诀。）

师：像这样每句七个字的诗，又称“七言诗”。

学生从古诗中感受“7 的乘法口诀”随处可见。语数结合，既让学生感到新奇有趣，又使学生学会用数学的眼光看周围世界。从七言古诗中，为“四七二十八”这句口诀找到了生活原型。

2. 屏幕出示由五副七巧板拼成的“刻舟求剑”故事图。

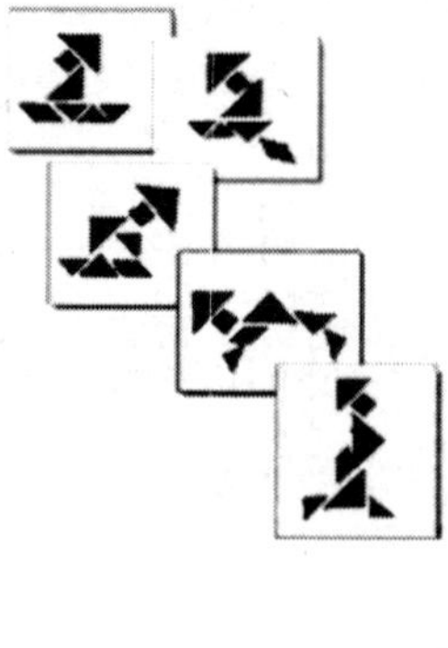

师：这是用七巧板拼成的故事图，这五副七巧板一共有多少块？

（学生回答出“五七三十五”。）

贲老师赋予“五七三十五”一个生动的故事情境，将“七巧板”中“七”的相关信息与“7的乘法口诀”建立了联系。学生听着故事，感受着五七三十五的实际意义。

（三）交流

师：从古至今，人们生活在数的世界中。在实际生活中，在我们周围，还有哪些现象与7有关？你能用7的乘法口诀解决哪些问题？

（学生回答。）

（结合学生的回答，教师相机采用对话、图文等形式出示与7相关的问题，学生逐一列式计算解决问题。）

贲老师用多媒体呈现的一系列小情境，色彩鲜艳、形象生动，旨在传达给学生一个观念：每一句乘法口诀都不是孤立的，我们对于乘法口诀的学习，不仅仅是记住，更多的是发现，乘法口诀就在我们身边，我们可以无时无刻地去寻找它的存在，去利用它。这一寻找、呈现的过程，赋予数学以生活的意义。如音乐中的7个音符，七星瓢虫身上的7个黑点等，不仅易于学生理解相关的数学知识，同时也体会到数学的作用。

师：还记得七个小矮人吗？

（屏幕出示七个小矮人画面，并出示儿歌，同期配音：1个矮人1张床，7个矮人7张床；1个矮人2只碗，7个矮人14只碗……）

（学生跟着读儿歌，教师引导学生课后接着编儿歌。）

课末，《白雪公主与七个小矮人》的动漫资源再次得到挖掘和利用。随着小矮人的数量依次增多，学生自然而然地将本节课学习的知识用于儿歌创编中，既呼应了课开始创设的动漫情境，又在情境中镶嵌着美妙的“7的乘法口诀”，还在课的最后，用朗朗的儿歌，梳理了知识。

评析与思考

在本节课中，学生对于“7的乘法口诀”的学习，不仅仅是记住了这些口诀，更是在丰富的情境中，与动漫相伴，理解了每一句口诀的意义，掌握并应用了每一句口诀。在这里，多媒体呈现的一系列动漫有着举足轻重的作用。

1. 经典童话创编，口诀跃然于心。

课一开始，教师对《白雪公主和七个小矮人》的故事进行创编，让学生在多媒体呈现的生动形象、色彩鲜艳的画面下，全身心投入情境，通过找规律获得“7的乘法口诀”的初步认识，为后面学生自主创编“7的乘法口诀”提供必要素材。

课的最后，学生借助《白雪公主和七个小矮人》相关情节，进行儿歌创编，创造性地将“7的乘法口诀”应用于儿歌中，既巩固了知识，又让整节课首尾呼应，充满乐趣。

2. 挖掘丰富情境，深刻体验口诀。

当学生初步学习了“7的乘法口诀”后，为了让每一句口诀深刻驻扎在学生的思维之地，赉老师充分挖掘学生身边的资源，将口诀拟人化，请学生把口诀送回家，大转盘快速抢答口诀，古诗、古寓言中关于7的口诀……如果没有多媒体，仅仅依靠教师的语言，是无法让学生在如此丰富的情境中，深刻体验每一句口诀的实际含义的，学生对于7的乘法口诀的丰富体验，影响着他们的学习成效，催生着学生对数学的感情。

3. 有选择地呈现，不为动漫而动漫。

纵观整节课，赉老师选择的情境也好，情境中的动漫人物也好，都有着一些显著的特征，即情境本身包含着数学最本质的信息，藏着有关7的乘法口诀。当学生投入动漫情境之中时，其实就是和7的乘法口诀打交道。看似随意的一连串动漫情境，其实是赉老师颇费匠心的创造性设计。

反思与备学

与其说这是一节关于7的乘法口诀的数学课，倒不如说这是享受动漫的活动课。学生在快乐地欣赏动画的同时，收集到许多有关“7”的信息，赉老师巧妙地把这些信息与“7的乘法口诀”学习天衣无缝地联系起来。其实，与7有关的除了看得见的知识可以用动画呈现外，还有一些看不见，却与生活息息相关的知识，也可以引导学生进行思考，如一星期有7天等。如果这节课引导学生进行备学，可能在课堂中出现的信息会更为丰富有趣。

1. 找一找生活中、看过的影视中哪些现象或事物与7有关，举三个例子。

2. 根据“6的乘法口诀”的学习经验，尝试编“7的乘法口诀”，写下来，并能说出每句的理由。

3. 阅读教材，说说你的发现，提出三个问题在班级进行讨论。

结语

贲老师的课堂向来以朴素大方著称。这一节课乍看上去好像有些“花哨”，但细细品味，在花哨的背后，蕴藏了丰富的数学信息，故事情节和动漫效果成功地激发了低年级学生的学习兴趣。最近热传教学设计的三重境界：第一境界，授人以鱼，即教给知识；第二境界，授人以渔，即教给学习知识的方法；第三境界，授人渔场，即使人能够在复杂多变的“渔场”中，创造性地运用知识，选择方法、观察分析、思考判断、解决问题，在“渔场”中实施“渔”，捕到“鱼”，从而培养出有知识、能力、思想的创新人才。我觉得贲老师这节课的设计已达到了第三境界，这正是新课改所追求的一种境界。

第三节　研究影视，带着数学眼看影视

影视学习中，学生除了能欣赏生动的画面，观察动态呈现的过程，还能探索教师特意选择或编排的影视作品中含有的数学问题。数学问题以影视的形式出现，投学生所好，不仅能激发学生学习的积极性，更因为影视本身包含数学问题，所以学生能在自然而然中投入到对数学问题的思考中去，进入用数学眼光研究影视的学习境界。在影视学习中，教师需要准确把握影视内容中的数学信息和学生的实际情况，应当通过影视学习这一方式，让学生真正成为学习的主体，教师真正成为学习活动的组织者、引导者与合作者。

案例　华应龙教学“分数的再认识”

实录与旁白

一、大头儿子的难题——揭示课题

1. 引出单位。

（屏幕出示大头儿子头像。）

师：大头儿子碰到了难题，我们能帮他解决吗？一起来看看。

华老师巧妙地用《大头儿子和小头爸爸》这部学生喜爱的影视作品为载体，承载分数知识，寓教于乐。

（播放动画：天热了，小头爸爸去买凉席，可在商场看到很多凉席没办法了，因为他不知道需要多长的凉席。于是，他打电话给大头儿子，让大头儿子量一量床有多长，大头儿子量得床正好有两条领带那么长。小头爸爸又让大头儿子量一量沙发的长，沙发却没有一条领带长。怎么办呢？要怎么告诉小头爸爸呢？）

大头儿子测量的方式在生活中很常见，他随手创造了手边的“测量工具”——领带这一标准量，测量出床的长度正好是两个“标准”的长度。这是学生学习新知的生长点，即测量对象与测量标准的关系正好是整数倍。

师：沙发的长度没有一条领带长，怎么办呢？

问题出现了，沙发的长度不是标准量的整数倍，而是比标准量还少一点。华老师把问题交给学生，让他们去想办法。

生：可以告诉爸爸沙发是领带的几分之几。

师：那究竟是几分之几呢？继续看大头儿子的办法。

（继续播放动画。）

生：对折了量沙发的长。

师：大头儿子把领带对折，对折，再对折，沙发正好有7个这么长。可是，现在该怎么告诉爸爸沙发是多少个领带长呢？把你的想法写在纸上。

办法是想到了，重新选择一个标准量，即把领带对折几次后看成标准量，就是把单位标准变得小一点。可是怎么通过打电话的方式告诉小头爸爸呢？看似这是华老师创编的影视中父子之间的一个交流环节，交流表达却需要通过学生的口吻阐述出来，这样的“留白”设计，使学生有了更大的空间去思考怎样进行数学表达，其实这里的交流包含着知识的本质，为了凸显本质在学生头脑中的样子，华老师巧妙地让学生把想法写一写，这样学生在写的过程中，能够捋一捋思路，新知识的生长点就更清晰了。

师：在回答这个问题时，你碰到什么难题了？

生：对折了几次？

生：对折了三次后的长度是这条领带的几分之几呢？

师：有人写了$\frac{1}{7}$，有人写了$\frac{1}{6}$，究竟是多少呢？

（教师解下领带演示，学生通过教师的演示，知道了对折三次后把领带分成了 8 份。）

对折三次后的长度是这条领带的几分之几，这个问题需要学生进行推想，对于以感性思维为主的小学生来说，这是有些许难度的，有的学生看到对折三次，会从字面上想到“3 个 2”，受思维定式的影响，认为平均分成了 6 份。当学生提出这个问题时，华老师运用了自己的教学机智，当场解下领带进行示范，让学生直观地看到量沙发时所选择的标准量及其折后的份数。该出手时就出手！原来对折三次，是 3 个 2 相乘的 8 份，而不是 3 个 2 相加的 6 份。

师：沙发有多少个领带长？

生：有$\frac{7}{8}$个领带长。

师：刚才有人说有 7 个$\frac{1}{8}$领带长，也有人说是$\frac{7}{8}$，这两个答案怎么样？

生：一样的。

师：为什么一样？

生：把一条领带平均分成 8 份，取其中的 7 份就是$\frac{7}{8}$。

师：7 个$\frac{1}{8}$就是 1 个$\frac{7}{8}$。沙发的长正像我们同学说的是 1 个$\frac{7}{8}$。大家真棒！

华老师用小头爸爸买凉席的影视片段开场，貌似在与学生交流影视作品中的一些事情，如大头儿子怎么量床和沙发的长度、怎么跟爸爸说等的影视问题，实质上，在交流解决问题的过程中，对于方法的选择都是学生来思考的，借助对大头儿子的帮助，学生潜移默化地对分数有了了解。这里的影视作品，不仅让学生自然而然投入其中，思考分数问题，而且从课的一开始就充分体现了华老师的主导作用。

师：那么我们今天对分数再认识应掌握些什么？

生：分数的大小。

生：把一个物体平均分成几份，知道它用分数怎么表示。

师：以前大家已学习过分数的有关知识，今天我们要对分数进行再认识，必须弄清三个问题，是什么？为什么？怎么做？如果我们要量教室的长，用什么作单位？

生：米。

（板书：单位。）

师：如果要量粉笔的长，用什么作单位？

生：厘米。

师：比厘米更小的单位呢？

生：毫米。

师：创造一把尺子，其实就是创造了一个单位。刚才大头儿子没找到尺子，就用领带作单位，量得沙发有$\frac{7}{8}$个领带长，$\frac{7}{8}$就是7个$\frac{1}{8}$，这个$\frac{1}{8}$是什么？就是单位。因为它是分数，所以又叫分数单位。（板书：分数单位。）

华老师为了让学生理解分数单位，并没有直白地告诉学生，而是从如何测量、如何表达的角度出发，在情境中说明根据具体情况，选择合适的单位。结合学生的思考表达，帮助学生认识标准量的重要性，而这一标准的来源，并未规整地告诉学生，而是如之前的单位一般，是一种创造，更是为满足测量中的一种需要而产生的。

2. 巩固分数单位。

师：说一说，下面每个分数的单位是什么？

（课件出示：$\frac{3}{4}$，$\frac{4}{5}$，$\frac{3}{7}$，$\frac{5}{7}$。）

（学生分别回答。）

师：分数单位有什么共同的地方？

生：分子都是1，分母还是原来的分母。

师：刚才，我们量沙发的长时用的领带，对折一次就是创造了一个分数单位——

生：$\frac{1}{2}$。

师：对折两次就又创造了一个分数单位$\frac{1}{4}$。为什么刚才大头儿子量沙发长时不用$\frac{1}{2}$或$\frac{1}{4}$作单位，而用$\frac{1}{8}$作单位呢？

（课件出示用领带量沙发对折时的过程。）

生：因为用$\frac{1}{2}$或$\frac{1}{4}$作单位不能正好量完。

师：从这我们可以感觉到，创造一个单位要根据需要，要便于我们数出来，对不对？下面炮兵创造的单位可以加深我们对分数单位的认识。

华老师引导学生通过影视短片把抽象的分数单位进行物化，紧接着引导学生从分数中找分数单位，使学生经历了从物到数的抽象过程。在巩固训练后，华老师及时让学生对分数单位这一概念进行深入分析，抽象出其本质特征，并结合影视作品中对标准的选择，让学生理解分数单位的现实意义。

二、炮兵的表达——创造单位

师：炮兵创造的单位是怎样的呢？炮兵要表达打击目标的角度，用了一个什么单位呢？

生：角度。

师：度量角用什么单位？“度”是不是？1度的大小是怎么规定的？

生：把一个平角平均分成180份，其中的1份就是1度。

师：其实，把一个周角平均分成360份，其中的一份也是1度。（出示一个角）要知道这个角的度数，该怎么办？

生：看这个角包含其中的几份。这个角包含了5份，也就是$\frac{5}{360}$。

师：能说是$\frac{5}{360}$度吗？其实，炮兵创造的单位不是“度”。炮兵创造的单位是什么呢？

华老师将学生领到了更广阔的天地，让学生接触炮兵工作中的相关知识，积累对合适单位的丰富体验。

（播放《集结号》片段。）

师：目标是把桥炸断，他刚才在指挥过程中用了个什么单位？

（屏幕出示：向右0—75　向左0—03。）

师：这里用到的单位是“密位”。

大部分学生对炮兵的知识了解不多，华老师根据学生的实际情况，采用影视学习的方式，通过直观形象的影像资料，真实全面地传递炮兵炸桥中的数学信息。比起华老师一味的解说，影视资料显然更具吸引力和感染力，学生亲眼目睹影视作品，学习效果更胜一筹。学生通过视频，结合华老师的讲解，认识了炮兵选用的单位“密位”。或许学生暂时不太理解，但从中能体会到不同情况、不同环境需要用到不同的单位。

师：什么是密位？密位是怎么规定的呢？给你一个式子，360 度＝6000 密位。你能想出密位是怎样规定的吗？

密位如分数单位一样，作为一个全新的单位，也来到了学生眼前。华老师善于将学生带到知识的起点处，给出一个等量关系“360 度＝6000 密位”，找到密位的生长点，让学生根据密位与度的关系，将新知识与刚学习的分数知识相联系，去理解密位。

（学生交流。）

生：把一个圆平均分成 6000 份，1 密位就是其中的 1 份。

师：如果给你一个式子，1 密位＝$\frac{6}{100}$度。你能看出密位是怎么规定的吗？

生：把 1 个周角平均分成 100 份，取其中的 6 份就是 1 密位。

生：不对！$\frac{6}{100}$度是 1 密位。

师：$\frac{6}{100}$度是什么意思？

生：把 1 度平均分成 100 份，取其中的 6 份就是 1 密位。

学生理解密位时，自然而然调用了以往的知识经验，分数知识隐含其中，学生在表达交流的过程中，内化了对分数单位的认识。学生在对密位的分析中，把$\frac{6}{100}$度的内涵阐述得非常到位。

师：密位为什么要这么精确？

生：炮兵攻击敌人，有一点点误差就会打不中。

师：为什么有一点点误差就会打不中？不就那么大一座桥吗？

生：距离长，越往前，就越歪。

师：我们老祖宗有句很有道理的话叫“差之毫厘，失之千里”。从刚才的学习中，你感受到什么？

生：发射炮弹时，密位一定要精确。

生：密位就是 1 度的$\frac{6}{100}$。

师：密位就是比度更小的单位。

生：把1个周角平均分成360份，取其中的1份就是1度。

生：把1个周角平均分成6000份，取其中的1份就是1密位。

师：看来，平均分成的份数不一样，单位也不一样。度很小，密位更小。我们还可以根据需要创造更小的单位。

从密位精确性的意义出发，华老师并没有说教式的告诉学生分数单位的大小问题，而是再次通过影视学习这一方式，让学生在具体情境中，通过对炮兵炸桥这一问题的分析，深入理解分数单位。之后，华老师用“差之毫厘，失之千里”对学生进行思想教育，要求学生有严谨的态度，测量要力求精确。学生在与华老师“无意”的交流间，感受到需要的分数单位越小，越精确，平均分的份数就越大。

三、想一想，圈一圈——理解意义

屏幕出示：

(1) 下面有一些五角星，请圈出其中的$\frac{4}{6}$。

(2) 下面有一些月饼，请圈出其中的$\frac{2}{3}$。

(3) 下面有一些苹果，请圈出其中的$\frac{3}{4}$。

师：$\frac{4}{6}$是什么意思?

生：平均分成6份，取其中的4份。

师：圈了多少个?

生：圈了4个，圈的是$\frac{4}{6}$。

师：怎么一会儿是4个，一会儿是$\frac{4}{6}$?

生：一共有6份，取其中4份就是$\frac{4}{6}$。

生：把1个五角星当成单位就是4，把6个五角星当成单位就是$\frac{4}{6}$。

师：下面看一下第(3)题，圈出了几个苹果。

生：圈了9个。

生：圈了12个。

师：为什么会出现两种意见?

生：把16个苹果平均分成4份，取其中的3份就是12个。

生：我的是12个苹果。把12个苹果平均分成4份，取其中的3份就是9个。

华老师在这儿设下“埋伏”——苹果图中一半学生是12个苹果，一半学生是16个苹果，当教师要求圈出其中的$\frac{3}{4}$时，出现了两种不同的结果，学生都得意地认为自己做得对而别人肯定错了，从而引起了激烈的争辩。在激烈的争辩中，华老师用课件揭开了谜底，学生恍然大悟。华老师让学生明白了：与自己不同的结果，不一定错误，要学会站在别人的角度思考问题。

师：从这道题中你明白了什么？

生：分数一样，但圈出的结果不一定相同。

师：别人意见跟我们不一样时，我们不一定是错的。

四、试一试，看一看——应用提升

1. 八戒吃西瓜。

师：猪八戒吃一个西瓜的$\frac{6}{7}$，用了1分钟，照这样的速度，他吃完这个西瓜还要用多长时间？

生：把一个西瓜平均分成7份，吃6份用了1分钟，吃1份就是10秒。

生：猪八戒吃剩下的$\frac{1}{7}$还要用10秒。

2. 大臣的难题。

（播放动画：国王让三个大臣量水池里的水有多少桶，并给大臣三天的时间，可大臣们却想不出任何办法。结果一个小孩说他知道答案。）

师：同学们知道小孩说的答案是什么吗？

生：如果桶有水池那么大，就有一桶水；如果桶有水池的$\frac{1}{2}$大，就有两桶水；如果桶有水池的$\frac{1}{3}$大，就有3桶水，依此类推。

师：真棒。咱们接着看。（继续播放动画）

师：你听完故事有什么感想？大臣们为什么解不开国王出的题呢？

华老师非常注重影视作品与数学学习的整合，充满趣味的《猪八戒吃西瓜》和《大臣的难题》能激发学生应用知识的意识，拓宽其解决问题的思路，在这里，影视学习给课堂注入的活力是其余练习形式所难以达到的。

五、想一想，说一说——总结提炼

师：创造单位很重要，今天，我们围绕大头儿子量沙发的长度创造了分数。什么是分数？就是先分后数的数。为什么要用分数？怎样写一个分数？

（学生讨论回答。）

教师介绍数学家名言：

数起源于数，量起源于量。——华罗庚

评析与思考

华老师根据学生的实际需要和数学内容本身，选择了充满数学信息、数学问题的影视作品。学生在学习过程中，被一个个生动有趣的故事吸引，自然地进入研究氛围。在《大头儿子小头爸爸》这个影视片段中，学生积极开动脑筋，想办法创造新的标准量去量沙发，并在教师的引导下，主动地写一写，结合影视作品的具体形象，理解了分数单位的实际意义，它如同长度单位和计量整数的计数单位“1”一样，是为了计量需要而产生的。

当学生初步体会到这一点的时候，华老师抓住学生思维发展的线索，拓宽学生思路，将学生带到了更广阔的天地，华老师选择了《集结号》中炮兵炸桥这个影视片段，让学生体会这里所需要的单位。学生从中不仅认识了单位“密位”，还通过密位与度之间的关系，用分数进行了解读，解读中，分数单位的规律跃然于心，当标准量被平均分的份数越多，表示得就越精细，分数单位就越小。

在这一教学过程中，影视作品起着不可估量的作用，其场景传达的感染力和信息量是其余学习方式所不及或者说是其他学习方式根本达不到的。华老师准确把握教师的主导作用，为学生提供了这么优质的资源，学生的智慧怎能不生成！

反思与备学

分数本身是一个抽象枯燥的学习内容，而华应龙老师却引入影视资源，为学生营造了轻松愉快的数学氛围，形象诙谐地解读了教师和学生困惑许久的疑问：分数，就是先分后数的数。敢这样定义分数，足见华老师的前卫及胆识，体现了“我就是数学”的大气！

这节课让听课教师与学生在“玩”中轻松地度过了 35 分钟，我有如下三点体会。

1. 在“玩”中急中生智。

《大头儿子小头爸爸》是学生喜爱的动画片，大头儿子遇到了难题，要量床和沙发的长度，可是一时找不着尺子，他看到领带，急中生智，量出了床有 2 个领带的长。接着，大头儿子量沙发的长时又遇到了困难，沙发的长不是领带长的整数倍，对折一次后，仍然不行，再对折，又对折，他发现沙发的长正好是对折三次的领带长的 7 份。华老师以此引出这节课的学习内容。为了让学生明白对折三次是折成 8 份，华老师索性以自己的领带演示给学生看，可见华老师身上“物物皆数学”！

2. 在“玩”中内化认知。

华老师从量教室的长需用单位“米”，量铅笔的长需用单位“厘米”，过渡到分数也有自己的单位——分数单位，从而开启了这节课的“玩中学”数学之旅。接着，华老师说：“以前大家已学习过分数的有关知识，今天我们要对分数进行再认识，必须弄清三个问题，是什么？为什么？怎么做？”这三个问题为这节课的学习做好了导航。

在说几个分数单位是多少时，华老师让学生感悟“这些分数单位有什么共同的地方”。学生很快发现，分数单位的分子都是 1 份，分母都是平均分成的总份数。华老师引导学生异中求同，使学生真正领会分数单位的内涵。

最让人难忘的是，华老师要求学生看分数圈实物。最后一题，华老师“做了手脚”，有的学生的作业纸上是 16 个苹果，有的学生的是 12 个苹果，学生在圈出时，出现了不同的答案，且每个学生都坚持自己的答案是正确的，后来在笑声中，学生发现了这个“秘密”，并明白一个道理：单位“1”不同，分得的结果也就不同。这时，华老师借机教育学生“不从众”，要有主见。

3. 在“玩”中结束课堂。

课尾，华老师给学生播放了一个动画小故事《池水有多少桶》，学生猜测后，故事中的一个小朋友说：“如果桶有水池那么大，就有一桶水；如果桶有水池的$\frac{1}{2}$大，就有两桶水；如果桶有水池的$\frac{1}{3}$大，就有 3 桶水，依此类推。”在笑声中，学生发现原来答案就这么简单！还明白了单位不一样，桶数也就不一样。

课堂结束时，华老师出示华罗庚的一句名言：“数起源于数，量起源于量”。学生读一遍发现很拗口，再读几次发现前后的两个“数”“量”读音不同，意思也不同。

课结束了，但学生和听课教师都舍不得离开课堂。华老师那轻松、朴实的课堂依旧耐人寻味！我在想，备学又该怎样引导呢？

1. 在生活或影视中有分东西的片段吗，举三个例子，每个人分了多少？

2. 把每人分得的数量用分数表示出来。

3. 提出三个关于分数的问题在课堂上讨论。

这样备学后，再来上华老师的课，学生会是怎样的表现呢？

结语

荷兰教育家弗赖登塔尔认为，根据数学发展的历史，无论是数学的概念，还是数学的运算与规则，都是由于现实世界的实际需要而形成的。对于抽象的数学概念，教师可以借助影视作品，带着学生从视觉冲突中寻找“关系”，沟通联系，感受“数量”的价值，体现数学的好玩。影视可以演绎“是什么”“为什么”“怎么做”“为何这么做”“一定这样吗”等，通过影视媒体提供信息，创造合适的条件，有助于逐步让学生在实践的过程中通过自己的发现去学习数学，获得知识，使学生头脑中已有的那些非正规的数学知识和数学思维发展为科学的结论，实现数学的“再发现”。

沙龙备学

第八章

我们在欧洲电影、小说和戏剧中经常会看到富丽堂皇或典雅精致的沙龙场面。现代沙龙延伸到会议方面，主要指规模较小、议题简要、非正式化的，由行业内的企业聚集在一起进行讨论的会议。我们把沙龙的形式引入课堂，备学后的小组交流、全班讨论等集体学习中，学生根据自己的理解，平等地进行交流、议论、讨论，在你一言我一语中，实现资源共享；有些数学问题可以从多个角度来理解与探讨，畅所欲言中体现出方法的多样化，这就是沙龙式学习方式。沙龙学习能分享他人智慧，获得思维启迪，形成良好的认知结构，最终实现共同发展，是有着独特风格的一种学习方式。

第一节　分享备学，小组合作交流发现

学生有了备学准备，会带着对事物的丰富认知来到课堂，这些认知是学生在生活中学习的成果，是学生前期经验积累的结晶，也正是课堂“沙龙学习”得以顺利进行的基础。教师重视了这些“认知”，课堂就会焕发出生本的色彩。数学问题，不再全由教师提出；学习环节，不再是一环扣一环如戏剧般的流程。课堂成了学生分享已有认知的天地，因为分享，有了交流，因为交流，有了碰撞，从而也就有了新发现。学生在以学为主导的氛围中，有备而来，满载而归。

案例　贲友林教学“小数的大小比较”

实录与旁白

一、课前研究学习

课前，要求学生独立、自主完成下面的研究学习。

“小数的大小比较”研究学习。

◆怎样比较小数的大小？举例说明。

◆为什么 0.6＞0.48？

◆关于小数的大小比较，我的提醒：____________

◆练习。

（1）在○里填上“＞”“＜”或“＝”。

3.28○3.8　　10.5○1.05　　68.63○68.66

7.05○5.07　　1.80○1.8　　3.84○3.844

（2）将下列各数按照从大到小的顺序排列。

3.65　3.56　35.6　0.356　3.6　3.056

（3）运动会上，小力、小强、小海、小明参加了跳远比赛和 100 米赛跑。比赛成绩如下表，请你排一下跳远比赛和 100 米赛跑的名次。

姓名	跳远比赛成绩	100 米赛跑成绩
小力	3.43 米	16.3 秒
小强	3.41 米	15.7 秒
小海	3.72 米	16.5 秒
小明	3.6 米	16.0 秒

◆关于“小数的大小比较”的题目，我推荐：________________

对于小数大小比较的问题，学生在生活中已有相关积累。研究学习单，一方面体现贲老师重视给学生提供展示自己个性思考的舞台，如“怎样比较小数的大小？举例说明。”“关于小数的大小比较，我的提醒：________”等问题，都充分体现了贲老师重视挖掘学生课前对相关知识的认识，发展学生个性化、创造性的思维；另一方面，这份研究学习单，让贲老师把握了学情，为教学设计提供了依据，这样研究学习单也就成了“沙龙”的备学单，与学为主导的备学环节有异曲同工之妙。

二、小组交流学习

师：课前，我们每位同学已经就“小数的大小比较”进行了研究学习，现在请大家先在小组里交流研究学习材料中的前三个问题。

（学生小组交流。）

小组沙龙开始了。在这里，学生有了充分准备，即学生都有备而来，对问题有着独特而丰富的认识，教师在此基础上及时提供小组交流的平台，小型学习共同体的出现，能让每个学生充分参与到学习中来，而且，个性的思维会在交流中得以优化，问题也会统一凸显出来。

三、全班交流学习

1. 交流“怎样比较小数的大小”。

生：今天由我们小组来给大家汇报，我来给大家说说怎样比较小数的大小。我认为要先看它们的整数部分，整数部分大的那个数就大；整数部分相同的，十分位上的数大，那个数就大；十分位上的数也相同，百分位上的数大，那个数就大，以此类推，这也叫逐位比较。大家看这个例子“0.74＞0.21”，它们的整数部分是相同的，十分位上的 7 大于 2，所以 0.74＞0.21。第二个例子“0.36＞0.11”，它们的整数部分是相同的，十分位上的 3 大于 1，所以 0.36＞0.11。

沙龙式的学习方式，是自主的学习方式。很明显，这样做，使学生站在了课堂这一舞台的中央，充分展示自己的数学理解和个性才华。这样的数学课，发展了学生的个性化思维，促进了合作学习，也为培养综合型人才做出了贡献。

生：我给你提个小建议，我觉得你举的这两个例子，第一个是十分位上的数不同，第二个例子可以设计成百分位上的数不同。

师：谁听懂了他的建议？

教师也是沙龙的一员，用轻描淡写的一句话，既引导学生在分享备学的过程中要注意倾听、学会学习，又提醒学生关注小数大小问题的多样性，帮助学生真正从本质上把握小数大小的比较方法。教师装傻，使学生获得了更多的表现机会。

生：我听懂了，他说这两个例子是重复的，可以把0.36和0.11换成0.36和0.37，这样的话，它们十分位上的数是相同的，百分位上的数不一样，这样两个例子就不重复了。

（学生把第二个例子“0.36>0.11”改成了“0.36<0.37”。）

师：回顾刚才两位同学的发言，第一个例子中的小数在哪一数位上能够比较出大小？

生：十分位。

师：第二个例子呢？

生：百分位。

师：第一位同学的发言特别好，同学们觉得好在哪儿？

引导学生相互评价，促进学生发现同伴思考中有价值的地方。课堂沙龙，人人平等，学生接受信息的来源不仅仅有教师，同时也有身边的小伙伴，教师在课堂上建立了一个超级资源库。

生：他给比较的方法起了个名字叫“逐位比较”。

师：我们把它板书在黑板上。（板书：逐位比较）

这一板书，对学生来说，该是多大的鼓励啊！学生用语言表达自己的想法时，只要意思正确，教师都要给予肯定，呵护学生的思维成果，这样会使更多的学生会受到感染，进而参与进来，这就是新课堂所需要和追求的。

2. 交流“为什么0.6>0.48”。

生：我来给大家讲为什么0.6>0.48。我的方法是在0.6后面添一个“0”，这样两个数都是两位小数，整数相同比小数的十分位，6比4大，所以0.6>0.48。谁要给我补充？

一句“谁要给我补充”，体现出学生在这样的课堂上已经形成了分享交流的观念，沙龙学习正式拉开序幕，学生把自己准备的精彩过程通过陈述与大家分享。

生：我有两种方法，第一种是画图法，第二种是四舍五入法。请大家先看我的第一种方法——画图法（边指图边讲解），我们可以先画两条同样长的线段，然后把线段平均分成10份，其中的6份用小数表示也就是0.6；同样把第二条线段平均分成10份，0.48比5份少一点，从这个图中我们可以看到0.6到这，0.48到这（边说边指），所以0.6比0.48要大。我的第二种方法是把0.48看成0.5，6和5比，6大，0.6比0.5大，所以0.6大于0.48。

生：我觉得第二种方法在某些情况下是不可以的，如0.58和0.6比，如果用这种方法，是比较不出来的，因为如果把0.58四舍五入的话就变成了0.6，0.6和0.6是相等的，但实际上0.58没有0.6大。

（全班学生鼓掌。）

生：我也举一个例子，0.58和0.59比较，如果四舍五入，都是0.6，也不能比出大小。

（全班学生鼓掌。）

人人参与的沙龙学习，汇聚了全班学生的观点。小数的大小比较，也可以有多种方法。可贵的是，学生对于多种方法，有着自己的思考，他们会评价，会质疑，会从多个角度去分析思考。贲老师在学生思维碰撞之时，先放开手脚，让学生去表达、思考，充分尊重了学生。

师：画图的方法怎么样？（学生回答“很好”）他画的是线段图，有没有画其他图的，请展示一下！

生：我画的是方格图。（向同学展示自己画的图）涂红色的部分，表示0.6，涂蓝色的部分，表示0.48。（指着图中的蓝方框）我有个错误，这个图中0.48应该是到这个位置，（边说边指）而我画多了。

师：哦，我们通常是画正方形。

生：通常画10乘10的正方形。（课件出示，如下图）

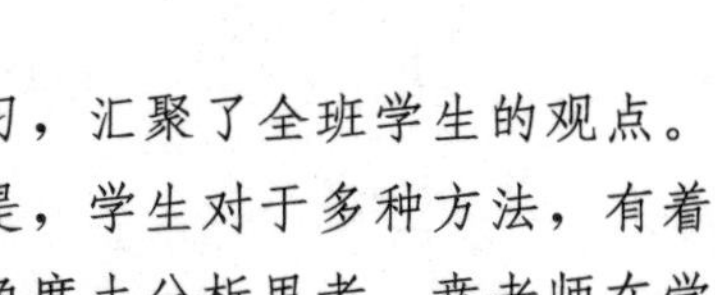

0.6　　　　0.48

师：表示0.48，要涂多少个小正方形？

生：48个。

师：表示0.6，像这样涂直条的话，涂几个？

生：6个。

师：如果涂小正方形呢？

生：60个。

生：我共画了100个格子，因为0.48等于$\frac{48}{100}$，涂48格；0.6等于$\frac{6}{10}$，也等于$\frac{60}{100}$，涂60格。

从不同的画图方法中，抽象出小数本质，沟通小数与分数的联系。教师看似无意的追问："像这样涂直条的话，涂几个？""如果涂小正方形呢？"同一个数，涂着同样大小的阴影部分，却出现了一个是6个直条，一个是60个方格的情况。无形中把小数的基本性质渗透其中，使学生受到潜移默化的影响。

师：再看看刚才那位同学的第二种方法——四舍五入法，他把0.48怎么处理的？

生：求近似值。

师：我们后面还要研究怎么求一个小数的近似值。关于0.48，你们怎么想到是0.5，而不是0.8，0.6，0.2呢？

生：数学上有种方法叫"四舍五入"，百分位上的8大于5就可以进1，而4加上进的1就变成5，这样0.48就变成了0.50，0.50后面的0可以不写。

知识可以迁移，迁移的必要条件不是教师的帮助。在这里，就有学生超前地介绍了近似值。

生：我觉得还有一种方法，可以把0.48看成48，把0.6看成是60，48小于60，所以0.48小于0.6。

师：这位同学的方法也很不错。其他的方法今天我们暂不介绍了，大家可以课后再去研究。我们再看四舍五入法，换个角度来看，你觉得这里是把这个0.5作为一个什么数呢？

生：中间数。

师：它比0.48大，比0.6小。找中间数来比较，这也是一种方法。请大家继续交流。

生：下面我来给大家介绍用分数比较大小的方法。0.6 等于 0.60，0.60 用分数表示也就是$\frac{60}{100}$，0.48 用分数表示是$\frac{48}{100}$，$\frac{48}{100}$小于$\frac{60}{100}$，所以 0.6 大于 0.48。

师：0.6 等于$\frac{60}{100}$，也就是$\frac{6}{10}$，那为什么不说$\frac{6}{10}$而说$\frac{60}{100}$呢？

生：因为 0.48 是两位小数，两位小数转换应该是百分之多少，所以我们要把 0.6 转换成两位小数，再转换成$\frac{60}{100}$。

生：把它转换成 0.60，主要是为了让它们的分母一样，分母相同的时候，容易比较。

（学生鼓掌。）

生：把我们不熟悉的小数转换为熟悉的分数和整数来比较，这样就非常好比较，就不麻烦了。

在交流的过程中，小数大小比较成了学生展示才华的载体，真正实现的是学生思维的拓展。这里，学生不再是为学知识而学知识，而是学知识和长能力两者相辅相成。五花八门的比较方法，说明学生课前确实进行了研究，且很深入，特别是有的学生想到了转化成分数的方法进行比较，自己沟通了小数与分数之间的联系。

师：把比较小数大小转化成我们学过的比较分数大小、比较整数大小，也就是把新的问题转化成我们学过的问题来解决。真棒！还有其他方法吗？

生：请大家看我的方法，我用了拆分法。0.6 等于 60 个$\frac{1}{100}$，0.48 等于 48 个$\frac{1}{100}$，这样就是 60 个$\frac{1}{100}$和 48 个$\frac{1}{100}$比较，$\frac{1}{100}$都是一样的，60 比 48 大，所以 0.6 大于 0.48。

（教师板书：60 个$\frac{1}{100}$和 48 个$\frac{1}{100}$。）

师：谁听懂了他的方法？

生：他说的意思是 0.6 等于$\frac{60}{100}$，就等于 60 个$\frac{1}{100}$；0.48 等于$\frac{48}{100}$，就等于 48 个$\frac{1}{100}$，60 个$\frac{1}{100}$和 48 个$\frac{1}{100}$，它们有个共同的数是$\frac{1}{100}$。

师：$\frac{1}{100}$，在这里叫什么呢？

生：计数单位。

生：$\frac{1}{100}$都是它们的计数单位，60大于48，所以0.6大于0.48。

学生把分数进行拆分，教师充分抓住学生思考中极具价值的东西，将其放大，促进全班学生的思维发展。

师：这样就转化成了比较有多少个计数单位。请看题，（板书：5○3）5和3谁大？

生：5大。

师：为什么5比3大？

生：因为它们的计数单位都是1，一个是5个计数单位，一个是3个计数单位，所以5大于3。（教师板书：$\frac{5}{8}$○$\frac{3}{8}$）谁大？

生：$\frac{5}{8}$大。

师：为什么$\frac{5}{8}$大于$\frac{3}{8}$？

生：因为$\frac{5}{8}$有5个$\frac{1}{8}$，$\frac{3}{8}$有3个$\frac{1}{8}$，所以$\frac{5}{8}$大于$\frac{3}{8}$。

从已经学过的自然数、分数的计数单位出发，在学生充分理解的基础上再进行迁移，既关注个体，又面向全体，让全体学生都获得思维的发展。

师：0.6有60个0.01，0.48有48个0.01，60个0.01比48个0.01大。观察这几组整数、小数、分数的大小比较，你有什么想法？

生：在计数单位相同的情况下，哪个数的计数单位多，哪个数就大。

师：是的，这几组整数、小数、分数比大小的时候，相同的是比较有多少个计数单位。请大家再思考，我们为什么说0.6里有60个0.01，而不说是6个0.1呢？

生：因为0.48的计数单位是0.01，为了方便比较，要使它们的计数单位相同，所以要说0.6里有60个0.01。

关于两个具体的小数的比较，学生的个性化思维不断闪现，使听课教师不得不惊叹。贲老师敏锐地抓住学生思维中有价值的地方，并将其放大，目的是让学生透过多样化的比较方法，发现小数大小比较的本质，从而由表及里地认识小数单位，对小数大小比较有更深入的认识。在贲老师的启发引导下，学生打通了整数、小数、分数间比较大小的联系：用比较计数单位的方法更便捷，使学生明白小数的大小比较和整数大小比较的方法原来是相通的。

3. 交流“关于小数的大小比较，我的提醒”。

生：我要提醒大家，小数不是位数越多，就越大，而需要逐位比较。

生：我要补充的是，小数大小与小数位数无关。

师：请大家判断，“两位小数一定比一位小数大”这句话对吗？

生：错。

生：在整数里，两位数一定大于一位数。例如，48肯定大于6，因为48的十位上有数而6是个位数。而小数，如0.48和0.6比较，就是一位小数0.6大。

提醒，实质是学生对学习重点、难点的概括性思考。

四、交流练习

师：接下来，看材料中的练习第1题，大家交流。

（一个学生汇报答案，其余学生判断。汇报的学生前5小题都对了，第6小题的答案是3.84＞3.844。）

生：错，应该是小于。

生：我们先比较整数部分的个位，两个数的个位上都是3，个位是相同的；我们再看小数部分的十分位，两个数的十分位上都是8；再看小数部分的百分位，两个数的百分位上都是4；但是在千分位上，第二个小数有个4，第一个小数可以添上一个0，所以3.84小于3.844。

师：谢谢你非常清晰的分析，这样的比较方法叫什么？

生：逐位比较。

师：请把掌声送给命名这种方法（指着黑板上板书的“逐位比较”）的主人。（全班学生鼓掌）由于时间关系，今天这节课就到这，研究学习单上剩下的题目，明天数学课继续交流。

评析与思考

本节课围绕贲老师课前提供的一份“研究学习单”展开。贲老师有意识地搜集学生课前对于小数大小比较的理解，通过“研究学习单”这一载体，充分挖掘学生的生活经验、知识经验和思维经验，为课堂分享交流提供了有力保障。

在课堂学习的过程中，我们可以看出，学生是学习的主人，在滔滔不绝地讲述自己的观点，抛出自己个性化的理解中，学生的思维不断碰撞，从中获得了发展。

反思与备学

从沙龙学习方式的角度来说，自由漫谈式的讨论、交流是需要围绕主题的。因此，教师引导学生备学是非常必要的。贲老师提供的课前“研究学习单”正起了这种引导作用。但是由于研究单的开放性还不够，学生自主发现问题、寻求学习资源的开阔性，生活经验、知识经验与思维经验的丰富性还不够。因此，引导备学的思考题有待“研究”，可以这样备学。

1. 从生活中找出 10 个小数的实例，按从小到大的顺序排列。
2. 说说你这样排列的理由。
3. 关于小数比较大小，提出三个问题在课堂上讨论。

结语

一位农民种植的玉米每年都会在全州博览会上赢得蓝带奖。有一年，一个记者采访他，得知了他种植玉米的趣闻：农民将他的种子与他的邻居分享。“你怎么可以将你最好的玉米种子与你的邻居们分享呢？这些可是每年都为你赢得大奖的种子啊！”记者问道。

“嗨，先生，”农民说，“你可知道？风将成熟玉米的花粉吹来吹去。如果我的邻居种植差的玉米，交叉异花授粉就会逐渐降低我的玉米的品质。如果我想种植好的玉米，我就必须帮助我的邻居也种植好的玉米。”

这个小故事可以充分地说明，在备学后搞沙龙学习，可以启迪学生的思维，形成良性的循环。英国剧作家、评论家乔治·萧伯纳所说的“当两个人交换一个苹果时，得到的还是一个苹果；交换一种思想的时候，得到的却是两种思想”，更能说出沙龙学习的优越性和重要性。

第二节　多元分析，共同讨论数学问题

沙龙学习是一种围绕主题自由交流的学习方式，主体是一群学生或者一群学生与教师。沙龙中，因为有了自由思考和交流的氛围，所以学生与教师往往能生成很多新思路，并在这种新思维情境中畅意表达。学生在沙龙中暴露的思维过程，既是同伴相互学习的资源，也是教师课堂教学的资源。学生根据自己的经验和掌握的知识、数学基本思想方法，在沙龙中相互启迪，互相促进，揭示数学知识的本质，真正实现教学相长——师生共撑一支“沙龙”的长篙，向问题的多元，思维的更深、更广处漫溯。

案例 1　王俊教学“平面图形的周长和面积的关系”

实录与旁白

师：这是蜂窝整体的横切平面图，这是蜂窝局部的横切平面图。看到这些蜂窝，你想提出哪些问题？（边说边出示课件）

王老师以学生的生活经验为基础，引导学生观察蜂窝，并根据蜂窝的特点发现问题、提出问题，以培养学生的问题意识。

生：蜜蜂为什么要这样造窝？

师：为什么蜂窝要做成圆形？

生：因为在平面图形中，圆的面积最大。

师：在面积相等的情况下，圆的周长最——

生：小。

学生开始提出的问题与数学无关，王老师通过示范提问，引导学生把问题与数学联系起来，这样学生提出的问题才有效。如果多让几个学生来提出问题，或许像王老师提出的这种数学与生活紧密联系的问题就会出自学生之口了。

师：这样可以节省材料。

生：为什么一个个小蜂巢不是圆的？而是正六边形的？

师：你真善于提问。为什么呢？同学们如果每天坚持多问几个为什么，

会变得更聪明。

在与学生的交流互动中，王老师充分发挥自己的主导作用，引导学生提出了“数学味”很浓的问题——蜂窝为什么是正六边形的呢？对此，王老师给予了肯定表扬。王老师对学生的积极评价有助于培养学生的个性品质与创新精神。

师：蜜蜂之所以能在千百万年的进化历程中生生不息，其中的一个原因就是它们善于用最小的成本去争取最好的成果。早在亿万年前，蜜蜂就懂得低碳生活，就懂得构建和谐社会了。你们看，节省材料就是低碳生活，（会场笑声一片）紧紧挨在一起就是共建和谐社会。同学们，其实，我们每个人的心中都有一根无形的绳子，我们究竟能用这根绳子来围出怎样的面积，这将是我们一辈子都研究不完的一个课题。老天给根绳，创造在个人。

王老师引领学生从“蜂窝”这一教学资源出发，走向“低碳生活”这个社会教育资源，让学生从小问题出发，多角度认识事物，提升学生对事物的认识能力。同时，王老师在课堂教学中渗透哲学中的人文教育观点，让小蜂窝带来的教育效益达到极致，使师生交流达到“关爱自然，关爱他人，关爱社会”的和谐境界。

评析与思考

这是一个微型沙龙。我想起了沙龙中王老师所说的一句话：“老天给根绳，创造在个人。”这小小的“蜂窝猜想”不仅隐含着数学问题，还关系到和谐社会！“早在亿万年前，蜜蜂就懂得低碳生活，就懂得构建和谐社会了。”说完此话，会场的学生和听课教师大笑，王老师的数学课充满着调侃，更充满着人情味儿。每一个小小的数学问题，都像一扇扇天窗，让大家看到了“天外之美景”，原来数学课还能上得这么有“哲学味儿”和“人情味儿”，这足以看出王老师的博学多才。看来，我们这些平平凡凡的为师者要好好“修炼”了。

王老师的这节课，与其说是一节数学实践活动课，倒不如说是一节人文哲理课。从这节课中，我们可以看出王老师爱人生、爱数学的品质。一般教师爱上中规中矩的数学课，而王老师这节课可能就有点“剑走偏锋”了。苏霍姆林斯基曾说过：“应让我们的学生在每一节课上，享受到热烈的、沸腾的、多彩多姿的精神生活。”王老师的课，不正是给学生带来了一顿精神大餐么！他那前卫的新课程理念，给学生和与会者以美和智的陶冶、启迪。特别是课末，王老师让在座的教师和学生去品味意味深长的一个道理：“老天给根绳，创造在个人。”这样的大爱教育，可能一时半会看不出效果，但会影响学生一辈子，让学生懂得如何去关爱别人，关爱社会。

反思与备学

沙龙学习的长处就是有利于教师和学生多角度、多学科、多话题地进行交流互动，达到整体的教育高效益。为了让学生在沙龙学习中人人有话说，个个发言精彩，备学时可以设计这些问题。

1. 生活中有许多利用周长与面积的知识制造的物品，这样既能美化造型又能节约材料，请举出三个例子说明。

2. 选个例子用图示的方法表示出来，在班上交流展示。

3. 提出三个问题在小组中讨论。

案例2　许卫兵教学“认识比”

实录与旁白

（播放连环画《配制蜂蜜》，同时配音：冬冬到王阿姨家做客，王阿姨用蜂蜜和水泡了一杯蜜茶给他喝，甜味适中，味道很好。几天后，冬冬家来了几位好朋友，他也想泡这样的蜜茶给客人喝。可是怎么泡呢？他打电话给王阿姨。王阿姨说她是把10毫升蜂蜜加到90毫升水中的。）

社会生活是数学学习的宝库，许老师从中挖掘出与“认识比”相贴切的适合学生学习的素材，并组织学生对关键内容进行交流。但有点不自然。一般都会说几调羹蜂蜜，几碗或几杯水。要贴近学生生活，最好改为王阿姨说：“我是把1调羹蜂蜜加到一茶杯水中的。”

师：如果你是冬冬，听了王阿姨的介绍，会怎样来配制蜜茶呢？

生：把10毫升蜂蜜加到90毫升水中。

师：如果来了很多好朋友，可不可以泡一大杯呢？

生：按9∶1来配，1份的蜂蜜配9份的水。

关于配制蜜茶，学生的第一反应是按照王阿姨的方法去做。许老师机智地将话锋一转："如果来了很多好朋友，可不可以泡一大杯呢?"把学生的思维往前推进了一大步。虽然是初次认识比，但是有学生已经能脱口说出"按9∶1来配。"

师：能不能说具体一点?

许老师结合学情，根据学生的回答，引导学生把话说清楚，既是为了看说的学生是不是真的理解和掌握了泡茶的方法，也是为了让其他学生了解泡茶的方法。围绕情境继续追问，有助于深化学生的认识。

生：20毫升的蜂蜜配180毫升的水。

生：50毫升的蜂蜜配450毫升的水

在倾听和理解同学思路的过程中，其他学生也能"生长"出自己对这个问题的不同认识。

师：你是怎么想出这些数据的?

许老师关注学生思维中这些关键的"细枝末节"，继续加以追问，一环紧扣一环，层层递进，引导学生的思维不断向纵深和宽广方向发展，让学生充分暴露自己的思维过程。

生：我把蜂蜜的量扩大5倍，水的量也扩大5倍。

师：这样的例子是不是还有很多?为什么水和蜂蜜的量变化了，却还是"一样甜"呢?

生：因为水和蜂蜜的量扩大了同样的倍数。

师：说说你发现了什么?

生：水和蜂蜜的量之间的倍数关系没有变。

让学生从配制蜂蜜的量化过程中，感受到一组组不断扩大的数量，从中体会极限思想。同时，许老师从不断扩大变化的数量中，通过充满生活气息的提问，引发学生深入思考，为认识比的本质意义埋下伏笔。

师：看看蜂蜜和水的量是不是9倍的关系?这9倍关系，还可以用什么表示?

生：$\frac{10}{90}=\frac{1}{9}$。

许老师从生活现象出发，引导学生抓住有价值的问题进行思考，使学生能够把普通的问题抽象成充满数学意味的算式。学生在这一过程中，品尝着从文字表达到算式表达的乐趣。

师：为什么都是表示它们之间的关系，却用不同的数呢，一个是9倍，一个是$\frac{1}{9}$**?**

生：因为一个是用水的量比蜂蜜的量，一个是用蜂蜜的量比水的量。

师：就是说，如果把两个量的顺序调换一下位置，就会得到两个不同的数。

比的前项和后项是两个不同的量，调换它们的位置，就能得到两个不同的比，表示的意义也不相同。

师：这个数学知识叫什么呀？

（板书：比。）

通过沙龙研讨的方式，学生对新概念的认识，被纳入了原有认知结构，知识的衔接自然、和谐。

师：这时我们应怎么说呢？

生：水的量与蜂蜜的量的比是9∶1。

（板书：水的量与蜂蜜的量的比是9∶1。）

师：如果把蜂蜜的量放在前面和水比呢？

生：蜂蜜的量与水的量的比是1∶9。

（板书：蜂蜜的量与水的量的比是1∶9。）

在数学表达的过程中，学生把低年级时对此问题的“份数”表达，改用数学新名词“比”来表达，“比”由此与学生的知识经验变得亲近起来。

师：为什么就变成1∶9了呢？

生：比的量不同。

师：意思是比的项的顺序不同。我们不能单独说一个“比”，而要说出完整的“比句”，这样才能把意思表达清楚。

通过比的两种不同表达方法的比较，再次强调比的前项和后项的顺序不同，表示的意思不同，引起学生的重视。

评析与思考

许老师在课始用学生熟悉的“冬冬招待客人要泡蜂蜜茶”的生活情境作为切入口，以“一样甜”为泡茶标准，为学生提供了很大的想象空间。在贴近生活经验与思维经验的情境中，学生自然地想到一杯、一杯地泡茶，教师接着问：“如果来了很多好朋友，可不可以泡一大杯呢？”一石激起千层浪，虽然学生说出各种不同的配制方法，但他们心里都明白：几杯一样的蜂蜜茶，就需要几个10毫升的蜂蜜、几个90毫升的水。学生在这样的思维过程中，能深刻体验到“变与不变”的真相——为什么“一样甜”：都是用 1 份蜂蜜和 9 份水，自然过渡到用数学语言表述“水的量与蜂蜜的量的比是 9∶1”“蜂蜜的量与水的量的比是 1∶9”。学生在观察和对比中发现，两个量的前后顺序不同，表达的意思也不相同，很快就激活了学生大脑中已有知识结构——与以前学过的“×比×多几”“×比×少几”“×是×的几倍”“×是×的几分之几”的道理是一样的，要陈述相对的两个事物时，一定要先弄清谁是“标准”，找准了“参照物”，才能把问题说得清楚、明白。

反思与备学

学生对生活中的泡茶并不陌生，尤其是春节或者平时有客人的时候都需要泡茶，只是学生接触更多的是糖茶或者茶叶茶，而且是自己见得多，做得少。如果学生经过备学，效果会更好。这一内容，我们设计了这些备学引学题。

1. 自己动手泡一杯蜜茶或者糖茶，然后告诉同学多少蜜（糖）放在多少水中。

2. 关于“比”生活中运用很多，请举出三个不同类型的例子，说说你已经认识的“比”。

3. 提出三个关于“比”的问题在课堂上讨论。

结语

沙龙是一个能让学生畅所欲言的场所。

教师作为学生学习的组织者、合作者和引导者，需要创设一定的情境，组织学生进入情境，引导学生在已有的知识经验的基础上从不同角度看问题，并进行多元分析和广泛交流，提高学生的思维水平。虽然教师应鼓励学生进行多元分析，探究解决问题的多样性，但不可要求学生解决问题时一题多解。

第三节　头脑风暴，思维碰撞解决难题

头脑风暴法又称“智力激励法”。当一群人围绕一个特定的感兴趣的学习领域产生新观点时，这种情境就叫“头脑风暴”。由于不受拘束，头脑风暴能让人们自由思考，进入思想的新领域，进而产生一些新观点和新方法。当参与者有了新观点和新想法时，他们会大声说出来，并在他人提出的观点的基础上建立更新的观点。它的特点是让参与者敞开思想，使各种设想在相互碰撞中激起脑海的创造性风暴。头脑风暴法分为直接头脑风暴法和质疑头脑风暴法，前者是尽可能激发创造性，产生尽可能多的设想和方法，后者则是对前者提出的设想和方案逐一进行质疑，发现其现实可行性。头脑风暴法能促使学生的思维发生碰撞，产生智慧火花，从而合作解决难题。有序讨论是头脑风暴法的实施关键。

案例 1　徐长青教学“退中的数学”

实录与旁白

师：遇到困难时，我们要学会把“法宝”（规律）拿出来用。（板书：100000004 边形）

形象地把“规律”比喻为屡试不爽的“法宝”，无形中让学生对发现规律产生亲近感。

师：见过吗？（学生摇头）都没有见过。我们就是要向没见过的问题挑战。这个图形是怎样的呢？

生：它是一个封闭图形，有 100000004 个角、100000004 条边。

师：我的问题就和这 100000004 个角有关，它的内角和是多少度？

面对复杂图形，徐老师鼓励学生大胆、积极地挑战，并且勇敢探索。

生：100000002 乘 180。

生：100000004 减 2 再乘 180。

师：你知道为什么要减 2 吗？这个多边形的内角和与它的边可能有什么

关系呢？为什么要减去 2？请问你们有什么方法可以证明？

学生中出现不同的答案是“头脑风暴”中的常见现象，这就形成了学生的认知冲突，徐老师为学生提供了一个充分展示自我的舞台，使他们的观点得以充分发表。

生：法宝，退退退，进进进，回头看，找规律。

师：退到几边形？

生：三角形，因为它是最简单的封闭图形。

（板书：三角形、四边形、五边形……）

在交流活动中，学生将“法宝”灵活应用到复杂图形的研究中，即不断地退，退到最基础的图形——三角形，这样化繁为简，也说明了学生能熟练使用转化的数学思想。

师：适时停步，回头看，三角形的内角和是多少度？四边形呢？为什么？

当学生退到三角形这一最基础图形处时，徐老师提醒学生，退不是根本，应该适时停步进行思考，根据原来的知识经验有目的地进行探索。

生：因为一个四边形可以分成两个三角形，两个三角形的内角和是 360 度，所以四边形的内角和就是 360 度。（学生边说边演示：沿着四边形对角线切割、分析）

师：把一个四边形一分为二，就能求出它的内角和。那五边形的内角和呢？

生：540 度。

师：是怎样求出的呢？

生：3 个三角形。

师：你能让我看出 3 在哪里吗？

生：（边说边比画）一分为三。

追问，能帮助学生在脑海里通过数形结合进行思考，从易到难地进行有序整理，让复杂图形的规律越来越凸显于探索过程中。

教师的不断追问，促使学生将简单图形中的规律不断迁移，并延伸到不断变化的图形中去。小规律，能够解决无数图形中的这类问题，润物无声中，学生对此有了感悟，并对极限思想有了体验。

师：现在，我们该回头了吗？三角形的内角和是 180 度，一个四边形可以分为两个三角形，也就是一分为二，同样，五边形能一分为三。六边形能一分为几？十边形能一分为几？一万边形呢？一亿边形呢？一亿零二边形呢？一亿零四边形呢？

生：六边形能一分为四，十边形能一分为八，一万边形能一分为九千九百九十八……一亿零四边形能一分为一亿零二。

师：答案就在我们心中，我们刚刚用“法宝”证明了，边数减 2 的差再乘 180 就能求出，“法宝”真有用。

此时无声胜有声，结论已经在对规律的不断深化、总结中铭记于学生心间：一个多边形的内角和是它的边数减 2 的差乘 180 度。

评析与思考

杜威曾经说过：“我们可以把马牵到河边，却不能按着马的头让它饮水。”徐老师在和学生一起解决“100000004 边形的内角和是多少度”时，采用了沙龙学习的方式，为大家掀起“头脑风暴”，鼓励学生先进行猜想，畅所欲言之后进行验证。在徐老师的课堂上，学生非常乐意拿出“法宝”去研究问题。在这里，学生循着“退”的原则，退到图形的最基础之处——三角形中，从三角形、四边形、五边形这些简单图形的内角和开始探索。在不断递进的思考中，学生的思维大步跨越着，规律横穿从易到难的任何图形，结论刻在了学生脑海中。至此，徐老师并没有用规范的文字去约束学生对规律的认识，而是以一句“答案就在我们心中，我们刚刚用‘法宝’证明了。”总结性评价让“头脑风暴”完美结束。

反思与备学

这节课是否可以让学生这样备学？

1. 举例说说生活中的多边图形。
2. 用量角器量一量你所举例子的多边形的内角和。
3. 说出你的发现。

案例 2　吴正宪教学"重叠问题"

实录与旁白

［课件出示：学校组织课外活动小组，三年级（1）班同学参加语文组的有 5 人，参加数学组的有 7 人。参加两个组的一共有多少人？］

师：我们按学号来填，参加语文组和参加数学组的同学。

（师生共同填写下表。）

语文组	1	2	3	4	5		
数学组	6	7	8	9	10	11	12

师：一共有多少人呢？

生：12。

师：你马上就回答出来了，我觉得如果停 30 秒钟再回答，可能会更精彩。

"头脑风暴"需要学生先积极、充分思考。因此，吴老师提醒学生应该全面、深入思考后再发表意见，这样观点才会更成熟，在沙龙中交流起来才更能代表自己的水平。

师：这是我们一年级时学习的知识，现在我们长大了，想问题不应该这么简单了。有人能不能自己发现问题？（停顿一会儿）同学们，看到这个题目的时候，首先得想一想它要告诉我们什么信息，还得想一想——

爱因斯坦说，发现问题和系统阐述问题可能比得到解答更为重要，而提出新问题和新的可能性，从新的角度去考虑问题，则需要创造性的想象。在这里，吴老师激励学生提出自己的问题。

生：这些学生有没有重复的？

师：你说的"重复"是什么意思？

生：就是说有没有一个人参加两个兴趣小组。

师：这事我真没注意，你的意思是说有没有同学既参加了——

生：语文组。

师：也参加了——

生：数学组。

吴老师是“头脑风暴”的主持人，同时也是沙龙学习的合作者和参与者。她在和学生的交流中注意引导学生仔细审题，引导学生将目光聚焦于问题的关键之处——重复上。当学生发现问题时，吴老师适时顺着学生的思维进行追问，让学生的思维得以细化。

师：同学们，把笔放下来，听听同伴的声音，会对你有很大的帮助。如果让你去调研这件事，你觉得会出现几种可能性呢？

生：不可能有 12 个人。

生：有可能有 12 个人，每个人参加一个兴趣小组。

生：也有可能有人参加了两个兴趣小组呀！

学生继续畅所欲言，吴老师引导学生学会倾听同伴的发言，同时引导学生关注会出现几种可能性这个问题，为学生的思路打开了一个新局面，帮助学生逼近教学难点。

师：哦，你想到 1 个人既参加这个兴趣小组又参加那个兴趣小组，假如像刚才这位同学所说的，1 人只参加一个兴趣小组，有没有这种可能？

生：有。

师：还会怎么样？比如说会有几个同学怎么样？

生：可能会有 2 个人既参加语文兴趣小组又参加数学兴趣小组。

师：有没有这种可能？

生：有。

师：还有哪种可能？

（学生回答。）

师：大家经过讨论，发现了很多种可能，真了不起。这提醒我们，在考虑问题时，我们要尽可能把问题考虑全面。

“头脑风暴”中必须坚持当场不对任何设想做出评价的原则，既不能肯定某个设想，又不能否定某个设想，也不能对某个设想发表评论性的意见。对学生进行延迟评价和判断，一方面能防止评判约束学生的思维；另一方面能使学生集中精力验证猜想，避免影响创造性设想的产生。

评析与思考

吴老师是学生“头脑风暴”的组织者，她充分尊重学生，与学生平等交流，使学生真正成为学习的主人。她先唤起学生的生活经验，再顺着学生的思维进行适当追问："我觉得如果停 30 秒钟再回答，可能会更精彩。""有人能不能自己发现问题?""看到这个题目的时候，首先得想一想它要告诉了我们什么信息，还得想一想——"引导学生进行思维碰撞，产生智慧的火花，使课堂教学显得"简单"而又多彩。吴老师的语言幽默，很有亲和力，师生之间配合密切，学生学习时流露出对教师的认可。正如吴正宪老师自己所说的——没有什么比保护学生的自尊心、自信心更重要；没有什么比激发学习兴趣、保护好奇心更重要；没有什么比尊重个性、真诚交流更重要；没有什么比养成良好的学习习惯更重要！

反思与备学

吴老师非常注重培养学生的数学思想方法，注重在问题引导下，渗透对应和数形结合等数学思想方法，增进学生对重叠问题的认识。教师的设计润物无声，学生的学习悄然无痕。为了使"头脑风暴"的效率更高，效果更好，我们可以在课前做一些准备工作，也就是备学。教师在教学前可以引导学生从以下几方面进行备学。

1. 回顾一下已学过哪些"数学广角"？举例说明。

2. 你用过画圈的方法解决问题吗？举例说明画圈的方法有什么好处？

3. 用自己的方法尝试做一做教材的例题，写出你的发现，提出三个有价值的问题在班级内讨论。

在学生对有待解决的问题有所了解后，利用头脑风暴法进行教学能活跃课堂气氛，促进学生思维，进而顺利解决难题。

结语

根据小学生的年龄特点和学情的需要，利用头脑风暴法进行教学时，应先明确主题，让学生先备学，这样学生在课堂上就会畅所欲言，互相启发和激励了。教师作为组织者，需要及时对学生的各种设想做适当引导，使学生打破常规思维，转变思考角度，减少思维惯性，进行独立思考，从而提出新的设想。每个人的独特视角在相互的碰撞中很可能会产生新的火花，从而顺利解决难题。

第九章 辩论备学

有持不同意见的双方或多方存在，才能实现思想交锋，才能进行辩论学习。一个人不可能自己同自己辩论，一个人头脑中几种方案或做法的权衡和比较，只是思考或思辨而不是辩论。备学后，学生带来的学习资源不尽相同，发现与提出的问题也各不一样，此时教师在课堂上组织学生讨论，辩论就自然发生了。

辩论必须针对同类事物或同一问题展开，即针对同一论题展开。如果各方谈论的论题不同，就不能实现有意义的辩论。因此，备学引导题起着关键作用，既要符合学习内容的主题，又要具有开放性和引导性，允许学生出错，这样学生才能提出问题，展开辩论。

第一节　经历思辨，触及思维深处

在对概念或规则的学习中，由于受思维水平的限制，小学生常常会出现模糊的思维结果。教学中，许多教师常对此直接给予评价，指出错误，或直接采用“告诉式”的教学方法，一旦发现学生的想法超乎自己的教学预设，就会制止学生发言。从“学为主导”的理念来看，课堂中学生思维的发展更需要教师顺势而导。组织学生辩论，使学生的思维模块得以在交流与思维碰撞中完美建构。

案例1　华应龙教学“中括号”

实录与旁白

师：用脱式计算42×［169－（78＋35）］这道题。

（学生计算，教师巡视并选择几位学生的作业投影出来。）

出示做法一：

42×［169－（78＋35）］

＝78＋35

＝169－113

＝56×42

＝2352

师：怎么样？谁来评价？

数学课堂的辩论学习方式，需要有正方与反方。华老师课堂捕捉的正是有辩论价值的资源。

生：结果是对的，但是过程不好。

师：哪里不好？

抛出正方观点。教师这样问是可以的，但作为数学的组织者，最好说：“有不同意见吗？”

生：既然是用等于号把两个算式连接起来，那第一个算式和第二个算式应该是相等关系，可是在他的计算过程中，等于号两边的算式不相等。

反方的观点。

生：但是这样算也有优点，先做哪一步很清楚，别人能够看明白。

正方的观点。

师：在那么多的同学发现算式有不足的时候，他从中看到了优点。是的，这样的过程能够让别人看得很明白，但是还能用等于号把它们连接起来吗?

生：不能!

生：不可以！不行!

如果教师不进行“但是还能用等于号把它们连接起来吗”这样的引导，只是说：“这样的过程能够让别人看得很明白，这是正方的观点，大家有异议吗?”效果会更好。这样学生的思维是自由的，调动的是学生个体的经验和个体的思维。教师的引导性的提问，实际上暗示了教师的观点，学生的思路就容易跟着教师走，这样不利于学生思维能力的训练与发展。

师：他注意到了等于号表示算出来的结果，但是忘了等于号还表示上下两个式子完全相等。有位数学家说过，用两条相等并且平行的线来表示相等关系是再准确不过了。所以问题就出在了这!

师：再来看看第二种做法。

出示做法二：

$42\times[169-(78+35)]$

$=42\times(169-113)$

$=42\times56$

$=2352$

师：这种做法谁来评价?

生：这种做法列的算式比刚才的算式要简单一些。

生：这是对的。

生：第二步中的“169－113”可以跳过去，直接算出下面一步。

(其他学生纷纷表示不可以跳过。)

师：大多数同学不同意。看来你的计算能力特别强，所以你想跳过去。但是我们要有层次、有步骤地把它表示出来，这一步一般是不能省的。

很可惜，学生之间没能展开激烈的辩论，教师就自己总结起来了。如果这个结论是学生通过辩论总结出来的，那该多精彩啊!

出示做法三：

  42×[169－（78＋35)]

＝42×[169－113]

＝42×56

＝2352

（学生看到之后很快出现不同意见，大家开始小声讨论起来，教师静静地等待。）

生：我认为算式第二步中应该用小括号，而不应该用中括号。

反方的观点。

生：我认为就应该用中括号。

正方的观点。

（更多的学生说应该用小括号。）

师：为什么应该用小括号呢？

生：因为没有小括号就没有中括号。

（其他学生纷纷点头赞同。）

辩论开始了。

师：同意用小括号的举手！

（大多数学生举起手来。）

师：不同意的举手！

（少数几个学生举手，教师请其中一位学生说一说自己的想法。）

辩论就是需要分阵营的。教师这样处理以后，会给学生留下更深刻的印象。这样的课堂学习，给学生留下的不仅仅是知识技能的记忆，更是对学习情境的深刻印象。

生：我觉得在计算过程中，无论是中括号还是小括号都不应该改变，小括号里的式子算完了，小括号就应该被去掉了，中括号应该照抄下来。

正方陈述理由。

生：可是只有有小括号时才有中括号呢，你不能一上来就用个中括号呀！

反方反驳。

师：看来同学们说得都挺有道理的，没有小括号就没有中括号。你们有没有看到哪个人穿外套不穿衬衣的呀？

（学生开心地笑了。）

教师不仅缓和了辩论的气氛，而且借用生活中的道理打开了学生的思路。

师：但是刚才那位同学说一般不改变运算符号的，也对！看来双方都有道理，究竟怎么写呢？一般来说，应该写中括号。

（学生好奇地看着教师，等待着教师继续讲解。）

师：这个中括号虽然看起来不怎么舒服，但它表达了更多的信息！首先表示到这一步已经把上面小括号中的算式算完了，而且上面的中括号直接抄下来不容易出错。所以，虽然两种写法都对，但是一般都写中括号。

还是很遗憾，为什么这些话不是学生辩论出来的呢？

评析与思考

数学课堂中的辩论学习，需要正方与反方。华老师课堂上捕捉呈现的“做法一”和“做法三”，正是两个有辩论价值的资源。学生根据自己的已有经验和第一感觉，朦胧知道运算的顺序，但不能科学、正确地表达出来。这时华老师并没有直接给予评价，而是把这个问题抛给了学生，让学生来评价。学生在轻松的氛围中，打开了思维的闸门，指出了其中的优劣。有学生说：“结果是对的，但过程不好！”还有学生说：“既然是用等于号把两个算式连接起来，那第一个算式和第二个算式应该是相等关系，可是在他的计算过程中，等于号两边的算式不相等。”随着辩论的深入，学生逐渐触及数学的本质问题，学生的思维已有一定的深度。当有位学生评价“但是这样算也有优点，先做哪一步很清楚，别人能够看明白”时，华老师表扬这位学生“在那么多的同学发现算式有不足的时候，他从中看到了优点”，这给了学生尊重和鼓励，使发言学生有了心理安全感。在这样的环境中，我们才能够听到学生最真实的想法。中国科学院心理研究所研究员、博士生导师张梅玲曾说，对学生资源，华老师一是做到了耐心倾听；二是做到了精心选择，选择典型的；三是做到了对学生资源的概括和提升；四是做到了对学生的尊重和欣赏。华老师的这些优点，在这一环节可见一斑。

在教学中括号的实际计算时，华老师并没有用说教的方法让学生“照葫芦画瓢”，而是大胆放手让学生尝试。学生在尝试中，自然地暴露出或正确或错误的真实想法。有的教师发现学生出现那么多和自己预设相差很远的算法，或许会大发雷霆，但华老师却不回避学生出现的错误，而是有选择性地捕捉三种做法呈现出来，把它们作为课堂宝贵的生成资源，让学生自由进行评价。这些或错误或正确的想法，是学生想出来的，既有真实性，又有说服力。另外，教师没有直接去否定学生的想法，呵护了学生的自尊，保护了他们学习的积极性。

反思与备学

在争论思辨中，通过对“做法一”和“做法二”的评价，学生明白了哪些是不规范或错误的表达方式，而“做法三”呈现了一种规范的表达方式，四则混合运算的运算法则也逐步明晰：先算小括号里的，再算中括号里的，最后算括号外面的，过程中不参与计算的部分要照写下来。教学中，有不同想法的学生会各抒己见，互相进行纠正，从而达到最佳的教学效果。遗憾的是，教师替代学生的总结陈词还是来得太快了一些，可能这与课堂任务和进度预设有关。关于计算教学，也是可以引导学生备学的，如这节课可设计这样的引学题。

1. 和家人或同伴玩“快算 24 点”游戏，把每次的四个数字和计算过程记下来。

2. 选择游戏中的三个例子，尝试写成一个综合算式，并写出计算过程及结果。

3. 写出游戏中的发现与同伴分享，提出三个有价值的问题与大家讨论。

案例 2　吴正宪教学“解决问题”

实录与旁白

（课件出示：弟弟摘了 4 个桃子，哥哥比弟弟多摘了 3 个，两人一共摘了几个桃子？画图并列式解答。）

（学生解答。）

师：刚才老师看了同学们的解答，共有 3 种情况，有的同学算出结果为 11，有的同学算出结果为 7，还有个别同学没有算出来。没有关系，下面我们通过讨论把问题搞清楚。下面请算出结果为 7 的同学站在我的左边，请算出结果为 11 的同学站在右边。

学生基于自己的经验，得到了不同的结果。教师发现了值得辩论的教学资源。

（教师从答案是 7 和 11 的学生中各选 3 名代表到台前。）

师：一场小小的辩论会就要开始了。我们互相提提问题可能就把问题搞清楚了。注意，只能向对方提问题，明白了吗？你们谁先来？

教师确定辩论规则，这是辩论教学的一个重要方面，尤其是对刚开始学习辩论的学生，应具体地给予指导。

算出结果为 11 的学生代表（以下简称正方）：你们的 7 是怎么算出来的？

算出结果为 7 的学生代表（以下简称反方）：4+3=7。

师：（向正方）你们继续问呀。

强化辩论的规则。

正方：那你们的 4 个和 7 个是怎么加的呢？

辩手出错了。

师：人家是 4+3=7。你现在要问的问题是什么呢？想一想，刚才智慧人帮助过我们的。不知道？我悄悄告诉你（题目里让你们求的是什么）。

教师及时给出错的辩手解围。

正方：题目里让你们求的是什么？

反方：一共摘了多少个桃子。

正方（跑上台一个女孩）：你们求的是哥哥摘的桃子的个数。

这名学生一下子说出了正确答案，但违背了“只许问”的辩论规则。

师：你们求的“7”是谁的？

教师制订“只许问”的规则的意义就在于暴露双方的思维过程，对全体同学而言，这也是一种学习资源。

反方：我们求的“7”是哥哥摘的桃子的个数。

正方：但题目中要你们求的是一共摘了几个桃子，你们为什么要求哥哥摘的桃子的个数？

反方：不求出哥哥的怎么知道一共有几个桃子呢？

正方：那如果你们不加上弟弟摘的桃子的个数，怎么求出一共的呢？

（吴老师鼓掌。）

反方：那如果不先算出哥哥摘的桃子的个数，怎么算出一共的呢？

正方：但是你只求出哥哥摘的桃子的个数，还没求一共的啊！

师：（问反方）那你们的意思就是说，求出哥哥摘的桃子的个数是“7”，这问题就解决了？

反方：是的。

师：噢，你们这是大喘气，就是先把第一个最关键的问题解决了，是不是？那你们知道最后还要怎么办吗？

学生思维不全面，教师要给个梯子帮他们爬得更高，看得更全面。多高超的教育艺术！

反方：最后再把哥哥摘的桃子的个数加上弟弟摘的桃子的个数。

学生爬上了梯子。

师：好了，你们改变了自己的想法。

（学生结合图分析为什么先算4+3，再算4+7。）

教师及时给予肯定。

师：（再次问反方）还“7”不“7”了？

生：不“7”了。

师：改变了的，站过去。（指正方一边）

生：我站中间。

师：为啥？

生：因为我两个都同意。没有7就没有11。

师：没有7怎么能得到11呢？是这个意思吗？

生：是的。

师：所以这个“7”很重要，谢谢你。掌声送给他。

哈哈，出现了第三方，这个学生独特的思维，给全班学生打开了一个新的思维视角。教师的强调，进一步加强这个思维的重要性，让所有的学生受益。

师：不过呢，还得把后面半口气喘上来，还得加上——

生：4。

师：还得求一共是多少，对吗？

辩论圆满结束。

评析与思考

学生根据自己的理解，得出了“7”和“11”两个答案，吴老师没有急于做出判断，而是对学生说：“一场小小的辩论会就要开始了。我们互相提提问题可能就把问题搞清楚了。注意，只能向对方提问题，明白了吗?”在初始阶段，学生还不会“辩论”，于是吴老师给予学生帮助与提示，后来学生越辩越有水平，逐渐触及问题的本质，反方逐渐在争论中发现了自己的错误，这时，吴老师调侃地说了句“你们这是大喘气”，不仅给了反方一个台阶，使反方挽回了面子，还营造了轻松愉悦的对话氛围。

反思与备学

吴老师及时抓住生成的矛盾，组织双方进行辩论对话。小学二年级的学生年龄小，语言组织方面存在一定的困难。虽然开始不顺畅，但吴老师没有“叫停”或包办代替，而是以组织者的身份不断地引导，如以“你们继续问啊!”“想一想，刚才智慧人帮助过我们的”等语言为学生提供思考线索。正因为吴老师有这样的“等待情怀”，才有了学生后面的畅所欲言，使学生的困惑在辩论中得到澄清。这节课也可以从以下几方面进行引学。

1. 把学具摆成两排，前排的个数要比后排的个数多几个。

2. 提出三个问题：前排是多少个？后排是多少个？两排一共多少个？一定要用加减法列式解答出来。

3. 提三个难一点的问题向同桌挑战。

结语

在以上的两个教学片段中，两位教师都能巧妙地捕捉课堂生成资源，灵活地组织学生进行辩论。在生生对话的过程中，当他们陷入“山重水复疑无路”时，教师机智地给予点拨、引导，让真理逐渐浮出水面；当学生处于积极兴奋的状态时，教师“借势造势”，使学生碰撞出更多智慧的火花，不同程度地呈现了“学为主导”的辩论课堂情景。如果两位教师在辩论环节，只当主持人，而不是充当其中的一名辩手，可能会调动更多的教育智慧，最大化地挖掘学生的潜能，长此以往，学生将学会思考、学会提问、学会辩论、学会最优化地解决问题。

第二节　深入辩论，体验建构之旅

建构主义认为，学生对知识的学习，需要经历“同化—顺应—平衡”的过程。在此基础上，协同教育理论学者根据东方和合思维，提出学生建构思维模块需要经历“同合—顺合—融合”的“三合”过程。学生是学习的个体，他们的学习并不是对知识进行简单的复制，而是自主建构各自的思维模块。每个学生生活的环境不同，因而会形成不同的知识、技能、智能、情意和观念等，这就是思维模块。在学习中，学生都会用自己的方式对学习环境中的资源进行选择以同合，并对原有的思维模块进行解构以更好地顺合，进而建构新思维模块，融合进自己的意境场——大脑中的思维模块网络。辩论的学习方式，正是学生建构思维模块的一种有效途径，学生通过辩论，实现了“三合”过程。

案例 1　潘小明教学“三角形的内角和”

实录与旁白

（课件变化三角形其中一个角的大小，动态呈现锐角三角形、直角三角形、钝角三角形。）

师：这三个三角形，哪个三角形的内角和最大？

教师有意问哪个三角形的内角和最大，让学生产生异议，从而引发辩论的主题。

生：一样大。

（此时，许多学生把手放了下去，表示同意。）

正方观点。许多学生可能通过预习或其他途径知道了结论，认为三个三角形的内角和是一样大的，但不一定知道为什么。

师：有不同意见吗？

教师的提问方式，加之观看动画时的视觉错觉，不知所以然的学生中总会有疑问的声音发出。

生：我认为钝角三角形的内角和最大。

果然不出所料，反方出现了。

师：请说出你的理由。

生：因为钝角三角形中有一个钝角和两个锐角，所以三个角的度数和是最大的。

学生真实的思维过程出现了，钝角大于90°，三角形的内角和就大，这个逻辑还是讲得通的。

师：你是不是觉得这个三角形中有一个角是钝角，所以它的内角和最大？

生：是！

师：同意的请举手。

（只有三四个学生举手表示同意。）

看样子大多数人还是不同意反方的意见，但是用什么道理来反驳呢？

生：我不同意。因为一个角在变大时，另外两个角在变小，三角形三个内角和可能是不变的。

正方从第一感觉中，朦胧地发现三角形的内角和可能不变。

（结合学生的回答，教师引导学生观察屏幕上三个三角形内角的变化情况：一个角变大时，另外两个角在变小。）

生：我认为三角形的内角和都是180°。

正方的这一辩手没有讲出道理。

师：你的眼力真好，一眼就看出是180°。

教师作为主持人，最好不要为辩手做辩护。如果这样说："说说你认定三角形的内角和都是180°的依据吧。"可能会更好。

生：我想，三角形三个角的度数加起来都一样大。

要说服对方，不能靠"我想"，而要说理。

师：我觉得这话有道理，因为一个角的度数在变大，另外两个角的度数的和在变小，三个角度数的和可能是不变的。刚才有同学说，这个不变的度数是180°，你是怎么知道的？

主持人的这个追问很好，学习知识不仅要知其然，还要知其所以然。

生：以前学习用量角器量角时，老师让我们量了三角形三个角的度数，说过三角形的内角和是180°。

这位教师是位有心人，前期的渗透此时起作用了。

（学生会意地笑了。）

生：因为一把三角尺上一个角是90°，另外两个角分别是30°和60°；还有一把三角尺上一个角是90°，另外两个角都是45°。三角尺上的三个内角和加起来都是180°，也就是说三角形的内角和是180°。

多有说服力啊，三角尺是最有力的证据。

生：我觉得这种说法不完全对。这只能说明这两把三角尺上三个角的度数和是180°，其他的三角尺上三个角的度数的和可能不一样呢。

生：三角形的内角和等于180°，这是我妈妈告诉我的。

从家庭中获得的经验，在课堂上也可以派上用场了。

师：同学们，他刚才说的话中有一句我特别感兴趣，谁知道是哪一句？

生：这只能说明这两把三角尺上三个角的度数和是180°，其他的三角尺上三个角的度数的和可能不一样呢。

这可是大家学习此节课最纠结的地方，从学生的口中提出，被教师睿智地捕捉到了。

师：对呀！

这个时候，教师最好鼓励一下反方的学生，这正是他们有疑问的原因所在。

生：我现在也认为三角形三个内角度数的和是一样的。因为一个角在变大的同时，另外两个角在变小，所以三个角度数的和应该是不变的。

师：由此想来，三角形的内角和可能是——

生：180°

师：但这毕竟是“可能”呀，要想验证猜想怎么办呢？

生：用量角器去量。

事实胜于雄辩。但反方的同学如果问：“你能把所有的三角形一个个量完吗？”则会把思维引向更深处。辩论告一段落，接下来就是如何巧妙地过渡到用“拼”的方法来验证三角形的内角和是否等于180°了。

评析与思考

奥苏伯尔认为：“一切新的学习都是在原有学习的根基上产生的，新知总是通过与原有认识结构中的相关知识相互联系、相互作用后获得意义的。”在辩论学习中，学生根据自己原有的思维模块，产生了不同的认知结果，自然地分成了正方和反方。学生在争辩的气氛中，产生了强烈的学习意向，无论正方学生还是反方学生，都会尽最大努力调动自己的已有经验说服对方。学生在辩论过程中，把自己的思维一览无余地暴露出来，这给教师的教学提供了第一手的、最有价值的线索。这时教师的任务就是进行引导，促使每个学生自主重构新的思维模块，让“新知之舟泊于旧知的锚桩上”。在上述案例中，潘小明老师先动态呈现：锐角三角形、直角三角形、钝角三角形，学生因此有了不同的反映结果，有少部分学生受表面现象的干扰，发现钝角三角形中有一个钝角，所以认为钝角三角形的内角和最大；有的学生在课件演示中发现，三角形的一个角变大时，另外的两个角却变小了，所以估计这三类三角形的内角和可能是一样的；还有的学生回忆起教师或家长曾经交流过的经验，指出三角形的内角和为 180°。特别精彩的是，有一个学生竟然想起手中的工具——三角尺，把三个角的度数加起来，都是 180°，而这时还有学生质疑：“这只能说明这两把三角尺上三个角的度数和是 180°，其他的三角尺上三个角的度数的和可能不一样呢。”多么可贵、真实的声音呀！

反思与备学

学生在辩论中逐步逼近知识的真相，此时教师引导大家用量角器去量一量，进行验证，是众望所归！但是不是所有的三角形内角和都是 180°呢？如果教师在这里引导学生用角度变化的规律来证明就更好了。因为一开始就有学生意识到三角形中一个角变大的同时，另两个角的度数和在变小。教师引导时可以从直角三角形开始，有规律地把直角放大或缩小 5°，10°，15°……再量对应的两个角的度数，从而让学生感知其变化规律，在操作、观察、分析、归纳中，有效地培养学生的数学思考能力。同时，这一环节中也可以设计这样的引学题让学生进行备学。

1. 你身边哪些物体是三角形的？观察这些三角形物体有什么特征，并记录下来。

2. 猜想一下，这些三角形的内角和是多少度？你是用什么方法知道的？把你的办法写下来与大家分享。

3. 用自己的方法研究三角形内角和，写出你的发现，提出三个有价值的问题在班上交流。

在备学过程中，学生会通过各种途径收集三角形的相关资料，有的是关于边的，有的是关于角的，只要学生对角的信息有更多的了解，就会给“三角形的内角和”的学习提供资源支撑。

案例2 夏青峰教学“分数的意义”

实录与旁白

（屏幕出示下图。）

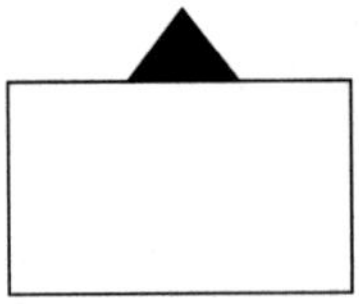

师：露出的部分是一个整体的$\frac{1}{4}$，这个整体会是什么样子呢？你能大概把图画出来吗？

（学生画图。）

一幅图打开了学生思维的闸门，学生肯定会有不同的理解，这样辩论就有了资源。

师：谁愿意把你的作品与大家分享？

（展示学生作品，如下图。）

师：可以这样画吗？

生：可以。因为这里一共有4个小三角形，露出来的是1个小三角形，就是整体的$\frac{1}{4}$。

学生根据已有的经验，提出了观点。

师：还有不同的画法吗？

（学生纷纷展示自己的作品，如下图。）

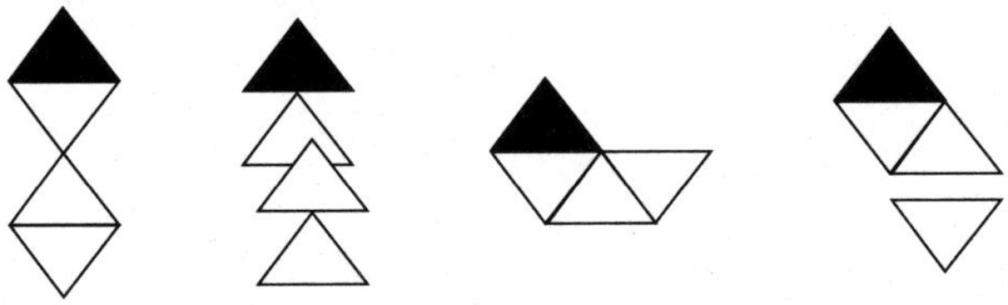

学生根据自己的理解，形成了不同的思维结果。

师：判断这些图形是否符合要求，关键看什么？

教师在这里最好的提问是："以上的图形可以分为几类？"这样，就可能出现正反两大辩论方了。

生：关键看是否一共画了四个小三角形。

师：怎样的四个小三角形？

生：和露出来的小三角形一样的小三角形。

师：好。看大家是否猜中了。这个整体究竟是什么样的呢？

（课件出示下图。）

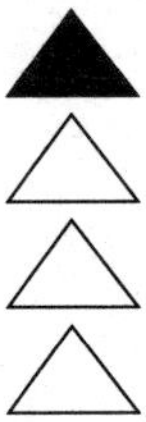

教师过于忠实自己的预设，其实正反两方观点的分歧，基本的就是四个小三角形是联成整体的还是分开的。

生：老师，不对。这四个三角形不连在一起，不是一个整体。

反方学生基于自己的认知经验，认为不连在一起的图形不是一个整体。

生：我觉得是对的。虽然它们不连在一起，但是我们可以把它看成一个整体。

正方亮出观点，认为四个小正方形虽然不连在一起，但也可以看成一个整体。

生：我觉得不能看成一个整体。因为在这里一个三角形就是一个整体，这是四个三角形，也就是四个整体。

反方坚持自己的看法，认为"一个物体"可以看成一个整体，而"一类物体”不可以看成一个整体。

生：我认为它是一个整体。比如，一个人，可以看成一个整体；一组人，也可以看成一个整体；一个班，也可以看成一个整体。

（学生经过交流与辩论，最后基本统一了意见。）

正方通过举身边的例子，把“一类物体”进行“物化”，让大家可以清楚地感知到一类物体也可以看成一个整体。

师：正如大家交流的结果那样，四个三角形也可以看成一个整体。

（课件出示下图。）

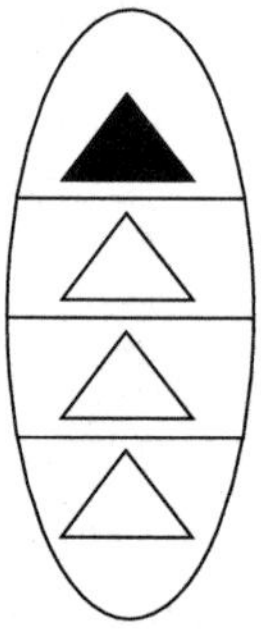

在这里，如果教师不是把一类物体圈成一个整体，而是让正方学生用具体图形来表达自己的观点该多好。

评析与思考

吴卫东教授认为，教学是一种建构的旅程，学生只有在体验中才能发现风景，并在顿悟中获得认知。数学教学的真谛就是，在教学目标的引领下，不断寻找学生学习活动的起点与难点，寻找学生的学习起点与教学目标的距离，以及在达成教学目标的过程中所遭遇的障碍。这一案例中，夏老师通过出示图形，激起了学生开放性的思考，使学生自然地从认知起点出发，与各自的相对的思维模块同合，首先回忆起曾学过的$\frac{1}{4}$的意义：表示把一个整体平均分成4份，取其中的1份就是$\frac{1}{4}$。在呈现学生的作品时，出现了争议：四个三角形不连在一起，是否可以看作一个整体？这争议正为课堂提供了辩论的主题资源。有的学生一直坚持“一个物体才能看成一个整体”，但有一部分学生对原有的知识模块进行了解构，认为“四个三角形不连在一起，也可以看作一个整体”，并举出身边熟悉的例子“比如，一个人，可以看成一个整体；一组人，也可以看成一个整体；一个班，也可以看成一个整体”，这就是顺合的过程。这样通俗易懂的例子，使得大多数同学一起解构原有的思维模块，实现顺合，从而习得新知，重构新的思维模块。随着学习的深入，实现融合，大脑意境场更加丰富。

反思与备学

夏青峰老师由图形引起了学生开放性的思考，很好地利用了个体经验与群体资源间的关系。但我觉得课堂还不够开放，如果让学生备学，学生会给课堂带来更多的鲜活资源，课堂会更精彩。我们可以引导学生这样备学。

1. 举例说明生活中运用的三个分数。
2. 用自己的方式表示你想到的分数，并说明理由。
3. 关于分数，写出你的发现，提出三个问题与大家交流讨论。

案例3 张齐华教学“加法交换律”

实录与旁白

师：正式交流之前，老师想给大家展示同学们在刚才举例过程中出现的两种不同的情况。一种是先写出“12＋23”和“23＋12”，计算后，再在两个算式之间添上“＝”；一种是不计算，直接从左往右依次写下“12＋23”“＝”“23＋12”。比较两种情况，你想说些什么？

教师从学生的思考中捕捉到两种不同的举例情况，于是产生了辩题：怎样举例合适呢？

生：我觉得第二种情况根本不能算举例。他连算都没算，就直接将等号写上去了，这叫不负责任。

(学生笑。)

正方发现，第二种情况只是“依葫芦画瓢”，没有经历实质性的计算。其实举第二种例子的学生，可能已经默认了加法交换律。

生：我觉得举例的目的就是为了看看交换两个加数的位置，和到底相等不相等，但这位同学不是（指第二种情况），他只是照样子写了一个等式而已，至于两边是不是相等，他想都没想。这样举例是不对的，不能验证我们的猜想。

（大家表示赞同。）

正方进一步说明自己的观点，但没有尊重反方的思维，是主观的批判。

师：哪些同学也是这样举例的？能举手示意一下吗？

（几个学生不好意思地举起了手。）

反方没有发言，可能现场的情况对他们不利。其实，两堆东西一共多少，用甲堆加乙堆与用乙堆加甲堆，总量怎么会变呢？这是生活常识呀。他们可能缺少自信。为什么不用生活常识去反驳一下呢？

师：明白问题出在哪了吗？（学生点头）为了验证猜想，举例可不能乱举。这样，再给你们几位一次补救的机会，迅速看看你们写出的算式，左右两边是不是真的相等。

（这几个学生迅速核对、确认。）

教师没有给反方一个表达自己真实思维的机会，而是引导他们“屈服”于正方的观点，也是教师权威的观点，这样就在无意中抑制了学生的思维，使学生失去了继续辩论的机会。这是在辩论学习中教师要尽力避免的。

师：其余同学，你们举了哪些例子，又有怎样的发现？

教师这一问，汇总了班级中大量的资源，形成了资源场。但是教师在这里需要阐明：我们都已经知道了加法交换律，那些直接交换不计算就加等号的学生就是直接运用了这个定律，但是我们现在要讨论的是，如何用举例的方法来证明这个定律。

生：我举了三个例子。7＋8＝8＋7，2＋9＝9＋2，4＋7＝7＋4。从这些例子来看，交换两个加数的位置，和不变。

生：我也举了三个例子。5＋4＝4＋5，30＋15＝15＋30，200＋500＝500＋200。我也觉得，交换两个加数的位置，和不变。

师：两位同学举的例子略有不同。一个全是一位数加一位数，另一个不仅有一位数加一位数，还有两位数加两位数，三位数加三位数。比较而言，你更欣赏谁的？

学生在这里都用了反方的表达法，教师应该肯定或鼓励一下反方学生才好。这两个例子，反映了两位学生的理解倾向，教师的发问，能引导学生沿着这个方向继续思考。

生：我更欣赏第一位同学的，他举的例子很简单，一看就明白。

这是思考的起点，一位数加一位数。

生：我不同意。如果举的例子都是一位数加一位数，那么我们最多只能说，交换两个一位数的加数的位置，和不变。至于加数是两位数、三位数、四位数等，就不知道了。我更欣赏第二位同学的。

说得好！这位学生已经理解了举例要尽可能全面的道理。

生：我也更欣赏第二位同学的，她举的例子更全面。我觉得，举例就应该这样，要考虑到方方面面。

（多数学生表示赞同。）

师：如果这样的话，你们觉得下面这位同学的举例，又给了你们哪些新的启迪？

（出示：0＋8＝8＋0，6＋21＝21＋6，$\frac{1}{9}+\frac{4}{9}=\frac{4}{9}+\frac{1}{9}$。）

这就是集体学习的优势，每个人独立思维的成果，都是课堂学习的资源。教师在课堂上的一个重要作用，就是汇集、提炼与适时地出示这些资源。

生：我们在举例时，都没考虑到0的问题，但他考虑到了。

生：他还举了分数的例子，让我明白了，不但加数是整数时交换两个加数的位置，和不变，而且加数是分数时交换两个加数的位置，和也不变。

在共享学习资源中，学生受到伙伴的启发，碰撞出智慧的火花。大家明白了举例证明的要义，开始建构举例证明的思维模块了。

师：没错，因为我们不是要说明“交换两个整数加数的位置，和不变”，而是要说明，交换——

生：任意两个加数的位置，和不变。

教师的结论引导偏离了主题，这里的教学不是要得出“交换任意两个加数的位置，和不变”的结论，而是要让学生建构举例证明的思维模块——尽可能把代表不同类型的例子列举全面——“一一列举”的策略思想。

师：看来，举例验证猜想中还有不少的学问。现在，有了这么多例子，能得出“交换任意两个加数的位置，和不变”这样的结论了吗？

汇总班级中随机生成的资源，采用不完全归纳法，通过多渠道的验证，从个案得到一般性的结论——交换任意两个加数的位置，和不变。但教师最后的点评的重点还是结论，不是方法，更不是思维。有点遗憾。

评析与思考

数学新课标指出：“推理能力的发展应贯穿于整个数学学习过程中。推理是数学的基本思维方式，也是人们学习和生活中经常使用的思维方式。推理一般包括合情推理和演绎推理，合情推理是从已有的事实出发，凭借经验和直觉，通过归纳和类比等推断某些结果。”张齐华老师抓住“怎样举例合适”这个问题作为突破口，引导学生进行交流、分析、辩论，培养学生合情推理的能力。一方面润物无声地教育学生学习时需要有严谨科学的态度，另一方面引导学生从各自的经验背景出发，举出了一位数加一位数、两位数加两位数、三位数加三位数、一位数加两位数、0 加一个数、分数加分数等一系列例子，汇总在一起，形成了丰富的资源场，并让学生进行了共享式的学习。但学生思维模块的建构并非简单的叠加或量变，而是个体对提供的信息刺激进行有目的的选取，然后对新获得的知识、技能、智能、情意和观念进行深化、突破、超越，实现思维模块的重建。

反思与备学

张齐华老师的这一教学环节，让我想起了学生在验算时，也常出现“形式上的验算”，也就是只写验算的过程，中间可能出现一些细节性的问题，但得数仍然照写上去。结果正确，却出现了过程性的错误。所以，抓住这样的细节让学生进行辩论，是很有意义的。这节课还可以引导学生这样备学。

1. 用两种物体有条理地摆一摆。至少摆三次，每次换不同的数量。

2. 每摆一次，用不同的列式方法算出所摆的两种物体之和。

3. 根据对摆放物体的观察，写出你的发现，提出三个有价值的问题在班级进行讨论。

结语

建构主义理论认为，儿童是在与周围环境相互作用的过程中，逐步建构起关于外部世界的知识，从而使自身认知结构得到发展的。同化是指学习个体对刺激输入的过滤或改变过程。也就是说，个体在感受刺激时，把它们纳入头脑中原有的知识结构之内，使其成为自身的一部分。顺应是指学习者调节自己的内部结构以适应特定刺激情境的过程。当学习者遇到不能用原有知识结构来同化的新的刺激时，便要对原有知识结构加以修改或重建，以适应环境。平衡是指学习者通过自我调节机制使认知发展从一个平衡状态向另一个平衡状态过渡的过程。协同教育理论将学生的认知结构与新课标提出的教学目标结合起来，认为认知结构是知识结构、技能结构、智能结构、情意结构、观念结构协同和合成的思维模块。学习就是将获得的新信息与原有思维模块同合与顺合逐步建构起来，并融合进思维模块的网络——大脑的意境场中。学生的学习就是在“打破原有‘三合’平衡—不平衡引发‘三合’—新的‘三合’平衡—打破原有‘三合’平衡”的循环中得到不断丰富、提高和发展的。在小学教学中，只要有辩题资源出现，原有“三合”平衡就会被打破，适时引导学生采用辩论式的学习方式，可以在更开放的环境中让学生畅所欲言，在生生交流、生本交流、师生交流中，由不平衡引发“三合”，促使学生进行思维模块的建构，从而达到新的“三合”平衡。

第三节　辩论学习，让思路更开阔

辩论学习方式的核心词是“辩”。辩论与讨论、沙龙的区别之一就是辩论有辩题。同时，辩论因“辩”而“论”，因“论”而“思”。辩论与讨论、沙龙的区别之二是辩论同时有正方与反方，双方各自围绕辩题驳斥对方的观点。通过辩论学习，学生能够再次反思自己观点的合理性、科学性，并配合教师适时提供的辅助性材料，明白辩论的结果。辩论学习，以思维交锋的方式，培养了学生的质疑精神、批判精神，对于学生学习能力的培养起着重要作用。

案例 1　张弥强教学“圆的认识”

实录与旁白

（让学生画出一个圆的直径和半径，并测量它们的长度，然后开始指导学生思考。)

直径，“直”就是没有弯曲，“径”就是一条线。一条没有弯曲的线就是直径。圆里的直径，就是通过圆心连接到边的圆内的线段。半，二分之一，半径，直径二分之一的线段。这似乎没有争议的两个概念，却在张老师的数学课上引发了一场辩论。

师：从刚才的活动中，你发现了什么？

教思维比教知识更重要。文字的理解需要操作活动去证实，数学学习中安排这样貌似多余的活动，其实是很有必要的。活动后及时倾听学生的发现，有意识地让学生对活动过程中一些智慧闪光点进行梳理表达，可以积累学生的活动经验。

生：我发现了圆的直径等于半径的2倍。

师：有补充的吗？

(学生摇头。)

师：应该是“圆的直径的长度等于半径的2倍”。

直径的定义里已指向长度，学生的回答是正确的。但“直径等于半径的2倍”会有歧义，直径的数量还是长度是半径的2倍呢？数学的表达需要严谨。教师只给了“应该”，没有解释为什么“应该”，只是含糊带过，有点遗憾。

师：还有补充吗？

生：没有。

师：请同学们打开课本第7页，看看书上是怎样说的。

张老师等着学生关注“同一个圆里”这一前提，但学生坚定地认为结论已经很完美了。在这样的情况下，张老师建议学生阅读书本，在阅读中，让学生自然而然地发现这一前提。

师：刚才这位同学的说法与书上的说法有什么不同？

生：书上的说法强调了“在同一个圆里”，而刚才的同学没有说明这一点。

师：(点点头，拿出两个大小不一的圆）这个圆的直径（指着小圆）的长度等于这个圆（指着大圆）的半径的2倍吗？

生：不等于。

师：“同一个圆里”这个前提条件重要不重要？

生（大声地)：重要。

（教师板书：同一个圆里。）

值得肯定的是，张老师利用教材中的例子，让学生通过画圆、量圆内线段来发现半径与直径之间的关系，真正让学生在活动中学习数学，这一点很不错。但是张老师和我们许多一线教师一样，依据教材给出的结论，一成不变地带领学生去认识，而不管这个结论是否合理，缘由是什么，这也是一线教师身上普遍存在的缺少批判性的反映。

生：老师，我认为没必要加上“同”字。

师：你是怎样想的？

生：刚才我说的“圆的直径的长度等于半径的2倍”，其实我说的就是我自己手中的这个圆的直径与它半径之间的关系，根本没有说我手中的圆的直径与其他同学手中的圆的半径的关系。

（其他同学不约而同地点点头，并报以热烈的掌声，这时发言的学生更激动了。）

生：我们说等腰三角形的两条腰长度相等，难道也要说“在同一个等腰三角形里”吗？所以我觉得没必要强调“在同一个圆里”。

这名学生不唯书，不唯上，他结合刚才的活动经验和以前的学习经验，敢于用事实和自己的经验与教师、教材、权威辩论，实实在在地说明“在同一个圆里”这一前提的不必要性。我们应该学习他的批判性精神！

生：我不同意你的说法，因为书上是这么说的。书上的说法一定不会错。

生：尽信书不如无书。

生：老师，我建议修改教材！

生：不行，教材是专家编的，不能改的！

生：我同意改教材。我听妈妈说，以前0不是自然数的，但现在人们又把0归为自然数了。

生：我也听爸爸说，以前他读书时2×3读作“2乘以3”的，而现在，读作“2乘3”了，爸爸还说以前的教材有被乘数和乘数之分，而现在相乘的数都叫乘数。所以说教材也可以改。

参与辩论的学生越来越多，有人赞同这样的想法，有人反对这样的想法。大家从争论走向辩论，拿出事实根据，凭事实讲话。

师：很好，真精彩！我要为同学们的积极思辨祝贺。（带头鼓掌）说实话，张老师教书这么多年，从没想过这个问题，这样吧，你的意见老师课后向教材编委会反映，OK?

（学生心满意足地点头赞同。）

张老师能够站在中立角度，认真倾听学生不同的观点，在辩论中不以权威为中心，不一味强调书中所讲，从而让学生的思维走向灵活。

评析与思考

在这个教学片段中，学生在张老师的组织下，开展研究“半径与直径关系”的活动，他们从画一画、量一量等活动中有了发现。有问题，才有辩论的价值。这个教学片段中的问题就出在对半径与直径关系的表达上。在解读教材的过程中，有学生质疑教材，为什么要加上“在同一个圆里”这一前提。提出问题的学生并没有一味表示质疑，而是亮出自己学习活动过程中累积的经验，从今天的学习谈到以往的学习，更有学生举出自己父母当年的学习经验，大家不断发散思维，与教材争辩，认为教材应该改变。整个辩论过程中，充满浓浓的智慧和批判精神，学生的思维得到了发展。

反思与备学

俗话说：“初生牛犊不怕虎。”在张老师的课堂上可见一斑。教学多年，“在同一个圆里，直径的长度是半径的2倍”一直被视为这节课的重点，也是许多一线教师大做文章炫耀精彩的“杀手锏”，现在却引来学生质疑，要求修改教材，并激起了大家的辩论，真是不容错过。辩论学习，也是可以进行备学的，确定辩题后让学生准备就是备学。但张老师这堂课辩题是在课上生成的，怎么备学？备学后还会有这样的生成吗？这其实取决于如何引学。我们可以利用这些引学题来引学。

1. 我们生活中见过许多圆，也画过圆。请你动手画一个圆，并说说你是怎么画出来的。

2. 圆内有特殊的点，点与点相连就会有线段，圆内有哪些特殊的线段？

3. 关于圆你有什么发现？提出三个问题在小组内讨论。

如果这样引学，课堂上生成辩题的可能性是极大的。

案例2　陈春艳教学“年、月、日”

实录与旁白

师：看下面的日历，这个月的第一天是星期几？如果这个月是二月份，那么这个月一共有几个星期二？如果这个月是五月份，那么“六一”儿童节是星期几？

教师的用意是引导学生将同样的条件放在不同的月份中去思考，培养学生同中求异的发散性思维。

日	一	二	三	四	五	六
			17			

生：老师，这道题里没告诉我们是平年还是闰年啊，那二月就不能确定有几个星期二了。

师：是啊，没告诉是平年还是闰年怎么办呢？

学生看到二月，就联想到了不同年份二月的天数或许不同，那么平年还是闰年，会影响二月有几个星期二吗？这给辩论学习提供了辩题。学生立刻提出了自己的问题。教师并没有包办地进行解答，而是顺势追问了一下，把问题又抛给了学生，让大家一起来想一想，辩一辩。

生：老师，根本不用管它是平年还是闰年，都是4个星期二！

众生：嗯，不用考虑！

生：我们把这个二月份的日历填完整后会发现，无论是平年还是闰年它们包括的星期二的个数是一样多的。因为题中告诉我们17日是星期三了。如果是平年，28日是星期日，如果是闰年呢，再多一天也只是星期一，没有多一个星期二！

这位“快嘴”的学生不仅会反驳，而且能讲出理由，他一下子就从简易日历表中看出了端倪。要是在这个时候，教师故意给他“添添堵”，夸夸他

“你的反应真快!”，再反过来追问其他附和的学生：“你们为什么也认为不用考虑呢，要不独自想想办法让大家明白你们的理由。”这样能够保证更多的学生参与这个问题的交流，而不会出现辩论者总是那么几个学习好的学生的情况。

师：把你制作的日历展示一下，好吗？大家看看你们绘制的日历和他的是否一样。

（学生出示自制的日历。）

日	一	二	三	四	五	六
	1	2	3	4	5	6
7	8	9	10	11	12	13
14	15	16	17	18	19	20
21	22	23	24	25	26	27
28						

生：既然17日是星期三，那么17日前面的日期我们可以倒着往回数，16日星期二，15日星期一……1日星期一。17日后面的日期可以接着数，18日星期四，19日星期五……28日星期日。共有4个星期二。如果是29天，只不过多一天，是星期一，也不是星期二。

直观而完整的日历表，让大家都明白了该生的意思，原来根据已知条件不断推算，就可以让问题的结果浮出水面。

师：这道题哪位同学没考虑平年和闰年，直接算了28天？

（十来个学生举起了手。）

教师看似随意的一问，实质是为了了解有多少学生未能全面分析问题，而是碰运气做对的，以此确定下一步的教学目的是让学生明白在思考数学问题时凭借运气并不可靠，解决问题时的每一步都应该是有道理的。

师：我们改变一下17日的位置，把它放在星期四的位置，现在再来填一下这个表格，男生填平年的二月，女生填闰年的二月，老师找两个同学到黑板来填。

（请第一个质疑的男生和一个没考虑平年和闰年的女生来填。）

为了让每一个学生认识到，在这里具体的年份对于问题而言是必要条件，教师改变了问题方向，通过引导学生发散思维去使每一个学生的思维畅通。在展示时，教师刻意安排“有意注意”和“无意获取”的两位同学来填表。这里的对比，凸显了思维的差距。

日	一	二	三	四	五	六
		1	2	3	4	5
6	7	8	9	10	11	12
13	14	15	16	17	18	19
20	21	22	23	24	25	26
27	28					

男生绘制的平年二月份日历

日	一	二	三	四	五	六
		1	2	3	4	5
6	7	8	9	10	11	12
13	14	15	16	17	18	19
20	21	22	23	24	25	26
27	28	29				

女生绘制的闰年二月份日历

师：汇报一下，你们绘制的日历里各有几个星期二。

男生：我绘制的是平年二月的日历，共有 4 个星期二。

女生：我绘制的是闰年二月的日历，共有 5 个星期二。

生：老师，17 日的位置变了。

生：1 号是星期二，闰年二月份的 29 号也是星期二，所以就多了一个星期二。

生：闰年二月份的 29 号正好是星期二。所以闰年的星期二比平年的星期二多一个。

师：这道题不考虑平年、闰年。行吗？

众生：不行！

教师只是简单地挪了一下 17 日的位置，格局就发生了质的改变。学生从直观的填写中，认识到是平年还是闰年会直接影响结果。因为 17 日在星期几成了一个变量，它的移动影响了最后结果。

师：这道题我们得出了两个答案，到底是答 4 个星期二还是答 5 个星期二呢？

生：老师，我们应该说明这道题有两种情况。如果是平年，二月份有 4 个星期二；如果是闰年，二月份有 5 个星期二。

师：大家同意他的观点吗？说说你为什么同意这样的观点？

生（刚才说不用考虑平年和闰年的学生）：老师，他这么回答比较全面，考虑到了两种不同的情况。

这个时候，教师若是再让这位学生说说以后遇到二月有几个星期几这类问题时，他会怎么考虑？刚才的学习给了他什么启发？或许这位学生的思维会更加鲜活，感触也会更加深刻。提问的学生和旁听的学生都会在辩论中明白，遇到不确定的情况时，要全面考虑问题，有几种情况就分几种情况分别说明。

师：问二月有几个星期二的时候到底用不用考虑平年、闰年呢？

生：用！

师：问二月有几个星期日或者几个星期六的时候呢？需要考虑平年和闰年吗？

生：都要考虑！

师：所以刚才那位同学的问题是对的。我们今天要感谢他，他让我们知道了有些问题的答案不是唯一的。

正是因为教师提供了民主、无拘束的交流平台，所以学生才敢于提出有个性的问题，教师才能借此了解全体学生的思维状态，并引导学生触类旁通，由“二月有几个星期二”的问题进行类推，从不同的角度，让学生发散性认识问题。

评析与思考

在这里，学生的争辩之旅从一张简易的日历表开始。一个学生提出：“这道题里没告诉我们是平年还是闰年啊，那二月就不能确定有几个星期二了。”教师顺势而导，反问学生：“是啊，没告诉是平年还是闰年怎么办呢？”激发全体学生参与到对这个问题的思考中来。

有一些反应快的学生“着急地”进行表态并解释，这个二月不分平年和闰年，都只有 4 个星期二。全班学生经他一点拨都明白了。教师心里却很清楚，表面的认同，未必是真正的理解。教师追问学生：“这道题哪位同学没考虑平年和闰年，直接算了 28 天？”十来个学生举起了手。为了让这些学生真正明白不同年份数在这个问题中是必要条件，教师转移问题方向，发散性地又提出新问题“改变一下 17 日的位置，把它放在星期四的位置，现在再来填一下这个表格”，学生在新问题的解答过程中，通过填写表格，直观地发现了年份数的不同对结果能产生直接影响。至此，每个学生，包括一开始无意撞对答案的学生都纷纷否定之前笼统看待问题的态度，大家认识到考虑问题要全面！像这类问题，应该考虑是平年还是闰年。教师通过这样一个随机出现的学生质疑，引导全体学生感悟到问题的多样性以及考虑问题需全面。

反思与备学

陈老师的教学细节处理得非常灵活，学生发现问题后，他没有包办代替，而是使用“踢球”的艺术，把问题抛给了学生，把思考的空间给了学生，使学生在辩中明理。如果教师在最后由此及彼的类推中再追问一句：“除了二月份需要考虑平年还是闰年，其他的月份需要考虑吗?”这样，学生的知识体系会更加完善。因为“年”“月”“日”是学生经验的反馈课，所以，安排学生备学，激活学生的相关经验，会给课堂带来更多的惊喜。教师可以这样引导学生备学。

1. 找一份完整的年历表，观察 12 个月月历。

2. 写出你的发现。

3. 提出三个有价值的问题在班上交流。

因为学生找到的年历可能是不同年份的，这样自然就会生成平年、闰年的资源，学生在这样的感性经验的基础上进行学习，感触会更多，学习的效果会更好。

案例 3　潘小明教学“三角形的三边关系”

实录与旁白

师：有两根小棒，一根长 3 厘米，另一根长 5 厘米，再配上一根多长的小棒，就能围成一个三角形？有几种配法？将你要配的小棒画在纸上，你有几种配法都在纸上画出来。

（学生思考，操作。）

数学的研究，从数学问题开始。潘老师一开始便给了学生一个有挑战性的问题，并且建议学生画一画，以帮助其全面而有条理地进行思考，提高独立思考的含金量。

生：配上 6 厘米的小棒。

（其他学生也说出配上 4 厘米、2 厘米、7 厘米、8 厘米、3 厘米等不同长度的小棒。）

生：还可以配上 1 厘米、0.5 厘米的小棒，或者更短的。

生：0.5 厘米不行，5 厘米和 3 厘米相差 2 厘米呢，0.5 厘米怎么可能，我希望他摆给我看。

（说配 0.5 厘米长的小棒的学生进行了操作，发现 0.5 厘米的小棒和 3 厘米、5 厘米的小棒不能围成三角形。）

生：我刚才没有操作，只是想象的。

学生在操作过程中出现了冲突，一个学生说可以配上 0.5 厘米长的小棒，另一个学生在自己操作体验的基础上，不认同这个结果，并要求同伴用实践检验想象。检验，为学生积累了丰富的活动经验，帮助他们找到了真理。

师：下面，请前后 4 人为一小组，讨论在上面所配的这些小棒中，哪些能围成三角形，哪些不能？最好能说明道理。

从动手到表达、分析、辨析，学生在思考着自己将要说的“道理”。在寻找道理的过程中，学生始终处于学习的主动地位，控制着整节课的智慧指数。

师：把肯定行的勾出来。

生：从 2 厘米到 8 厘米的小棒都可以。

（教师指板书 1 厘米，学生齐说不可以；指 0.5 厘米，学生齐说不可以。）

（电脑验证：当三根小棒是 5 厘米、3 厘米、1 厘米时，用 3 厘米和 1 厘米的小棒放在 5 厘米小棒的两端，然后慢慢向下围，直到两根小棒与 5 厘米的小棒重合，两头都没有围上，并且相差 1 厘米。）

师：1 厘米不行，0.5 厘米行不行？差多少？1.8 厘米呢？1.9 厘米呢？2 厘米呢？

（这时学生有了争论。）

潘老师直观递进地用电脑演示操作过程，将过程动态而有序地呈现出来，学生从中看出 3 厘米和 1 厘米的小棒围不上，所以它们围不成三角形。由此得出，比 1 厘米短的小棒更加不能配合围成三角形。但是比 1 厘米长的呢？学生为此有了争论。

师：认为 2 厘米行的举手。

（大部分学生举起了手。）

师：认为不行的举手。

（3 名学生举起了手。）

教师首先统一团队，赞成2厘米行的是正方，不赞成的为反方。初布营造正反双方对峙的局面。

师：来个少数服从多数，行吗？不行！知识是科学，就看谁能说服谁。双方各选一名代表来说一说吧。

潘老师用幽默风趣的话语，缓和了课堂研究氛围后，明确了搞研究的态度——知识是科学，不比人数，而是比道理，并且让两种意见的代表来辩论，用实力一决胜负。由此，人数少的学生心中更加坚定了要把理由说清楚的信念，人数多的学生则会抱着摆事实、讲道理的态度进行辩论。

生：××同学你想一下，一根5厘米，一根3厘米，它们之间相差2厘米。如果用2厘米的小棒去围，小棒要斜一点才能围成三角形，但斜一点肯定会有一点距离的，所以不能围成三角形。

反方代表抽象能力很强，在脑中进行了操作演示。

生：我刚才做过实验的，如果把小棒往里转的话，两根小棒的距离会减少一些，应该是能围成三角形的。

正方代表之所以如此肯定，原来是有活动经验，可能是因为活动中一些操作方法不当或其他因素而产生了负面影响。

生：你用的是普通的小棒，是可能围起来的，但如果是两根很细很细的小棒呢？

学生很容易理解同伴含糊的语言表达，这时教师可能很难读懂反方学生是怎么围成的，可其他学生却明白。原来正方学生是受了小棒粗细的表面现象的干扰。同学呀，点无大小，线无粗细哦！

生：那你是不是认为3厘米加2厘米比5厘米短呀？

生：当然不是喽！

生：那好！3厘米加2厘米等于5厘米，不就可以围成三角形吗？

生：3厘米加2厘米等于5厘米，正好是平行的，不多也不少。

两方僵持不下时，反方的反驳多有威力呀！“那你是不是认为3厘米加2厘米比5厘米短呀？”正方只好乖乖投降了。

师：3厘米加2厘米等于5厘米，长度为3厘米、2厘米的这两根小棒的两头正好碰得着了。一个同学说，碰得着了，说明就能围成三角形，另一个同学说正好碰头，就是平行的。（边说边演示课件）再围下去，它们会碰头吗？碰头的点在哪儿？

（学生观察并想象着，积极上来标出碰头的点在5厘米的线段上，终于得出：配上2厘米的小棒，正好重叠了，不能围成三角形。）

当学生像在自行车上踩空圈似的进行辩论时，潘老师适时给予提示。他利用多媒体将围的过程进行展示，方便快捷、直观形象，最终用事实说明了一切。正方学生之所以能在实践中勉强围成，原来是受了小棒比较粗的因素影响，这确实是操作中客观存在的一种情况。

（接下来用同样的道理说明配上8厘米长的小棒也不能围成三角形，从而得出结论：配上的小棒长度应大于2厘米，小于8厘米。）

评析与思考

在这个教学片段中，潘老师只给了学生两根小棒，让学生去探索再搭配怎样的小棒，就能围成一个三角形。问题充满创造性，激发了学生的发散性思维。当学生对0.5厘米的小棒是否能同另外两根小棒一起围成三角形出现不同意见时，潘老师并没有插入学生中间，而是让他们通过辩论，用事实说话，最终获得结果，培养了学生自主解决问题的能力。

小组讨论后，全班进行交流时，学生的观点又出现了矛盾。到底2厘米的小棒行不行？对此，虽然只有3个人认为不行，但是潘老师还是鼓励学生坚持自己的观点，据理力争。双方就此展开了辩论，当反方学生把想象中搭的过程解释清楚，认为不好搭时，正方学生因为有刚才的实践经验，认为的确勉强能搭起来，所以不肯认同反方学生的观点，双方因此僵持不下，辩论似乎进入了僵局。这时，潘老师适时出场，将反方学生想象中的过程直观化。学生发现，的确不能搭起来，勉强搭起来的确是受了小棒本身比较粗这个因素的影响。在辩论中，学生积累了丰富的活动经验。数学需要动手做，但数学不能一味动手做，只有把实践和想象很好地结合起来，才能更科学合理地解决问题。在这里，潘老师给了学生充分的实践空间，让学生在实践、思考的基础上进行辩论，真正让学生进行了生动活泼又富有个性的学习活动。

反思与备学

潘老师一个简单的问题，带来了充满开放性的思考，更带来了创造性的思考结果。因为动手实验中材料的因素造成了实验结果的误差，从而引起一场激烈的争辩。此时，潘老师不但没有利用自己手中的“权威”来遏制争论，反而在一旁“煽风点火”，让问题“白热化”，最终使真相大白。这样的细节被捕捉并进行适度放大，处理之妙让人拍手叫绝。这节课还可以这样引导学生备学，让课堂的“辩味”更足。

1. 先量出三根小棒的长，记录下来，再用小棒试围三角形。

2. 用不同的小棒多试几次，记录实验结果。

3. 写出你的发现，提出一个值得辩论的问题在班上进行辩论。

结语

教育专家任景业老师曾说过，课堂的价值在于让学生产生精彩的观点。我们不应把精彩理解成一个结果，课堂上的精彩是一个师生互动、生生互动、生本互动的过程。三个课例中，教师的教学行为没有聚焦在花朵盛开后的“采摘”，而是侧重种子的播种、细致的浇灌和耐心的等待。如何使零散的、点状的精彩变成持续的、整体的、结构化的精彩？如何让精彩从意料之外变成意料之中呢？从案例中我们可以找到相关答案。如课堂提问不能太少，教学环节不能太细，教学不能只关注教师自己需要的答案等。当教学从封闭走向开放，从预设走向生成时，教师关注学生的思维，并从中捕捉学生困惑的节点作为辩题，让学生产生认知落差，自然营造辩论的局势，让学生在争辩中消除错误的认识，重新建构自己的知识结构，这不正是课堂上期待的精彩吗？

竞赛备学

第十章

竞赛可以促使人的知觉更敏锐、准确，注意力更集中，想象力更丰富，思维更敏捷，充分发挥人的创造性。国外许多心理学家对这一问题进行了实验研究。有人对五年级的儿童进行了10天（每天10分钟）的加法练习对比实验，将被试者分为竞赛组和无竞赛组。竞赛组做加法练习时，要求每天在统计表上登记分数和红星；无竞赛组做加法练习时，不做上述要求，他们只是因个人的兴趣和学校的规定而完成作业。实验结果表明：竞赛组的成绩优于无竞赛组。可见竞赛在教学活动中具有一定的积极作用。

在教学活动中，凡是可以比出水平高低、技能优劣、成绩好坏的活动都可以称之为竞赛。利用竞赛进行教学，可以激发学生的学习兴趣，提高学生学习的积极性，使课堂达到高效。

第一节　比比技能，自主训练熟练解题

竞赛，在学生的学习生活中扮演着独特的角色。小学生好奇心强，好胜心也强，常常会觉得自己很棒。竞赛学习依据小学生的性格特点，课堂上，在恰当的时机组织学生进行比赛，能够形成一种良性的竞赛氛围，有助于调动每一位学生思维的积极性，锻炼思维的敏捷性。在竞赛中，每一位学生因为特殊的氛围，而变得自觉主动，注意力高度集中，这样，有助于数学问题的解决和学生数学思维的发展。

案例 1　黄爱华教学“数的大小的比较”

实录与旁白

师：我把全班同学分成长江队和黄河队，咱们来玩一个游戏好不好？

（游戏规则：每队发一个装有两套 0～9 数字卡片的学具袋，每队选派一个代表从学具袋中抽数字卡片，第一次抽到的数字放在个位上，第二次抽到的数字放在十位上，第三次抽到的数字放在百位上，第四次抽到的数字放在千位上。哪队抽到的数字组成的四位数大，哪个队就赢。）

（长江队选手第一次抽出的数字是 9，放在个位，学生马上流露出不同的神色。）

师：你为什么高兴？

生：因为我们抽到了最大的数。

教师关注到了学生微小的情绪变化，善于捕捉课堂鲜活的生成资源，很有主持人的煽动性。学生受到强烈的感染，都说出了自己的心声。

师：你又为什么不高兴？

嘿，明知故问，这就是教学艺术。

生：我们把最大的数先抽出来了，到后面，抽到最大的数的可能就比较小了，反而容易输。

师：你想得真远啊！看来彼此的胜算关键还要看后面。

（两队继续抽卡片，议论。当长江队抽成的数是 839，黄河队的选手最后抽到的数是 1157 时，长江队可高兴了。）

这就是“塞翁失马”的道理吧？摸出的数字无论是大数还是小数，学生的心情都随之跌宕起伏，长江队又一次流露出开心的神色。

师：（追问长江队）你们为什么这么高兴呢？

真是会察言观色的主持人，把气氛调节得这么热烈。

生：因为黄河队千位上是 1，我们只要随便抽一个数就赢了。

嘿，老师，这点道理都看不出？

生：不，如果他们抽到的数是 0 呢？我们的四位数就比他们的三位数大，那我们就赢了。

多顽强的黄河队呀，在这时还能找到一线胜利的希望。教师巧妙地利用着这一生成资源，引导学生用比位数多少的方法来比较数的大小。

（学生继续完成游戏。）

师：现在我们变换游戏规则，将抽出的数字从千位放起。

（长江队抽出 4，黄河队抽出 1。）

师：同学们想一想，还要不要继续往下抽？

这是什么怪问题？

生（长江队）：不用了，因为 1 千后面的数字再大也没有我们的 4 千大。

原来学生也都有“火眼金星”呢！

师：有绝招，看来高位上的数字大了，这个数就大了，接下来就不用抽了。那我们该怎么把这两个数写下来呢？

教师及时渗透了从高位比起的方法。

生：4000＞1000。

有点像“去尾法”了。

生：我用 4□□□＞1□□□。“□”里可以填从 0～9 的任何数。

辩论，生成了这么丰富的学习资源，不得不让人拍手叫绝。

师：“□”真好！把所有的数字都包含了。

评析与思考

万以内数的大小比较，本是比较枯燥的知识，但黄爱华老师却寓数学知识于游戏中，融数学思想方法于对话中。黄老师只充当了“主持人”的角色，在学生自然的认识冲突与情感流露中，他捕捉到可利用的资源，通过幽默的提问，不但调节了课堂气氛，让学生在轻松愉快的环境中学习，而且使学生在师生对话、生生对话中产生争论，生成了一个个有价值的问题。如长江队第一次抽到数字 9，是最大的个位数，可有人欢喜有人忧。黄老师发现后立即现场采访，原来摸到的数字是从低位放起的，学生担心高位摸到大数字的可能性小了。这时学生的担心正说明他们已明白一个多位数中高位上数字大小的重要性。当长江队抽成的数是 839，黄河队最后抽到的数是 1157 时，长江队可高兴了。这时，黄河队却还在寻找一线取胜的希望，“不，如果他们抽到的数是 0 呢？我们的四位数就比他们的三位数大，那我们就赢了”。多么真实的想法，多么天真的声音，多么顽强的精神！第二次换了比赛规则，从高位开始抽数字，这给学生带来了开放的思考空间，学生由此想到的用“4□□□>1□□□”来表示抽出一个数就能知道比较的结果，具有高度的概括性。多位数大小的比较方法，在竞赛中逐渐明晰。

反思与备学

黄爱华老师充分尊重学生的想法，发挥学生的积极主动性，体现了学为主导的教学理念。这节课，还可以这样引导学生备学。

1. 自己看钟表上的秒针，从 1 默数到 100，记下用了多少秒。比比小组中谁用时最少。

2. 收集生活中比 100 大的数，记录下来。比比小组中谁收集的数字最大。

3. 数字大小怎样比较？提出三个问题考考同学。

案例 2　杨慧娟教学“认识时、分”

实录与旁白

师：咱们今天来玩个游戏，在钟面上走旗。

[出示游戏规则：(1) 分男、女两队进行比赛；(2) 从起点开始，按骰子上的点数和提示走旗；(3) 先到终点者为胜。]

师：下面开始玩游戏了！红旗代表“男生”，蓝旗代表“女生”。男、女生各选一名代表上台操作电脑。

（男女生代表上台。）

师：敲击键盘就能让骰子转起来。

（师生商量后由男生先敲击键盘。）

有趣的竞赛游戏，让钟面动起来，为学生提供了更多的关于钟面的思考和实践的机会，有助于引导学生主动探究钟面上的奥秘，让学生在有趣的竞赛中初步认识钟面。

师：男生前进 3 大格。想想该走到哪里？

（男生根据提示走旗。）

师：女生来，敲击一下健盘。

（女生敲击键盘并根据提示走旗——前进 4 大格。女生走旗后，电脑显示屏上出现有奖竞答：棋盘纸上一共有多少个大格？）

师：女生拿出棋盘纸数一数，男生做裁判！

生（女）：有 12 大格。

有奖竞答这一有趣的形式，让学生由竞赛生发出对棋盘纸上关键问题的关注。教师把有用的知识放在有趣的情境中让学生主动探索。

（女生输入答案，电脑语音提示：答对了，奖励 1 大格。女生按提示走旗后，男生继续。）

师：男生前进 4 大格。

（男生走旗后，电脑显示屏上出现有奖竞答：每个大格里有几个小格？）

师：这个问题是给男生的，男生数，女生做裁判。

生（男）：一个大格里有 5 小格。

（男生输入答案，电脑语音提示：答对了，再前进 2 大格。）

从大格的个数到小格的个数，教师按照学生观察事物的顺序，有序引领学生关注棋盘纸上的数学问题，使得学生对棋盘纸的关注越来越细化。

师：男生不能骄傲，还要看女生的表现呢！

（女生操作。）

师：女生前进 2 大格。

（女生走旗后，电脑显示屏上出现有奖竞答：棋盘纸上一共有多少个小格？）

有逻辑顺序的问题一一呈现，在认识钟面的竞赛活动中，教师帮助学生建构了结构化的思维方式，使学生有兴趣、探索欲和收获。

师：我想这个问题还是给大家一点时间在棋盘纸上数一数。

（全班学生在棋盘纸上数。）

这里，教师也可以让学生先想一想怎么解决，然后请学生说一说解决的办法，也许有的学生会一下子想到一小格一小格地数一数，有的学生会根据前面两个问题之间的联系，想到一大格一大格数的办法，甚至有学生会想到算一算的办法，这样能真正体现方法出自学生的自我思考、自我需求。

师：下面我们请一位女生带大家数一数。

生：1格、2格……

师：等一下，她准备这样1小格1小格地数，还有其他好办法吗？

生：我们应该5小格5小格地数。

师：为什么呢？

生：因为1大格就是5小格，所以可以5小格5小格地数。

师：好，用这种方法一起来数一数！

生：5，10，15……60。

这里的"等一下"，体现更多的是教为主导的思想，一切在教师的掌控之中。如果引导学生自主想办法的话，或许"等一下"就会出自学生之口了，学生也许会主动提出"等一下，我还有个好办法"。课堂的精彩来自学生自我的觉醒，课堂会成为学生主体生命成长的舞台。

师：到底有多少个小格呢？

生：60个小格。

（输入答案，电脑语音提示：答对了，前进4大格。）

师：女生赢了，女生是后来者居上，不过，咱们男生也很有风度。

评析与思考

认识钟表的首要步骤是让学生认识钟面。这一教学片段是教师在学生初步认识钟面的基础上，引导学生去发现钟面上有多少个大格，多少个小格，以及两者之间的关系。杨老师安排学生在这个环节采取男女生分组进行竞赛的方式，根据骰子的点数走旗，让静止的钟面动起来，以此引导学生主动投入认识钟面的过程中，使学生无意中发现钟面上大格与小格的奥秘，充分提高了学生的积极性。

反思与备学

这里的竞赛学习并不是为了竞赛本身，它更多的是用一种趣味走旗的方式，让学生以“走”代“数”，嵌入“钟面上一共有多少个大格?”“每个大格里有几个小格?”“钟面上一共有多少个小格?”这些关键性问题，让学生在竞赛走旗的过程中获得解决问题的方法。如果在第三个问题出现时，教师能让学生以男女生竞赛的方法解决，学生的积极性会更高，而且方法会更多样。这一环节的教学还可以在课前引导学生这样进行备学。

1. 仔细观察家里所有的钟面，看它们有哪些共同点？至少说出三点。
2. 关于时间，你知道些什么？写下来。
3. 提出三个有价值的问题到班级讨论。

结语

“急中生智”出自唐代诗人白居易的《和微之诗二十三首并序》：“今足下果用所长，过蒙见窘，然敌则气作，急则计生。”意思是紧急的时候猛然想出办法。在课堂中设计一些竞赛环节，可刺激学生产生紧张感。小学生有“好胜”的天性，他们能在争夺胜利的过程中，专注投入，快速高效地习得数学技能，更有可能有意外的收获。

第二节　赛赛智力，举一反三灵活应用

数学课堂中的竞赛学习，要从学生的已有经验出发，以比赛的形式，挖掘学生对于问题的数学思考，赛出学生对问题的数学理解，赛出学生的个性思考，赛出学生的思维发展，赛出学生对自己智力的挑战。竞赛学习能激发学生从不同的角度思考数学问题，举一反三，发散自己的思维，从而启迪智慧。苏霍姆林斯基说：“如果教师不想方设法使学生产生情绪高昂和智力振奋的内心状态，就急于传授知识，那么这种知识只能使人产生冷漠的态度，而不动感情的脑力劳动就会带来疲倦。”竞赛学习最大的特征，就是能够根据小学生的特点，充分调动他们动脑的兴趣和积极性，使学生能充满好奇，学得愉快，学有所获。

案例1 钱金铎教学“数的整除概念复习”

实录与旁白

师：大家有没有玩过大转盘游戏？

生：玩过。先转动转盘，等它停后，指针对着哪个格，就能获得相应的奖励。

师：今天，我们也来玩一下“数学快乐大转盘”。（出示投影，如下图）

师：我们的玩法是这样的，模仿语文的训练方法进行造句练习，将中间小圆中的“6”每次分别与旁边的一个概念联系起来说一句完整的话，如“6”与“倍数”——6是2的倍数，6的倍数有无数个……谁先来试试？

语数结合的竞赛规则，有助于打通学科之间的联系，整合学生的学习经验。学生能轻松地理解竞赛规则，并对这一新奇的竞赛活动充满兴趣。因为是造句，所以学生可以依据这一规则，创造数的整除概念的全部内容。

生：6是3的倍数。

生：6的最小倍数是6。

生：6的最小倍数与6的最大约数一样大，都是6。

学生从不同的角度，灵活进行造句，举一反三，从“6”“倍数”等组成的思维触点，尽力向数的整除世界蔓延，沟通了前后知识之间的联系。

师：像是绕口令，但是说得很好，就这样来进行造句练习，先同桌之间按顺时针方向口头练习一遍。

（同桌练习。）

师：我们来交流一下。从"6"与"除尽"开始，同样的概念分别讲两句话。

生：6能被2除尽。

生：6能被3除尽。

师：好，就这么练。

变换形式进行竞赛学习，避免有些学生成为旁观者，保证每一个学生都积极参与到丰富多彩的学习中来。关注每一个学生的学习过程，使课堂资源的利用达到最大化。

生：6能被3整除。

生：6能整除12。

生：6是自然数。

生：比6小1的数是自然数。

生：6是6的最小倍数。

师："6与倍数"已说过，不说了，说下面一个。

学生竞赛学习的过程中，教师很好地处理了自己与学生的角色关系。教师是倾听者，也是幕后引导者。教师及时的点拨提醒，有利于激活学生的数学思维，使之正确建构数整除概念的整体思维模块。

生：6的约数有1，2，3，6。

生：6是18的约数。

师：同学们善于从不同角度来思考和回答问题，很好！请继续。

（多数学生举手要求发言。）

生：6不是质数。

生：比6大1的数是质数。

师：说得好极了！

（气氛越来越热烈。）

生：6是合数。

生：6的约数中只有6是合数。

师：讲得很有水平。

在这一精彩的学生思维成果的呈现过程中，竞赛学习形成充分给予了学生积极的学习心态，钱老师的点评充满了对学生的关爱与欣赏，激发学生对知识进行深入和多向思考。

生：6与4是互质数。

(学生纷纷举手。)

生：错了，应该说6与4不是互质数。

师：为什么?

生：因为6与4的最大公约数是2，不是1。

师：说得对。

生：6与5是互质数。

师：对。

生：6与7也是互质数。

师：好的。

学生的一个小错误，宛如竞赛学习中的一个小涟漪，钱老师抱着欣赏的态度，让学生去说为什么6和4不是互质数。当学生能说清原因时，钱老师果断地肯定了学生正确的想法。学生在这样的氛围中，自然而然会再去想其他正确的说法。

师：剩下的一个概念“质因数”最难说了……

生：2和3都是6的质因数。

师：对。还有吗?

生：6的质因数里有2和3。

评析与思考

有人说，学生的数学学习过程不是一个被动吸收、机械记忆、反复联系、强化储存的过程，而是一个动用积极心态的过程。在这个教学片段中，学生已经复习了数的整除的概念，钱老师没有机械地出一组组习题让学生进行枯燥无味的练习，而是组织学生玩一玩“数学快乐大转盘”，顺利地激发了学生的学习兴趣。在竞赛学习之前，钱老师公布竞赛规则时，关注语文学科与数学学科之间的联系，寻找到“造句”这一桥梁连接语文学习经验和数学概念学习之间的联系，有助于学生调动自己的语文经验和数学知识尝试造句，促使学生积极开动脑筋，多方面思考问题，认识一组组“词语”所包含的整除概念，深化学生对数整除概念的认识，从而有助于学生正确建构数整除概念的思维模块。

反思与备学

有趣的造句，沟通了语数学科之间的联系。学生在卖力地思考个性化造句的过程中，整除概念中的一个个知识点如宝石般镶嵌于知识链上，充分体现出学为主导的教学理念。作为复习课，这节课还可以这样引导学生备学。

1. 回想一下关于数的整除的练习中自己做错过的题，模仿这类练习题，编三道题考考小组同学，比比哪个同学出题的水平高。

2. 能够整除的两个数之间，一般有哪些关系，分别举例说明，比比谁总结得最全面。

3. 关于整除，提出三个问题到班级讨论，比比谁的问题最有讨论价值。

案例2　吴汝萍教学“三角形边的关系”

实录与旁白

师：我们已经认识了三角形的一些特性。三角形有哪些与众不同的地方？

生：三角形是由三条线段围成的，三角形有三条边、三个顶点、三个角。

初步回顾三角形的特征，在简单的回顾中，学生对三角形的特征有了更深刻的认识。

师：给你三根小棒，你会围成一个三角形吗？每张课桌上都有两个资料袋，请大家用资料袋里的东西围三角形。同桌先商议一下，谁用1号袋，谁用2号袋。选好后就开始动手操作，同桌比一比，谁先围好就算谁赢。(1号袋中小棒的长度分别是6厘米、6厘米、18厘米，2号袋中小棒的长度分别是6厘米、10厘米、12厘米)

以同桌比赛的形式，组织同桌两人比赛围三角形，好胜心让学生一下子投入围三角形的活动中，为后面发现问题提供了依据。

师：获胜的同学说说，你们用的是几号袋中的小棒？长度分别是多少？

生：2号袋子中的，长度分别是6厘米、10厘米、12厘米。

师：输的同学说说看，你们选用的是哪个袋中的小棒？

生：1号袋中的小棒，长度分别是6厘米、6厘米、18厘米。

回顾比赛过程中用的材料，以比赛的结果激发学生自主发现问题，为深入探讨问题本质提供感性材料。原来吴老师在比赛的材料中“做了手脚”。

师：请赢的同学帮助输的同学，用1号袋中的小棒重新围一下三角形。

（学生围不起来，教师借助课件演示。）

师：还真围不起来！

生：怎么会围不起来呢？

教师巧妙地让赢的学生用1号袋中的小棒再围一围三角形，“围不成”的问题自然生成，以疑促思，促进学生的思维进入紧张而有效的运作中。学生有寻找原因的冲动，课堂学习有了明确的方向。

师：用3根小棒围三角形，有的能围成，有的不能围成。我们可以提出什么问题进行研究呢？

生：为什么有的3根小棒能围成三角形，有的却围不起来呢？

生：什么样的3根小棒能围成三角形，什么样的3根小棒围不成三角形呢？

师：也就是说三角形三条边之间有什么关系，对吗？这节课，我们就来研究三角形边的关系。（板书课题）

学生的学习任务由学生自发提出。学生呈现出的认知冲突逐渐指向三角形的三边关系。吴老师借助竞赛学习，让学生自己提出问题。学生通过回顾之前动手围的过程，积极展开思考，提出问题。不同的问题中，包含着一个相同的本质，那就是三角形的三边关系。

评析与思考

这个简短的教学片段作为“三角形边的关系”一课的开始，吴老师用自己的方式很好地诠释了数学课堂上“良好的开端是成功的一半”这句话。吴老师以竞赛学习这一学生喜欢的学习方式开场，一下子调动了学生学习的积极性，让学生把注意力都集中到围好三角形，争取获胜中。在竞赛的结果呈现后，吴老师有意让赢的学生利用那些不能围成三角形的小棒围一围。在这里，吴老师依据平日对学生心理的研究，借助时机抓住赢的学生非常愿意显摆的心理，让他们再来围一围，“围不成”的原因在再一次围的过程中自然生成。同时，学生脑海里的认知冲突也凸显出来：怎么会围不成呢？这为学生深入研究知识本质做了充分铺垫。

反思与备学

三角形的三边关系，有多位大师进行了个性化的诠释，各有千秋。吴汝萍老师则在课始“暗藏玄机”，在比赛材料中稍“做手脚”，比赛结果就出现了状况，使学生产生了强烈的刨根问底的动机，从而明确了课堂学习的目标。这节课还可以引导学生这样备学。

1. 画 9 条长短不同的线段，分别标上编号与长度。其中哪 3 条线段能围成三角形？比比谁围成的三角形多。

2. 不能围成三角形的 3 条线段之间有什么关系？举例说明。

3. 经过尝试，写出你的发现，提出三个有价值的问题到班级讨论。

结语

触类旁通，举一反三，是提高学生数学学习效果的最好办法。学生在竞赛心理的驱使下，会根据学习需要调动大脑中相应的思维模块，利用知识间的丝缕联系，积极进行合理推理。比一比是最常用的教学方法，但比什么是最关键的。让学生比思维是最有价值的。

第三节　动动脑筋，自定规则游戏数学

“没有规矩，不成方圆。”从某种意义上讲，规则是现代社会的一个重要内容，规则无处不在。在教学过程中，可以让学生来制订相关规则，因为在制订规则的过程中学生需要调动知识经验、生活经验和思维经验，这不仅能激活学生的生活经验，还能激发学生学习数学的兴趣，使学生爱上数学。

案例　陈叶波教学“可能性大小练习课”

实录与旁白

一、揭题

（教师出示一副扑克牌。）

师：玩过吗？这节课我们就一起来玩扑克牌，研究扑克牌里的可能性大小问题。（板书课题：可能性大小）

确定目标，明确玩的过程中需要研究的数学问题——可能性的大小。

二、游戏

课件出示游戏规则：现有A（1，下同），2，3，4四张牌（同花色），任意抽取两张，将数字相加，和为奇数——甲赢，和为偶数——乙赢。

师：现在同桌两人商量一下，必须是一人选奇数，一人选偶数。定好了吗？假如抽好后和为奇数，就是选奇数的人赢；和为偶数，就是选偶数的人赢。玩的时候，我们还要边算边填，完成这样一张统计表。（课件出示如下统计表）

统计表

1	2	3	4	5	6	7	8	9	10	合计	
										奇数	偶数
										（　）次	（　）次

和为奇数就填奇数，和为偶数就填偶数，最后要数出合计数填在括号里。

师：同桌游戏，并完成统计表，然后组织讨论。

学生积极投入竞赛学习活动中，参与让学生有了对可能出现情况的实际体验，为数学思考提供感性材料。

师：在刚才的游戏当中，奇数多的小组举手！偶数多的小组举手！平局的小组举手！

（教师边统计边板书结果：奇12，偶6，平2。）

师：为什么奇数多的小组这么多？

教师的提问越过表面的知识，触及数学的内在思考，引导学生关注可能性问题的本质。

生：因为和为奇数的可能性大，所以选奇数的人赢得多。

师：和为奇数的可能性大，你是怎么得出来的？

生：我把所有的情况都罗列出来了，1＋2＝3，1＋3＝4，1＋4＝5，2＋3＝5，2＋4＝6，3＋4＝7。总共有6种情况，和为奇数的有4种，和为偶数的有2种。所以，和为奇数的可能性大。

根据学生的回答，教师板书如下：

1＋2＝3	2＋3＝5	3＋4＝7
1＋3＝4	2＋4＝6	1＋4＝5

解释这一问题时，学生活用一一列举的策略，将思维过程暴露，教师配合板书，便于全班学生理解同伴的解释，最大限度地帮助学生挖掘这一想法背后的价值。

师：那么和为奇数的可能性是——

（教师边提问边板书：奇。）

生：$\frac{4}{6}$，也就是$\frac{2}{3}$。

（教师板书：$\frac{2}{3}$。）

师：和为偶数的可能性是——

（教师边提问边板书：偶。）

生：$\frac{2}{6}$，也就是$\frac{1}{3}$。

（教师板书：$\frac{1}{3}$。）

师：比较一下两个分数的大小，可以得出什么结论？

生：因为$\frac{2}{3}>\frac{1}{3}$，所以和为奇数的可能性大。

生：所以刚才游戏的时候，选奇数的人赢的可能性大。

（教师点点头。）

学生从比赛抽扑克牌算和这一活泼而直观的竞赛活动出发，在教师的帮助下，获得活动体验，并进行了解释、分析、归纳，渐渐把这一过程数学化。

师：那么我想问一下当初选奇数的同学，你为什么在游戏之前想到选奇数呢？

生（笑）：我是随便选的。

生：我的同桌选了偶数，我就只能选奇数了。

生：我是在脑子里速算了一下，发现和为奇数的可能性大，就选了奇数。

（该生说完后，脸红地朝同桌看了一眼。）

师：你在游戏之前就已经思考了，真不简单！

询问获胜的学生一开始的选择有什么讲究，学生不同的回答，体现了不同的思维。第三个学生的回答，“自私”中透露出智慧。教师倾听并肯定，无形中引导学生在面对问题时，要动动脑筋，进行思考。

师：当初选偶数的同学请举手示意！你当初为什么选偶数？

生：我是随便选的。

生：我也是随便选的。

生：我是同桌选了奇数，我就只能选偶数了。

师：通过这次游戏，你想对大家说些什么？

生：我觉得我们在游戏之前应该思考一下游戏规则是否公平，盲目参加是要吃大亏的。

生：我赞成他的说法。公平的话，随便选哪一方都可以；不公平的话，就应该选择赢的可能性大的那一方。

生：若不公平的话，干脆不玩了，除非重新制订游戏规则。

教师询问选择偶数的学生，一开始选择的缘由是什么，学生要么是随意选择的，要么是被动选择的。教师借机引导全体学生说说心中的想法。学生有了竞赛中输赢的体验，从这个游戏本身不公平出发，讲出了在游戏中不可避免的一个问题，即游戏规则公平性的话题。

（众生点点头，表示同意。）

师：是啊，我们在玩之前要思考，玩之后也要思考。（板书：思考）怎么思考？

生：先要罗列所有可能发生的情况，再分析可能性的大小。可能性大小相等，游戏就公平；可能性大小不相等，游戏就不公平。

师：大家听明白了吗？谁再来说一说自己是怎么思考的？

生：也就是先要罗列一下所有情况，再分析得出结论。

（根据学生的回答，教师板书：罗列——结论。）

教师在这里的角色定位是一位与学生一起学习的合作者，关键性的一问，“怎么思考”，让学生回顾了刚才的竞赛过程，反思了其中的关键，归纳了竞赛游戏过程中具体应该怎么做。其实，这也正是学生对于可能性的初步思考。

师：通过刚才的分析，我们发现选奇数的人赢的可能性大，选偶数的人赢的可能性小。（若有所思地）那为什么在刚才的游戏中，选偶数的人赢得多的组也有呢？

生：虽然选偶数的人赢的可能性小，但并不是不会发生呀，只是发生的可能性小一些。

生：只要可能性存在，就有可能发生，所以选偶数的人赢得多的组也会有。

生：我认为可能性大的不一定就能赢，可能性小的也不一定就会输。

师：是呀，可能性大的不一定就能赢，可能性小的也不一定就会输。这就是游戏的魅力！

学生用自己的话语解释可能性小并不意味着没有可能出现，不同的学生用不同的话语去解释，提高了课堂学习的质量。

师：现在我们换个角度来看结果，（手指板书）和大于5的可能性是多少？

生：$\frac{1}{3}$。

师：和小于5的可能性是多少？

生：$\frac{1}{3}$。

师：假如和大于5算甲赢，和小于5算乙赢，这游戏规则公平吗？

教师在关键处设计一个个问题，不断引导、启发、点拨学生进行思考，使学生的个性思维展示在全班同学面前。

生：我认为不公平。和等于5的时候，算谁赢呢？

生：我认为是公平的。和等于5就是平局，因为双方赢的可能性都是$\frac{1}{3}$，可能性相等，所以是公平的。

师：是呀，只要双方赢的可能性相等，游戏就是公平的。双方赢的可能性不一定都要是$\frac{1}{2}$，也可以是$\frac{1}{3}$，甚至还可以是——

生：$\frac{1}{4}$，$\frac{1}{5}$，$\frac{1}{6}$，等等。

生：分子不一定都要是1，也可以是2，3，4之类的，如$\frac{2}{5}$等。

有人说，活动只有与体验紧密结合，才能避免出现为活动而活动，或有活动无体验的无效状态。在这里，教师关注学生活动过程中的体验，引导学生从不同角度思考结果，将学生体验的价值发挥到最大，让学生进一步理解可能性相等的本质含义。

师：大家的发现真了不起！再来看，看到“相加”，我们可以联想到什么？

生：相减、相乘、相除。

（教师用手将板书中的“＋”遮住，让学生直观看到两张牌其实还可以组成两位数。）

师：由此，你又发现了什么？读读看！

生：我发现没有了加号，就成了一个两位数。

遮住符号，新的问题出现了。两个数字的游戏，不仅可以是算和，还可以用这两个数字组成一个两位数。教师巧妙利用手中资源，进行变换，以生成新的数学问题情境，让几张扑克牌在课堂上焕发出无穷的数学魅力。

师：用A，2，3，4四张牌，任意抽两张组成两位数，该如何有顺序地罗列所有可能的情况呢？

生：我先确定十位，再确定个位。结果是12，13，14；21，23，24；31，32，34；41，42，43。

生：我先确定个位，再确定十位。结果是21，31，41；12，32，42；13，23，43；14，24，34。

生：我用交换位置的方法罗列。结果是12，21；13，31；14，41；23，32；24，42；34，43。

（根据学生的回答，教师同步板书以上三种方法。）

把课堂的舞台让给学生，使学生发散思维，对问题有深层次而多样的理解和感悟，展现在我们面前的思维成果更加丰富充实。

师：用A，2，3，4四张牌，任意抽两张可以组成两位数，那么抽三张呢？

生：可以组成三位数。

师：抽四张呢？

生：可以组成四位数。

师：罗列完了，我们可以从什么角度去看这些结果可能性的大小？

在这里，教师并没有主动地告诉学生可以怎么看这些结果可能性的大小，而是放手让学生动脑筋想，引导学生自己制订游戏规则，思考这些结果。教师不以主观的分析代替学生真实的思维活动，实现了学为主导，培养了学生的发散性思维。

生：可以看奇数、偶数各有几个，然后得出可能性的大小。

生：也可以从数的大小去看，如大于30的有几个，小于30的有几个。

师：罗列完看结果，不仅可以从数的奇偶性去制订游戏规则，也可以从数的大小去制订规则。那么仍旧是这四张牌两个人玩，假如你是游戏的一方，你会怎么设计游戏规则？请把你的创意写下来。

及时总结归纳学生的思考，对学生的精彩思考给予肯定。启发学生感悟制订规则时可以有不同的标准，让学生在思考后有实践的机会，不至于成为数学学习的空想主义者。创造性的作业设计，给学习罩上了一层趣味性的面纱，学生内心里都希望自己是个创造者，他们可以借机把所学知识加以应用、发挥。

（学生自由设计，然后全班汇报交流。）

生：我设计的游戏规则是，用A，2，3，4四张牌，任意抽两张组成两位数，奇数——我赢，偶数——对方赢。

师：她设计的这个游戏规则公平吗？

生：公平。看黑板上的第2种罗列方法，我们可以发现奇数和偶数各一半，也就是组成奇数或偶数的可能性都为$\frac{1}{2}$，所以是公平的。

师：看来这位同学的设计理念是追求公平！

对学生设计中的精彩之处及时追问，让其他学生对同伴的想法产生共鸣，借此促进倾听的学生参与活动。

生：老师，我还有更好的判断方法。我可以不罗列，只要看是什么牌就行。

师（惊讶地）：这么厉害？请你说明白点！

生：因为判断一个数是奇数还是偶数，主要看这个数的个位。个位上是奇数，这个数就是奇数；个位上是偶数，这个数就是偶数。在A，2，3，4四张牌中，奇数有两个，偶数也有两个。当奇数1或3放在个位时，组成的两位数就是奇数；当偶数2或4放在个位时，组成的两位数就是偶数。因为四张牌中奇数、偶数各占$\frac{1}{2}$，所以组成两位数后奇数和偶数的可能性也都是$\frac{1}{2}$。

师：看来这真是一个快速判断的好方法。

情绪心理学家利珀说，宽松、生动、活泼的气氛可以使情绪具有动机和知觉作用的积极力量，它组织、维持并指导行为。教师在这里为学生营造了和谐的学习氛围，让学生能够有条理地把自己的想法简洁地解释给大家听。

生：老师，我觉得她设计的这个游戏规则是可以作弊的！

（其他学生有点摸不着头脑，睁大了眼盼着她继续往下说。）

生：假如抽了A和2，我可以摆成12，也可以摆成21。12是偶数，21却是奇数。所以，抽的牌只要一张是奇数，另一张是偶数，就可以想奇就奇，想偶就偶。

（众生听了之后恍然大悟，佩服之情油然而生，随后马上有学生举手。）

生：对哦，只要抽的是A和2，A和4，2和3，3和4，都可以作弊！

生：因此，我觉得应该给她设计的游戏规则补充一点，变成在A，2，3，4四张牌中，任意抽两张组成两位数，抽的第一张放在十位，第二张放在个位，组成的两位数如果是奇数——我赢；如果是偶数——对方赢。

（掌声响起。）

学生真会“鸡蛋里挑骨头”，善于对同伴的想法进行批判性吸收。教师在课堂中给予学生空间，让学生充分表达自己的观点，对规则进行“修订”，潜移默化教会学生进行个性化思考。这对学生来说，是一生中最有价值的本钱。

师：是啊，对于组成两位数，或者是三位数、四位数，我们可要规定好抽的牌按什么顺序摆放，否则就会存在能作弊的漏洞哦！

（此时有学生拿起笔，迅速修改了自己设计的方案。）

生：我设计的游戏规则是用A，2，3，4四张牌，任意抽两张相减，差为奇数——我赢，差为偶数——对方赢。

师：他的这个游戏规则设计得如何？

（学生马上动笔罗列起来，过了一会儿，学生纷纷举手。）

生：他设计的游戏规则是不公平的。他自己赢的可能性是$\frac{2}{3}$，而别人赢的可能性只有$\frac{1}{3}$。这样还有谁愿意跟他一起玩呀！

师：你是怎么判断出来的？

教师组织全班注意倾听同学制订的游戏规则，并对此进行评价，鼓励学生对他人的观点提出看法和主张。

生：任意抽两张相减，必须大的数当被减数，小的数当减数，所以罗列结果是4－1＝3，4－2＝2，4－3＝1，3－1＝2，3－2＝1，2－1＝1。

（教师将学生罗列的结果用实物投影仪展示。）

师：怎么改可以使游戏规则变得公平呢？

生：差为1——甲赢，差大于1——乙赢。

对不合理的游戏规则，教师进一步追问，引导学生对此问题进行深入思考。

师：还有不同的设计方案吗？

生：我设计的游戏规则是用A，2，3，4四张牌，任意抽三张组成一个三位数，第一张放在百位，第二张放在十位，第三张放在个位，组成的数大于400——我赢，小于300——对方赢。

师：这个游戏规则设计得如何？你们能判定公不公平吗？

（学生在草稿纸上罗列，教师请一位学生到投影仪上展示。）

师：他罗列的情况齐全吗？总共有几种情况？

生：24种。

师：大于400的有几种？

生：6种。

师：可能性是多少？

生：$\frac{1}{4}$。

师：小于300的有几种？

生：12种。

师：可能性是多少？

生：$\frac{1}{2}$。

师：他设计的游戏规则公平吗？

生：不公平！他自己赢的可能性小，对方赢的可能性大。

师：对于这位同学，你们想说些什么？

生：跟他一起玩游戏，我会觉得很开心。

生：他一点都不自私。

师：（面对他的同桌）作为他的同桌，你感觉如何？

生：我觉得自己很幸福！

师：是啊，有这样一位同桌，该多么幸福呀！接下来，同桌之间说一说自己设计的游戏规则，并让对方判断公不公平。

（学生同桌活动，交流游戏规则。）

面对不公平的游戏规则，教师并没有否定到底，而是引导学生从另一个角度说说自己的想法，体现了一种“海纳百川，有容乃大”的情怀。

师：在刚才的游戏中，我们都是由一个人抽牌。现在换成两个人玩，每人抽一张，牌的颜色也换一下。

（课件出示：现有红桃 A，2；黑桃 3，4 四张牌，两个人每人各抽一张。2 红或 2 黑——甲赢，1 红 1 黑——乙赢。）

师：假如让你参加这个游戏，你会选择哪一方？

（学生自觉地在草稿纸上涂涂画画，教师巡视，并进行相应指导。）

生：我选择 1 红 1 黑。因为通过罗列，我发现 2 红或 2 黑赢的可能性只有$\frac{1}{3}$，而 1 红 1 黑赢的可能性有$\frac{2}{3}$。

师：是这样吗？

众生点点头，教师用课件展示思考过程。

$$A\begin{cases}2\\3\\4\end{cases}\quad 2\begin{cases}A\\3\\4\end{cases}\quad 3\begin{cases}A\\2\\4\end{cases}\quad 4\begin{cases}A\\2\\3\end{cases}$$

2 红或 2 黑：可能性为$\frac{1}{3}$；1 红 1 黑：可能性为$\frac{2}{3}$。

师：假如是我，我会选择甲方。

（学生疑惑地看向老师，然后有学生举手。）

生：老师，我知道你为什么选甲方。你是想让对方赢的可能性大一些，想哄对方开心。

师：大家想知道老师真实的想法吗？

生：想！

师：其实你们用的都是习惯性思维，想的都是“取后不放回”的情况（课件出示：取后不放回），犹如组成两位数那样。假如我在游戏规则里增加一句“取后放回”（课件出示：取后放回），知道“取后放回”的意思吗？就是第一个人取后看好是红还是黑，然后放回去、洗匀，第二个人仍旧可以在四张牌里抽取——在这样的情况下，游戏是公平的。

课件演示如下：

$$A\left\{\begin{matrix}A\\2\\3\\4\end{matrix}\right.\qquad 2\left\{\begin{matrix}A\\2\\3\\4\end{matrix}\right.\qquad 3\left\{\begin{matrix}A\\2\\3\\4\end{matrix}\right.\qquad 4\left\{\begin{matrix}A\\2\\3\\4\end{matrix}\right.$$

2 红或 2 黑：可能性为$\frac{1}{2}$；1 红 1 黑：可能性为$\frac{1}{2}$。

师：取后不放回，1 红 1 黑赢的可能性大，游戏不公平；取后放回，双方可能性相等，游戏则是公平的。对此，你有什么想说的?

教师“出其不意”的想法，拓宽了学生的思考空间，打破了学生的思维定式。

生：当两个人分别抽一张的时候，我们要事先说明是取后放回还是取后不放回。

生：也就是要仔细分析一下游戏规则有没有漏洞。

三、总结全课

师：通过本节课的学习，你有什么收获?

生：我明白了玩游戏之前首先要思考一下游戏规则是不是公平，有没有漏洞。

生：我知道了思考的方法是，先要有序地罗列，做到不重复也不遗漏，然后分析可能性的大小，从而得出结论——游戏公平性。

生：当两人各摸一张牌时，要说明是取后放回，还是取后不放回。

四、课后延伸

假如三个人一起玩，你能设计一个公平的游戏规则吗？牌的张数任你选哦！

评析与思考

本节课围绕一副扑克牌展开学习活动。课的开始，陈老师利用四张牌组织学生进行竞赛学习，比赛抽出的两张牌和的奇偶性。这样从一开始就让学生在竞赛活动中初步感受到事情发生的可能性有大有小，使学生体验到这样的游戏规则不公平。

反思与备学

教师把简单的娱乐工具——扑克牌，巧妙地运用到数学学习中，使学生感到很亲切。他们依据四张牌，一边制订多种游戏规则，一边判断游戏规则是否公平。虽然有部分游戏规则不公平，有“利己”的，也有“利人”的，但就在制订与判断中，学生对可能性的大小有了深刻的体验。其实，游戏规则的制订还可以再开放一些，不必拘泥于扑克牌一种工具，不妨这样引导学生备学。

1. 你玩过什么游戏，举三个例子说说其游戏规则。

2. 请设计一个数学游戏，自己制订一个公平的游戏规则，并附上你的设计理由。

3. 关于制订游戏规则，写出你的发现，提出三个有价值的问题在班级讨论。

结语

规则制订是竞赛学习的最高层次，对学生提出了更高的挑战。因为制订规则的过程中，学生要调动三种经验：知识经验、生活经验、思维经验。每个学生的背景不同，综合素养也不同，那么制订规则的视角、出发点、目的等也就不同。如此来说，游戏规则的制订，会给学生提供个性展示的机会与平台，解放学生的思想。在这里，可以百家争鸣，也可以百花齐放，有助于实现数学新课标的精神：教学即教育，教育即解放！

参考文献

[1] 曹才翰，章建跃．数学教育心理学［M］．北京：北京师范大学出版社，2006.

[2] 王林等．小学数学课程标准研究与实践［M］．南京：江苏教育出版社，2011.

[3] 夏青锋，郑美玲．小学数学名师名课（珍珠篇）［M］．北京：教育科学出版社，2011.

[4] 吴正宪，钟建林．小学数学名师名课（经典篇）［M］．北京：教育科学出版社，2011.

[5] 徐斌，钟建林．小学数学名师名课（成名篇）［M］．北京：教育科学出版社，2011.

[6] 钟建林，王珍．小学数学名师名课（异构篇）［M］．北京：教育科学出版社，2011.

[7] 范文贵．小学数学教学论［M］．上海：华东师范大学出版社，2011.

后记一

本书稿的创作冲动，源于我在网络教研中受到的启发，继而心动、行动。

在新课标颁布的前前后后，我曾多次参加网络上一些优秀教师自发组织的针对教学的非正式讨论，也参加过2011年东部地区义务教育骨干教师远程国培学习，还有幸受邀担任“国培计划”中西部远程项目2011年度北京大学数学学科的教学专家组核心成员。在这短短的时间内，我的专业水平有了很大的提高，这受益于网络信息资源。那么，在这信息时代，如何在课堂中最大化地利用学生的信息资源，让数学课堂鲜活起来呢?

我渴望改变自己的课堂，实施时却满眼茫然。

2011年10月，我有幸作为网络教研团队的代表，在《中国教师报》主办的全国首届“问题导引，成长为本”课题开题论证会上展示了一节课，使我产生了很多思考。同时，在苏州市昆山国际学校里，我目睹了来自全国各地的教师展示的“以生为本”的课堂，感受到“杜郎口旋风”原来不是传说。可看到一张张导学案中全是新课学习的内容和活动安排，我心里又有这样的疑问：这样导学，对于学生而言是不是成了一种有形的束缚?

热衷网络教研的我，时常光顾范雪梅老师的博客空间，阅读着她摘录的班级学生备学后的优秀作业，感受着她和学生课堂学习的乐趣，但并没有尝试的冲动，生怕落得“东施效颦”的尴尬。

一次偶然的机会，我的一篇拙作《谨防数学课前预习带来“负效应”》引起了顾飞宇老师的共鸣，他在我的文章中添加了自己的想法后，作为特稿发表在《名师之路》杂志上。后来才得知，他是我的好友范雪梅的师傅，也是最早提倡“备学”的人。

结识顾飞宇老师，是我一生中最开心的事情。我曾参与研究江苏省特级教师方学法倡导的“讨论式”教学，也实践了“探讨式三步教学法”的课堂教学模式。这，成为我和顾飞宇老师交流的基础，也成为这本书创作的引线。

接下来，我才了解到什么叫“学为主导”的课堂，“备学”只是“学为主导”的课堂中的一个环节。我经尝试发现，学生有备而来，在课堂上才会有话可说，且精彩纷呈。尝到甜头的我，发现这才是理想的课堂，于是开始了研究。

经过一段时间的研究之后，我开始思考：如何让学生利用相关的资源进行高效学习？我坚信，每个人的潜力是无限的，特别是未成年的学生，一个人的能量是否能发挥出来，取决于其是否有主观能动性和是否能坚持；我更坚信，小学生可塑性强，潜力巨大。所以，我每节课都动一番脑筋去设计、思考如何让学生备学，让课堂成为他们展示的舞台；如何挖掘备学资源，让学生享受学习的乐趣！

短短的半年时间，我收获了很多，并逐渐形成了自己的“五学三交流”课堂教学模式。为了推广“学为主导”的课堂，我和范雪梅老师，在顾飞宇老师的引领下，合著了本书，愿它能给读者带来启发和收获。

写作过程中，我们建立了“三人行”的研讨群，根据需要，不定期地进行研讨、交流。本书经历了“书稿策划—课例收集—任务分工—写作修改”四道程序。尽管范老师与我是分工完成书稿的，但我们分工不分家，彼此提供资源，交换互阅完善，完成初稿后又进行了全书的编辑、修改，每一篇文章都经过三次的商讨、修改，最后交给顾老师进行审读。顾老师风趣地说我们是最佳的“南绿北红”组合。

在此，感谢培养我的江苏省特级教师方学法和江苏省淮安市清浦区教研室的张理平老师；感谢一直引领和鼓励我的顾飞宇老师；感谢和我携手共进的范雪梅老师。文中引用了多位特级教师的优秀课例，还有些课例是在杂志上或书中看到的，在此一并表示衷心的感谢。此外，还要感谢在背后默默支持我的朋友。我的成功，离不开你们的支持和鼓励。

因为水平有限，时间仓促，书中一定有许多不成熟的地方，初始之物，其形几陋，还请专家、同行批评指正，让我们一起且行且思，且思且行！

单广红

后记二

课堂是教师的主阵地，我一直深深热爱着这片土地。

刚毕业那会儿，我对这片土地的认识是懵懂的，凭着年轻气盛，全力开发，期望的只是这片土地上的庄稼获得高产——让学生取得高分。

几年前，我教学时还抱着让学生“吃”数学的观念。那时，我每天会让学生在学习后，找找生活中与之相联系的事物，自我感觉这样挺好。在一次偶然的学校交流会上，有些教师讲到要让学生做自己的主人，他们并不是单纯地做一些如小组讨论等貌似让学生做主人的事情，而是重视学生“仓库”里已经有了什么“菜”，再根据学生已经有的“菜”，让学生尝试着做，教师则在一旁引导。那次“窗外的声音”，冲击了我原有的教育教学观，尽管对“学为主导”的理念和做法还不甚了解，但我还是勇敢地带着学生进行了尝试，并将这样的数学课堂取名为“小鹰学飞”。

“小鹰们”一开始很不适应，飞不了，后来慢慢会飞了，课堂上来自学生的思考越来越多。但是，我也发现，飞在最前面的，总是那几只。还有一些“小鹰”，总是在还没有展开翅膀时，就被飞得快的“小鹰”甩在了后面。

我不断记录、反思，并与同事、热心网友交流，大家都认同学生的潜力。是啊，每个孩子都犹如一朵自由奔腾的浪花，不经意间，总能让人看到不同的美姿。但是，在数学课堂上如何让每一个学生都腾起细浪、思绪飞扬呢？

2008 年，我结识了顾飞宇老师，顾老师对我的教学反思十分关注。那时我已经开始尝试给学生一些时间去准备“做菜的工具”和“做菜肴需要的材料”等。因为有了时间准备，而且这种准备工作又不是为做题而准备的标准答案，几乎每个学生都开始了对数学的畅所欲言。在准备过程中，学生因能感受到自己与数学的亲近而神采飞扬，所以自愿花大量时间去准备。我和顾飞宇老师就把这种对课堂学习的准备，取名为“备学”。

教师与学生的关系是教育界一直争论不休的问题。顾飞宇老师说，信息时代的师生关系应该是协同关系，在课堂中是人与人的关系，一群人是“教的人”是一个主体群；还有一群人是“学的人”。“教的人”作为主体，他们的劳动对象就是“学的人”（客体），分接受性客体和资源性客体；“学的人”

作为主体，他们的劳动对象就是“教的人”（客体），分资源性客体和接受性客体。客体中的每一个人都在不同的角色中不断转换与调整并相互协同着。课堂犹如森林，教师与学生的关系犹如树与树。每棵树都是独立地生长着的主体，每棵树都是所有树的生态资源，每棵树都接受所有树提供的生态资源，这就是森林生态群落中的协同关系。

我慢慢领悟到，学生是绿林中的一棵棵小树苗，他们从土壤中汲取营养，同时也为绿林的成长提供着生态资源。课堂原来是“学学相长”“教学相长”的一片绿林。通过“备学”这一载体，每堂课学生都展示着本真而激昂的个性。我也深深感受到，许多教育道理，只有自己实践了，才能有更深切的体会。学生对于许多事物的认识，都是有前提的。以前常听到一些教师说起，课堂上我们同样讲，同样练，为什么有的学生能理解，有的学生不能理解？现在想来，很大的原因是因为每个学生具备的生活经验、知识经验和思维经验不同——每棵小树在土壤中汲取的营养不同。而备学，一方面能让学生充分挖掘自己对将要学习的内容的认识，尝试着自己编织一张学习网络；另一方面，备学后，学生展示的作品，或许有错误、有问题，但是，它们是学生思维的真实写照，通过备学，教师能最大限度地把握学情。这样的课堂教学，不是游离于学生需求之外的，而是贴近学生认知需求、思维需要的。

有了这些认识后，我把数学课堂再次更名为“绿树课堂”，将学生取名为“绿儿”（小绿树）。每一棵小树都有生命力，所以，每个人寻找数学、尝试思考数学、探索数学的过程都是独一无二的！

时间悄然走过，学生已经爱上了创造数学的感觉。是学生创造了他们的数学，而教师，只是在引导他们符合规律地认识数学。学生毕业了，小树苗移栽了，绿树森林中的他们很快适应了新生态。在数学学习中，他们的思维特别活跃，这是我最大的成就。

网络结缘，偶然间我认识了单广红老师，她是一位让人敬重的优秀教师，对教育有着敏锐的洞察力。当我们对“学为主导”的话题感同身受时，写这本书的想法也就一拍即合了。

在写这本书的过程中，顾飞宇老师、单广红老师言传身教让我受益匪浅，感谢他们！同时，感谢陈青老师、秦士详老师等对我探索过程的关注与指导。深深感谢曾经帮助过我的各位老师、同事、朋友、学生家长和我所有的学生——小绿儿们！衷心地感谢！！

范雪梅

系列	序号	书　名	主编	定价
中国教育变革之路丛书	29	《百年树人师何为——教师队伍建设困顿与出路》	将丽珠　李玉向	30.00
	30	《入园何时不再难——学前教育困惑与抉择》	曾晓东 范　昕　周　慧	30.00
	31	《三尺书桌何处寻——流动人口子女教育困难与破解》	范先佐	30.00
	32	《苦旅何以得纾解——高考改革困境与突破》	郑若玲	30.00
	33	《择校纠结何时了——择校问题困局与治理》	曾晓东　周文海 曾娅琴	30.00
教学全手册系列	34	《小学习作教学全手册》	郭家海	30.00
	35	《中学写作教学全手册》	郭家海	30.00
	36	《情境教学操作全手册》	冯卫东	35.00
	37	《合作教学操作全手册》	李春华	35.00
	38	《探究教学操作全手册》	周新桂	35.00
	39	《自主教学操作全手册》	诸葛彪	35.00
	40	《创新教学操作全手册》	王　玮	35.00
	41	《班主任工作全手册》	刘沛华	35.00
	42	《新教师工作全手册》	周震宇	35.00
	43	《学生心里健康教育全手册》	刘海莉　刘春杰	35.00
	44	《高效教学操作全手册》	马友平	35.00
行思讲坛系列	45	《成为高度自觉的教育者——写给后课标时代的数学教师》	许卫兵	30.00
	46	《哲思数学课》	刘全祥	30.00
	47	《把学生教聪明》	严育洪	30.00
	48	《教师最应该规避的教育误区》	杨坤道	30.00
	49	《用语文的方式教语文——潘文彬教学主张与实践智慧》	潘文彬	30.00
	50	《跨越式实现高效课堂 ——信息技术与课程整合高效教学方案评析》	陈　玲　刘　禹	30.00
	51	《怎样让阅读教学更有效 ——提升教学能力的十种读诵模式》	汪秀梅	28.00
	52	《让生命在润泽中起舞——当代小学生最需要的主题班会》	吴联星　罗　琳 冯卫东	30.00
	53	《让生命欢快拔节——当代中学生最需要的主题班会》	冯卫东　吴联星	30.00
	54	《课堂因生成而精彩——高效教学的生成智慧》	张文质	30.00
	55	《回到每一个人的生命化教育 ——张文质二甲中学教育行动录》	张文质	30.00
	56	《智慧数学课——黄爱华教学思维的实践策略》	黄爱华	30.00
新思维系列	57	《教育中的“不一定”——打破教育的19种思维惯式》	严育洪	30.00
教育漫笔系列	58	《课堂，诗意地栖居》	吴书华	30.00

江苏凤凰教育出版社
《行知工程》系列丛书目录

系列	序号	书　名	主编	定价
创新教学探索系列	1	《备学式教学——在体验中建构数学思维》	单广红　范雪梅	30.00
	2	《向着自主进发——自主教育的创新实施智慧》	朱亚红	30.00
	3	《写中学——让学习更有效的学科写作教学》	钟传祎	30.00
	4	《小学科学实验总动员——大科学课堂有效提升学生创新力》	江美华	30.00
	5	《小学语文单元整体课程实施与评价》	李怀源	30.00
	6	《小学英语单元整体课程实施与评价》	李怀源	30.00
	7	《小学数学单元整体课程实施与评价》	李怀源	30.00
教师必读系列	8	《教师不可不知的教学心理效应》	叶勇军	30.00
	9	《班主任不可不知的管理效应》	奚一琴	30.00
	10	《教师不可不知的教育心理效应》	孙　媛	30.00
	11	《校长不可不知的管理效应》	谢申刚　张金豹	30.00
	12	《成为好教师的7项修炼》	王福强　李维华	30.00
	13	《如何让学生会学习》	龙　冰	30.00
	14	《如何让学生爱学习》	周震宇　许小燕	30.00
教育探索者系列	15	《让每个学生都幸福——最能润泽生命的学校文化建设》	谢建伟　张新喜	30.00
高效能教学系列	16	《让作文落地生根——提高写作实效的教学策略》	黄桂林	30.00
	17	《高效能作文教学5项修炼》	陈步华	30.00
	18	《高效能校长的10个好习惯》	张　勤	30.00
	19	《高效能教师的10个好习惯》	谢　英	30.00
	20	《高效能语文教学5项修炼》	王其华	30.00
幼师成长系列	21	《幼儿行为背后——教师如何读懂幼儿的心思》	吴亚英	30.00
	22	《最具教育力的22种幼儿教育思想》	杨　达	30.00
	23	《幼儿教师必知的安全应急措施》	杨　达	30.00
	24	《幼儿教师必备的教育技能》	李　玲	30.00
	25	《卓越园长21条幼儿园管理策略》	周　丹　江东秋	30.00
核心教学主张系列	26	《新生代语文名师核心教学主张》	许友兰	30.00
教育求索系列	27	《思政教学的人文力量》	戴晓华	30.00
	28	《师道新说——给教育者的30条箴言》	徐　卫	30.00

系列	序号	书　　名	主编	定价
新生代通派名师系列	81	《简约数学教学》	许卫兵	30.00
	82	《语文教学的本真——情意课堂展现母语之美》	吴建英	30.00
	83	《语文课堂的理想追求——欢快达成三维目标》	董一红	30.00
	84	《阅读教学的真髓——意象构建读出文学的真美》	祝　禧	30.00
	85	《美术教育的真谛——审美人生教育让生命绚丽成长》	陈铁梅	30.00
	86	《语文教学的理想境界——无痕教学润泽生命》	李　凤	30.00
	87	《儿童作文的本义——嬉乐作文让儿童乐并成长着》	王笑梅	30.00
	88	《名师是怎样炼成的》	王建明　王笑君	35.00

系列	序号	书名	主编	定价
创新教学思想系列	59	《“大问题”教学的形与神》	黄爱华　张文质	30.00
校长领导力系列	60	《高品质学校生长要素》	王益民	30.00
	61	《校长高校教学领导力提升策略》	徐世贵　郭文智	30.00
校本研修系列	62	《特色校本课程开发范例解读》	刘永平　李秀伟　张雪梅	30.00
	63	《高效校本研修模型构建艺术》	刘素雁	30.00
教学提升系列	64	《有思想地教阅读——让学生学会品读文字真意》	王学东	30.00
教育艺术提升系列	65	《藏在师生体态语言里的教学智慧》	张　宇　廖生波	30.00
创新人才培养系列	66	《创新人才培养校园科普精品课程开发与指导——人大附中创新人才培养》	罗　滨	30.00
	67	《创新人才培养特色校本课程开发与创新人才培养——清华附中“国际安全下的科学技术”课程构建与实施》	王殿军　方　研　赵宏雁	30.00
	68	《创新人才培养：学校实验室建设与管理》	刘克文　杨发丽　杨　平	30.00
	69	《创新人才培养：数学探究活动开发与指导》	马云朋　韩继伟	30.00
	70	《创新人才培养：化学研究活动开发与指导》	王　磊	30.00
	71	《创新人才培养：物理探究活动开发与指导》	廖伯琴	30.00
	72	《创新人才培养：地理探究活动开发与指导》	张建珍　陈　澄	30.00
	73	《创新人才培养：生物探究活动开发与指导》	张迎春	30.00
	74	《创新人才培养：理念探索与思维突破》	王晶莹	30.00
教育思想者系列	75	《教育，一切从孩子出发》	黄　俭	30.00
名师感悟系列	76	《让心灵伴着歌声成长——22位音乐名师的教育智慧》	陈　璞	30.00
	77	《超越自我的教师——32位名师的成长感悟》	李卫东　李秀伟	35.00
	78	《心灵的守护者——19位名班主任的教育智慧》	王晓松　曲文弘	30.00
	79	《名师感悟班主任有效工作艺术90例》	符礼科	30.00
	80	《名师感悟有效教学90例》	林高明　徐玉烟	30.00